国家社科基金项目（10CYY019）

中央高校基本科研业务费专项资金资助（课题编号：0910KYQN39）

Supported by *the Fundamental Research Funds for the Central Universities*

汉语国际传播与国际汉语教学研究丛书　总主编：吴应辉
Series of Chinese Language Globalization & International Chinese Language Teaching Studies
Chief Editor: Wu Yinghui

汉语国际推广背景下的
词汇等级标准研究

A Study of Vocabulary Level Standards in the Context of International Chinese Language Teaching

◎ 孙晓明 著
By Sun Xiaoming

中央民族大学出版社
China Minzu University Press

图书在版编目（CIP）数据

汉语国际推广背景下的词汇等级标准研究/孙晓明著．—北京：中央民族大学出版社，2013.11

ISBN 978－7－5660－0564－9

Ⅰ．①汉…　Ⅱ．①孙…　Ⅲ．①汉语—词汇—对外汉语教学—课程标准—研究　Ⅳ．①H195.3

中国版本图书馆 CIP 数据核字（2013）第 275064 号

汉语国际推广背景下的词汇等级标准研究

作　　者	孙晓明
责任编辑	戴佩丽
封面设计	布拉格
出 版 者	中央民族大学出版社 北京市海淀区中关村南大街 27 号　邮编：100081 电话：68472815（发行部）传真：68932751（发行部） 68932218（总编室）　68932447（办公室）
发 行 者	全国各地新华书店
印 刷 厂	北京宏伟双华印刷有限公司
开　　本	710×1000（毫米）　1/16　印张：18.5
字　　数	252 千字
版　　次	2013 年 11 月第 1 版　2013 年 11 月第 1 次印刷
书　　号	ISBN 978－7－5660－0564－9
定　　价	55.00 元

汉语国际传播与国际汉语教学研究丛书总序

吴应辉

目前来华学习汉语人数不到全球学习汉语人数的1%，而在中国境外学习汉语的人数达99%以上。国际汉语教学已成为学术界关注的一个热点，然而从目前出版和发表的有关论著来看，研究对外汉语教学的很多，但研究国际汉语教学的很少。汉语国际传播及国际汉语教学的实践已经超前于理论，或者说我们的汉语国际传播及国际汉语教学理论滞后于实践。作为国际汉语教学的从业者，大家都应肩负起历史使命，对汉语国际传播及国际汉语教学进行研究，深入探讨相关的理论和实践问题。

中央民族大学在20世纪50年代就开始了对越南学生的汉语教学，成为当时中国最早接收外国留学生的八所院校之一，但在对外汉语教学学科建设方面起步较晚。近年来，中央民族大学国际教育学院调整了学科建设方向，将研究力量集中于汉语国际传播和国际汉语教学。在学校的大力支持下，我们的国际汉语教学学科建设已经取得了初步成果。我们在全国高校中率先在语言学及应用语言学专业博士研究生培养中设立汉语国际传播研究方向；我们是全国第一个明确把“国际汉语教学”列为重点培育学科加以建设的汉语教学机构；我们创新性地设计并组织实施了“汉语国际教育硕士”的“1+2+X”培养模式；我院绝大部分专职教师和20多位中外博士生都把研究方向集中到了国际汉语教学及其重要组成部分汉语国际传播上，研究领域包括泰国、马来西亚、缅甸、韩国、美国、越南等国家的汉语传播问题，内容涵盖国际汉语教学宏观和微观层次的诸多问题；我们已承担了包括两项国家社科基金课题、教育部新世纪优秀人才支持计划项目和教育部人文社会科学项目在内的多项汉语国际传播纵向和横向课题；我们正在进行国际汉语教学案例库和汉语国际传播数据库建设……

我们才刚刚起步，我们不断努力，愿与兄弟院校一起在汉语国际传播和国际汉语教学领域拓荒、播种，并愿意与国内外同行分享我们的收获。我们将以全球化的视野、国际化的思维和创新务实的行动，努力开展汉语国际传播和国际汉语教学研究，推动国际汉语教学学科建设，为汉语和中华文化走向世界尽一份绵薄之力。

经过中央民族大学国际教育学院两年多的策划和研究，汉语国际传播与国际汉语教学研究丛书陆续开始出版了。希望这套丛书能从各个侧面对国际汉语教学学科的形成和建设起到支撑作用，能为国际汉语教学的专家学者带来另一种清新的学术空气，给青年学者和博士、硕士研究生选择未来的研究领域提供新的视野，并为汉语国际传播有关机构提供决策参考。这套丛书虽为中央民族大学国际教育学院策划，但我们的作者并不限于本院师生，我们热忱欢迎国内外有志于汉语国际传播和国际汉语教学研究的专家学者加盟我们的队伍，我们愿意将符合丛书主题的学术成果列入丛书出版。

鉴于广大读者甚至很多业内学者和学生对汉语国际传播与国际汉语教学的认识尚不够深入，谨以本人在《语言文字应用》2010 年第 3 期上发表的论文“国际汉语教学学科建设及汉语国际传播研究探讨”作为代序，对汉语国际传播与国际汉语教学做一些学术探讨，以增进学界对国际汉语教学学科的认识。

把握国际汉语教学学科潮流，服务汉语国际传播事业

——孙晓明《汉语国际推广背景下的词汇等级标准研究》序

吴应辉

人才培养、科学研究、服务社会和文化传承与创新既是高等教育的使命，也是每一位高等教育从业者的使命。作为高校汉语教师，怎样认识自己的使命，怎样规划自己的学术人生，怎样定位自己的学术坐标，怎样确定自己的学术起点，是每一位中青年学者都应该首先思考清楚的问题。

正确的使命感建立在对社会现况和未来走势的正确把握之上。中国综合国力快速上升就是我们面对的现实。中国经济总量将在2020年前后成为全球第一大经济体的判断已经成为经济学界的共识；而中国国际地位的快速上升必然促进世界各国对华经济贸易的发展，对中华文化兴趣的提升和汉语学习需求的增长。作为汉语的母语国，我们有责任为世界各地汉语学习需求提供力所能及的服务和保障；作为汉语教学领域的从业者，我们必须肩负起为汉语国际传播服务的使命，把自己的学术人生与汉语国际传播这项伟大事业紧密结合起来，顺势而谋，顺风扬帆。只有这样，自己的学术人生才能与世界潮流同步，与民族事业同行，绽放出绚丽的学术之花，收获到丰硕的学术之果，甚至建立起不朽的学术丰碑。

作为汉语教学的从业者，要规划好自己的学术人生，就必须

把握好汉语教学的学科走向。十年前，我们的学科是不折不扣的“对外汉语教学”，即在中国国内对来华外国人进行的汉语教学。但十年间，随着中国国力的迅速增强，汉语走向世界步伐的加快，传统的“对外汉语教学”学科已经悄然演变为“国际汉语教学”。这一新兴学科既涵盖传统的“对外汉语教学”，又包括针对全球99%以上汉语学习者的“海外汉语教学”，还包括反映汉语从中国走向世界这一动态过程的狭义的“汉语国际传播”。这一学科内涵的重大转变，要求我们具备敏锐的学术洞察力和融入学术潮流的积极态度。学术自由是学术的生命力所在。固守传统的象牙塔是一种境界和选择，我们应该尊重。而融入“国际汉语教学”主流，服务汉语国际传播事业，努力追求学术和事业的统一，从事业中找到研究的灵感，在事业中实现学术价值的升华，则是另一种境界和选择。对于中青年学者来说，如何定位自己的学术坐标，如何确定自己的学术起点，将对自己的学术生涯产生深远的影响。在尊重自己学术兴趣的前提下，顺应潮流，可能顺风顺水，海阔天空；逆流而行则可能阻力重重，事倍功半。

晓明副教授是中央民族大学国际教育学院的优秀青年教师之一，现任学院汉语国际教育系系主任。近年来，她在坚守自己学术兴趣的同时，顺应学术潮流，积极融入主流。2009年，她将自己的学术领域“二语习得”与汉语国际推广事业结合起来，以“汉语国际推广背景下的词汇等级标准研究”为题，申报国家社科基金项目并获准立项。晓明副教授学术功底扎实，思路清楚，坐得住“冷板凳”，经过三年多的深入研究，推出了她的第二部学术专著《汉语国际推广背景下的词汇等级标准研究》。

此前，国内汉语教学词汇等级标准虽已有1992年编制的《汉语水平词汇与汉字等级大纲》和2010年出版的《汉语国际教育用音节汉字词汇等级划分》，但两者均主要基于词频划分词汇等级。而晓明副教授研发的词汇等级标准坚持了两个原则，一是将词汇的语言功能与等级划分结合起来；二是对理解性词汇和产出性词汇进行了区分。这是词汇等级划分的一种创新，为未来新的汉语词汇等级划分研究提供了一种新的视角和方法。此外，晓明副教授的研究还充分吸收了世界外语教学领域的一些新理念，如充分借鉴了美国《21世纪外语学习标准》和《欧洲语言共同框架》中重视交际技能、注重培养综合语言能力和文化认知能力等理念。因此，她的《汉语国际推广背景下的词汇等级标准研究》体现了宽广的全球视野，既具有学术创新性，又将对汉语国际传播实践产生很好的应用价值。

晓明副教授的这一研究，从课题申报到研究过程，再到成果推出，展示了一个青年学者主动融入学科主流，服务社会，甘于吃苦，勇于创新的积极态度。这种学术态度值得汉语教学领域的中青年学者学习、借鉴。

“梅花香自苦寒来”，愿晓明副教授的学术之树常青，学术之花常开，香飘海内外。

2013年10月26日

于中央民族大学

摘　　要[①]

随着经济全球化和中国国际地位的提升，学习汉语的人数越来越多，据统计，目前全球学习汉语的总人数已达4000万。截至2010年10月，中国在海外已启动322所孔子学院，分布在96个国家和地区；启动了369个孔子课堂，设在34个国家。汉语教学的重心由国内转移到国外。在汉语国际推广的进程中，一个非常重要的环节就是汉语教学与国际语言教学标准接轨的问题。

20世纪末，美国和欧盟先后提出了一系列外语教学标准体系的新理念。美国1996年正式公布了《21世纪外语学习标准》(Standards for Foreign Language Learning in the 21st Century)。欧盟2001年正式公布了《欧洲语言学习、教学、评估共同参考框架》(A Common European Framework of Reference for Languages: Learning, Teaching, Assessment，简称CEF)。这些标准的发布反映了在全球化背景下外语教学的新潮流，代表了新型外语教育的理念。《21世纪外语学习标准》改变了以往以语言知识为核心的教学理念，强调交际、强调综合运用语言的能力、重视文化认知能力的培养。欧盟CEF则是以“行动为导向”的语言标准，因而强调在“交际活动”中实现支际任务。CEF通过交际活动将听说读写四种技能很好的结合在一起，突出语言综合交际能力的培养。因此可见，上述两个标准并不强调语言结构和功能项目，他们强调的是交际能力。在这种新的外语教学理论下，如何看待传统意义上的

① 本研究是国家社科基金项目（10CYY019）和中央民族大学自主立项项目（0910KYQN39）的结项成果。

教学重点——语言结构，是一个值得探讨的问题。《21 世纪外语学习标准》指出，“从前大多数外语课堂教学集中在‘怎样说’（语法）和‘说什么’（词汇）。当然，这些语言要素的确是重要的。但是当今外语教学研究的组织原则是‘交际’。交际强调的是‘为什么说’，‘对谁说’，‘什么时候说’。所以，语法和词汇是交际的基本工具，交际则是交际能力的获得，即以有意义和恰当的方式与说其他语言的人进行交际的能力的获得。这是当今外语教学课堂的最终目的。”在这种情况下，如何在现有的汉语水平词汇等级大纲的基础上建立与交际活动和交际任务相结合的词汇等级标准，从而较好地解决综合交际能力培养问题，是一个非常值得探讨的问题。当前词汇等级标准的确立应该从语言交际出发，考虑理解性词汇和产出性词汇区分的原则以及词汇等级与交际功能相结合的原则，这对于推广汉语具有重要的实践价值。

本书共分五章。第一章主要介绍汉语国际推广背景下的词汇等级标准研究的概况；第二章考察第二语言学习者理解性词汇和产出性词汇在功能类上的分布的问题；第三章比较第二语言学习者的理解性词汇量和产出性词汇量；第四章探讨第二语言学习者的词汇学习策略问题；第五章主要介绍汉语国际推广背景下的词汇等级大纲的研制情况。本书是在实验研究的基础上，探索汉语词汇等级建设的新标准，目的是为汉语国际推广提供具有可行性的依据。

目　录

第一章 汉语国际推广背景下的词汇等级标准建设问题

第一节 汉语国际传播与语言标准研究[①]

1.1 问题的提出

随着经济全球化和中国国际地位的提升，学习汉语的人数越来越多，据统计，全球学汉语总人数已达4000万。截至2007年9月，中国在海外已启动175所孔子学院，分布在156个国家和地区。汉语教学的重心由国内转移到国外。在孔子学院建立和发展的过程中，两个亟待解决的问题日益突出：一是向海外派出教师的问题；二是向海外提供汉语教材的问题。目前，我国出版的对外汉语教材数量不断增加，而在美国和欧洲使用率最高的教材却并非中国编写。以美国为例，最近数十年来，美国国内使用最广的对外汉语教材是20世纪60年代约翰·德弗朗西斯主编、耶鲁大学出版的《初级汉语》、《中级汉语》、《高级汉语》。为什么会出现这种情况呢？这主要涉及标准的问题。我国的教材并不符合国际的标准，事实上，汉语国际推广主要面临的就是标准竞争的问题。目前，国际的语言教学标准包括：美国1996年正式公布的《21世纪外语学习标准》（Standards for Foreign Language Learning in

① 本节的主要内容原以《汉语国际传播与语言标准研究》为题，发表在《民族教育研究》2013年第3期。

the 21st Century)；加拿大2000年发布的《加拿大语言测试等级标准2000》。欧盟2001年公布的《欧洲语言学习、教学、评估共同参考框架》(A Common European Framework of Reference for Languages: Learning, Teaching, Assessment，简称CEF)。在这些标准中，最具影响力的标准是欧洲和美国的标准。由此可见，国外在标准的制定方面已经走在前面，我国同国外存在较大的差距。

具体就汉语而言，美国已经制定了中文标准，研制出与之相适应的考试。如果这种情况继续发展下去，AP考试完全可能代替HSK考试，成为美国汉语水平认定的标准。这样，HSK考试至少在美国将失去市场。同样，只有符合美国中文标准的教材才能够占领美国市场。在这种情况下，我国需要制定出与国际兼容的标准，欧盟、美国、加拿大的标准可以为我们的标准制定提供一定的借鉴。纵观欧盟、美国、加拿大的标准，我们发现这些标准均具有宏观理论基础并反映出其教学理念。

1.2 国外外语教学标准

1.2.1 欧盟的CEF标准

《欧洲语言学习、教学、评估共同参考框架》[①] 2001年正式公布，2003年修订后正式出版。该框架是欧盟各国外语教学和评估的标准，为欧洲语言教学的大纲制定、测试以及学生自主学习提供了基础。该标准全面地描述了语言学习者进行有效交际所必须掌握的知识与技能、语言活动、语言运用的环境与水平标准。

欧盟标准的特点在于：第一，体现欧盟理事会语言政策的目的和目标。欧盟理事会在其部长委员会通过的1982年《建议》和1998年《建议》文件中，将欧洲语言政策的目的锁定为“实现成员国间

① 欧洲理事会文化合作教育委员会：《欧洲语言共同参考框架：学习、教学、评估》[Z]，外语教学与研究出版社2008年出版。

更加紧密的团结”。为此，“在文化领域，应采取统一的行动”。出台《共同参考框架》就是为了帮助实现欧盟理事会的这一总体目标。

第二，具有宏观的理论基础和一套完整的教学理念。《共同参考框架》着重提出面向行动的外语教学理念，其含义在于把语言使用者和学习者首先定性为社会人，他们需要在某一具体的社会行动范围内，根据特定的条件和环境，完成包括语言活动在内的各项任务。同时，该框架强调语言使用，强调运用语言交际的能力。《共同参考框架》始终围绕着培养学习者语言交际能力这一任务展开，量表的任务划分为语言活动、语言策略、交际语言能力，又将语言活动分为理解、互动和产出。任务举例非常具体。

第三，该框架突出语言水平能力分级的阐述。《共同参考框架》制定了三等六级语言能力评估量表，涵盖了欧洲语言学习者的各个方面。量表分为初学阶段、独立阶段、精通阶段三等，其中初学阶段又分为入门级（A1）和初级（A2）、独立阶段又分为中级（B1）和中高级（B2）、精通阶段又分为高级（C1）和精通级（C2）。同时为了让学习者、教师和教育领域的其他使用者均能使用，又列出了每一级应用语言的主要测试指标。

第四，《共同参考框架》按照功能分类，可以分为三种语言能力量表。第一种是以学习者为中心的能力量表，力图反映任何等级的学习者所具有的典型或可能的行为举止。第二种是以考官为中心的语言能力量表，其功能是指导评分。该量表注重考察学习者语言应用的质量。第三种是以量表的设计者为中心的能力量表，其功用在于指导测试人员设计能反映学习者相应水平的测试题。由此可见，《共同参考框架》实现了其制定之初的两大目的，一方面可以为学习者的学习提供指南，同时也促进了语言教师和学习者之间的沟通与交流。

1.2.2 美国21世纪外语学习标准

从1993年起，美国外语教学委员会（ACTFL）、美国法语、德语、西班牙语、葡萄牙语教师协会在美国教育部和国家人文捐赠基金的资助下，组织专家学者成立了“全国外语教育目标课题组”。1994 年美国教育部在《2000 年教育目标：美国教育法案》中开始将外语列为核心课程，1996 年美国教育部出台了一部国家级课程标准《外语学习标准：为 21 世纪做准备》（Foreign Language Learning Standards：Preparing for the21st Century），1999 年又发表了《21 世纪外语学习标准》（Standard for FLL in the 21st Century）①。此外，全美中小学外语教师协会根据《美国 21 世纪外语学习标准》制定了中小学中文学习课程标准，即《中文学习目标》。

《21 世纪外语学习标准》特点在于：第一，《21 世纪外语学习标准》提出了 5C 目标，表明其标准侧重于“学习目标”，以交际（communication）为核心，发展“文化”（cultures）、“贯连”（connections）、“比较”（comparisons）、“社区”（communities）等其他四个目标。在“五 C”中，交际是核心目标，这是《21 世纪外语学习标准》最突出的特点。美国《21 世纪外语学习标准》虽然也是“内容标准”，但是标准的内容并不是传统意义上的语言结构、功能标准。正如该标准所阐述的那样：“以前大部分外语课堂教学集中在‘怎样说’（语法）和‘说什么’（词汇）。当然，语言的语法和词汇等组成要素很关键，而当今外语学习的组织原则是‘交际’，涵盖了‘为什么说’，对谁说’，‘什么时候说’。因此，语法和词汇作为交际的基本工具的同时，应该具备与其他语言使用者进行的交际的能力。这是当今外语教学课堂的最终目标。”可以说，该标准“打破传统的结构大纲或功能大纲的目标定位与分级模式，以培养交际能力为核心”②。《21 世纪外语学习标

① National Standards in Foreign Language Education Project. 1999 Standards for Foreign Language Learning in the 21st Century［Z］. KS：Allen Press Inc.

② 罗青松：《美国〈21 世纪外语学习标准〉评析——兼谈〈全美中小学中文学习目标〉的作用与影响》［J］，载《世界汉语教学》2006 年第 1 期，129 页。

准》要实现这五大标准，对教学的要求是语言与文化并重，对教材的要求就是要选用语言、文化并重的教材。

第二，为了实现“交际”这一目标，《标准》又提出了三种交际模式：互动交际模式（Interpersonal communicative mode）、理解诠释模式（Interpretive communicative mode）、表达演示模式（Presentational communicative mode）。在《21世纪外语学习标准》的指导下，美国开设了AP（Advanced Placement Program）中文课程，旨在实现《21世纪外语学习标准》提出的目标，按照上述三个模式建立课程的框架和体系。AP中文课程是2006年秋季美国中学开始设置的，2007年正式举行AP中文考试。AP中文课程是继AP法语、AP德语、AP西班牙语和AP意大利语之后美国大学理事会启动的又一个语言文化项目，是美国汉语教学发展的一件大事。美国大学理事会（College Board）为此进行了周密细致的准备和部署，并发布了《AP汉语与文化课程概述（草案）》以指导教学。

第三，突出交际活动和交际任务。通过交际活动将听说读写四种技能很好的结合在一起，突出了语言综合交际能力的培养。《21世纪外语学习标准》采取了基于交际任务构建标准的方法，整个标准体现了任务教学的理念，同时标准中的任务既可以在课堂上实施，也可以作为评估的内容。

第四，体现了标准建设的全球化视野。正如该标准阐述的那样：“学习者能够表现出一种对所学文化的行为方式和价值观念之间关系的理解力，能够表现出一种对该标准非常重视文化，所学文化的文化表现和文化理念之间关系的理解力。”在文化目标中，要求学习者不仅了解自己的语言和文化，通过外语学习还要了解世界其他国家的语言和文化。该标准将文化目标放在如此重要的地位，与美国的国家语言战略密切相关。2004年6月美国在Maryland大学召开了全国语言大会，大会在发表的白皮书《国家外语能力行动倡议书》（A Call To Action For National Foreign Language

Capabilities）中呼吁，提高国家外语能力以及理解目的文化的能力，以确保美国在全球化竞争中保持领导地位。

1.2.3 加拿大外语教学标准

2000年加拿大阿尔波达省教育部门开始在全省推行“国际语言计划”（International Languages Programs），这个计划包括了汉语、德语、意大利语、日语、拉丁语、西班牙语、乌克兰语和旁遮普语（Punjabi）等九种外语在省内教学的计划。2005年，他们先后推出了针对从初中开始学习汉语的学习者的《汉语和中国文化六年大纲》（Chinese Language and Culture Six - year program，Grade7 To Grade12）[①] 和针对从高中开始学习汉语的学习者的《汉语和中国文化三年大纲》（Chinese Language and Culture10 - 3Y，20 - 3Y，30 - 3Y）[②]。2007年，他们又推出了针对从四年级开始学习汉语和中国文化的学习者的《汉语和中国文化九年大纲》（Chinese Language and culture，Nine - Year Program，Grade4 To Grade12）[③]。《汉语和中国文化九年大纲》是阿尔波达省教育部门针对省内四到十二年级的汉语教学所专门设计和推行的汉语能力标准，是整个阿尔波达省国际语言计划的一部分。虽然这一大纲并不是加拿大全国范围通行的外语或汉语能力标准，但在一定程度上反映了加拿大的外语教学理论。

《汉语和中国文化九年大纲》的特点在于：第一，提出了语言就是交际的理念。该大纲在对“交际能力”进行阐释时指出，这一能力是指在各种语境中，运用汉语的语言、文化知识和各种策略理解并产出有意义的话语篇章，从而完成一项任务或是与汉语世界进行互动的能力。

第二，提出了有效语言学习的一般性原则，突出了交际任务、

① Alberta Education. 2005 Chinese Language and Culture 10 - 6Y，20 - 6Y，30 - 6Y ［Z］. Alberta，Canada.

② Alberta Education. 2005 Chinese Language and Culture 10 - 3Y，20 - 3Y，30 - 3Y ［Z］. Alberta，Canada.

③ Alberta Learning. 2004Chinese Language and Culture Nine - Year program，Grade4 To Grade12 ［Z］. Alberta，Canada.

互动、策略以及跨文化交际能力。主张学习者既要学习语言，又要学习文化，而中国文化的学习要贯穿汉语学习的始终。该大纲重视学习者对于文化的理解和分析能力，认为这些能力的获得有助于他们进行文化实践。

第三，《汉语和中国文化九年大纲》提出了学习者汉语能力发展的四大成果，包括应用能力（Applications），即学习者能够在各种语境中为特定的目的而使用语言；语言能力（Language Competence），即学习者能够有效地使用汉语；全球公民（Global Citizenship），即学习者通过学习具备成为世界公民的知识、技能和态度；策略能力（Strategies），即了解并运用策略使学习和交际的效果达到最为显著化。这四项成果涵盖了十七项能力，彼此相互联系，相互依存，构成了评价学习者汉语学习成果的能力标准框架。每一项能力发展的成果又被详细描述为各项具体的能力。大纲还规定了四至十二年级学生在结束一定时间的汉语课程之后应达到的能力水平。

综上所述，比较欧盟、美国和加拿大制定的外语教学标准，我们可以看出，三个标准虽内容各异，但所体现的新理念有许多共同之处。首先，这三个标准均是从国家语言战略规划的角度出发制定的，体现了语言政策。第二，这三个标准引领了外语教学领域的新观念，具有宏观的理论基础和一套完整的教学理念。这三个标准均体现了外语教学领域最新的教学理念以及教学方法，既可以指导教师进行语言教学，也可以指导学习者的语言学习。第三，这三个标准的任务描述清晰、明确，具有可操作性，同时等级体系非常完备。

1.3　汉语教学标准

1.3.1　《汉语水平等级标准》

最早的汉语教学标准是1988年制定的《汉语水平等级标准》①，

① 中国对外汉语教学学会：《汉语水平等级标准和等级大纲〔试行〕》［Z］，北京语言学院出版社1988年出版。

该标准是在HSK考试研制之初制定的，由于当时没有汉语能力标准，因此为适应HSK考试的需要制定了该标准。但与HSK考试所产生的影响相比，此标准并未引起很大的重视。

《汉语水平等级标准》应用于汉语教学的时间比较长，从读、听、说、写、译等方面将汉语水平分为一、二、三、四、五级，与国内四年制的对外汉语专业的年级基本对应，一、二级相当于一年级水平，三级相当于二年级水平，四级相当于三年级水平，五级相当于四年级水平。其中一、二级与三级阶段分别不能少于800学时。《汉语水平等级标准》的主要内容由话题内容、语言范围、言语能力三方面组成。“话题内容”主要描述和规定话题涉及的范围和内容，如日常生活、学习、社交、工作、新闻、职业活动等，分为最基本、基本、一般性、较高等不同层次。“语言范围”主要描述和规定语言知识和语言要素的范围和内容，如语音、汉字、词汇、语法项目等，并分别进行量化要求，包括字、词、语法项目的等级和数量等。“言语能力”主要描述和规定在汉语听、说、读、写、译等几个方面的能力，分初步、基本、一般性、较高等层次要求和对汉语使用的规范性、多样性、得体性的要求，以及对所学汉语的文化背景和语义含义的要求等。同时从语料长度、难度、语言接受或表达的速度、语料接受的理解度、语言表达的正确度等方面进行了等级的界定。

《汉语水平等级标准和等级大纲》是在欧美外语教学标准出现之前研制的，对各等级的语言内容做出明确规定，与词汇、汉字、语法大纲相对应，具有很强的实用性和可操作性。同时，该大纲与汉语水平考试有很好的对应关系，使得教学和教学测评紧密连接，可以较好地监控和反馈教学效果。然而，与国外的外语教学标准相比较，其问题也非常明显：

第一，《汉语水平等级标准和等级大纲》主要是以词汇、语法为纲，而并非以交际功能为纲。这表明，该标准强调的是语言要素和语言技能，而不是语言交际能力。然而，对外汉语教学的目的是为了培养学生运用汉语进行交际的能力，《汉语水平等级标准和等级大纲》却未能体现交际为导向的教学理论，因此在教学理论方面存在明显的局限。

第二，在语言要素和语言技能为导向的教学理念指导下，《汉语水平等级标准和等级大纲》对学习者的词汇、语法、汉字等语言要素以及听、说、读、写等言语技能均提出明确的目标，却未对语言运用能力分组目标进行了详细描述，同时并未突出语言交际任务，所提出的任务也不够清楚、明确。

但无论如何，《汉语水平等级标准》在编制后的二十多年里，在对外汉语教学的总体设计、制定教学大纲、编写教材、课堂教学以及汉语水平考试等一系列活动中均发挥了重要的作用。

1.3.2　《国际汉语能力标准》和《国际汉语教学通用课程大纲》

目前的汉语教学标准主要依据《国际汉语能力标准》和《国际汉语教学通用课程大纲》。这两个大纲借鉴了国外外语教学的标准建设的成果，是汉语标准建设的有益尝试。《国际汉语能力标准》[①] 由国家汉办于 2007 年颁布，是适应各国汉语教学需求而制定的，是指导国际汉语教学的纲领性文件。《国际汉语能力标准》面向汉语作为外语的学习者，对其运用汉语知识和技能进行交际的能力，从不同层面提供了五个级别的描述，是衡量汉语学习者语言能力的重要依据。该标准分三个层面：“国际汉语能力总体描述”、“从口头和书面两种交际方式的角度对汉语能力进行描述”和“从语言交际理解与表达的过程入手，分别对汉语口头理解和表达能力、汉语书面理解和表达能力进行描述”。《国际汉语教学

① 国家汉语国际推广领导小组办公室：《国际汉语能力标准》[Z]，外语教学与研究出版社 2008 年出版。

通用课程大纲》[①] 参照《国际汉语能力标准》，将课程内容划分为五个等级。从语言知识、语言技能、策略、文化意识等四个方面对语言综合运用能力分级目标进行了详细描述，是国际汉语教学和教材编写的重要参考依据和参照标准。《国际汉语能力标准》作为汉语教学标准建设的有益尝试，取得了以下突破性进展：

第一，《国际汉语能力标准》借鉴了欧盟的CEF标准等国际语言能力标准的研制成果，以交际能力理论为指导，注重语言的实际应用，从口语和书面语两个角度描述学习者的汉语语言能力。从语言等级的对应关系上看，《国际汉语能力标准》与欧盟的CEF标准的对应关系如表1所示。

表1

欧盟语言标准	国际汉语能力标准
C2	
C1	
B2	五级
B1	四级
A2	三级
A1	二级
	一级

表1表明，《国际汉语能力标准》主要关注初、中级学习者的汉语能力标准，在高级水平的标准上存在空缺，HSK（高等）在《国际汉语能力标准》中并无对应的位置。我们认为，《国际汉语能力标准》的这种设计理念符合我国汉语国际推广事业的要求。

第二，《国际汉语能力标准》具有较强的系统性。该标准的基本框架分为三个层面，每个层面又分为五个级别。从三个层面上

① 国家汉语国际推广领导小组办公室：《国际汉语教学通用课程大纲》［Z］，外语教学与研究出版社2008年出版。

看，第一层面是国际汉语能力的总体描述，从听、说、读、写等四个方面综合描述了学习者的语言能力。第二层面分别从口语和书面语两个角度对汉语能力进行描述，既体现了语言运用的实际情况，也反映了汉语口语和书面语之间存在较大差别的特点。第三层面从语言理解和表达的过程入手，分别对汉语口语理解和表达能力以及汉语书面理解和表达能力进行描述。但另一方面，虽然分级标准比较清楚，但每一等级的各分项技能存在不平衡性。在与《国际汉语能力标准》相对应的《国际汉语教学通用课程大纲》中，各项技能中的语法项目比较容易，而文化项目比较难。这比较符合国外汉语教学的情况，因为国外汉语教学对文化的要求比较高，对语法的要求比较低；但不符合国内对外汉语教学的情况，国内对外汉语教学对于语法的要求比较高，对文化的要求比较低。

第三，任务举例能够很好地描述能力。例如：在口语理解能力的一级中，能力描述中提出：能听懂与个人日常生活密切相关的简单词语。在任务举例中就包括：听基本个人信息，听商品数量、价格等。这样的任务描述非常清楚，有助于教师和学生对于能力的理解。然而，虽然我们通过能力描述以及任务举例可以看出交际法及任务型教学理念，但《国际汉语能力标准》并未对教学理念进行明确地论述。

当然，与国外外语教学标准相比较，《国际汉语能力标准》在以下两方面仍然可以进一步完善：

第一，虽然我们可以从能力描述以及任务举例中看出交际法及任务型教学理念，但《国际汉语能力标准》主要是从听、说、读、写等四个方面描述语言能力，强调的仍然是语言技能和分项能力，而不是语言交际能力。

第二，同欧盟的 CEF 标准以及美国 21 世纪外语学习标准相比，《国际汉语能力标准》并未提出评估体系以及自我评价体系，同时未从学习者的角度探讨交际能力的培养。如果从培养学生的交际能力的教学理念出发，语言教学应该以学生为中心，从学生的交际角度考虑如何进行语言教学。而《国际汉语能力标准》并未提出评估体系以及自我评价体系，这就不利于汉语学习者利用该语言能力标准。

1.3.3 《国际汉语能力标准》和《汉语水平等级标准和等级大纲》的对比

两者的相同点

《国际汉语能力标准》和《汉语水平等级标准和等级大纲》都将学习者的汉语能力由低到高划分为一到五级，对各级学习者的汉语能力从不同的方面进行了描述。其中《汉语水平等级标准和等级大纲》从读、听、说、写、译五方面进行描述，三级和三级以上的学习者才具备“译”的能力。《国际汉语能力标准》是从口头理解能力、口头表达能力、书面理解能力和书面表达能力等四方面进行描述。在语言能力的构成中，两个标准所描述的语言能力的几个组成部分是基本对应的，其中口头理解能力与听对应，口头表达能力与说对应，书面理解能力与读对应，而书面表达能力与写对应。

两者的差异

第一，对语言能力的认识不同。《国际汉语能力标准》和《汉语水平等级标准和等级大纲》对学习者汉语能力的不同描述方式体现出两个标准对语言能力的不同认识。《汉语水平等级标准和等级大纲》主张，汉语能力是学习者运用语音、汉字、词汇和语法等语言要素进行听、说、读、写的能力。因此，大纲对于不同阶段和等级的学习者所应掌握的语音、汉字、词汇和语法的数量的要求也有所不同。《国际汉语能力标准》认为，语言运用是以各种活动和任务的方式出现的。学习者的汉语能力就是学习者运用汉语做事情的能力，即运用汉语进行交际并完成交际任务，达到交际目的的能力。因此，大纲对于不同阶段和等级的学习者所能做的事情的规定也有所不同。

第二，对语言能力的描述不同。两个标准都将学习者的语言能力划分为听/口头理解、说/口头表达、读/书面理解、写/书面表达等四个方面。《汉语水平等级标准和等级大纲》是从学习者在基本的话题范围里进行听、说、读、写的语言活动时必须使用的语言要素，即语音、词汇、汉字、语法的角度进行描述的。该标准规定了学习者在进行各项语言活动时的语法量、词汇量、汉字量、语速、语料的长度、准确率。《国际汉语能力标准》对汉语的语言要素没有进行任何描述，而是以"用汉语作某事"作为语言能力描述的出发点，它描述的是学习者在口头理解、口头表达、书面理解和书面表达四种交际方式中使用汉语做事的情况，并在"任务举例"部分列举了学习者能用汉语完成的任务。

这表明，两个标准对于学习者语言能力的判断标准不同，《汉语水平等级标准和等级大纲》的依据是语音、词汇、汉字、语法等方面，《国际汉语能力标准》的依据是学习者用汉语能做的事的范围。

1.3.4　《国际汉语能力标准》相对于《汉语水平等级标准和等级大纲》的发展

总体而言，《汉语水平等级标准和等级大纲》重视学习者掌握的语言知识，以学习者的语言能力为核心，而《国际汉语能力标准》以学习者的语言交际能力为核心，强调学习者运用汉语完成更多的交际任务。从这个角度上说，《国际汉语能力标准》与之前欧、美、加的三个标准是一致的，也是符合当前语言教学和语言能力标准发展趋势的。该标准以国际汉语教学界最新的语言交际能力理论为指导，与《汉语水平等级标准和等级大纲》相比，是词汇等级标准建设方面一个质的飞跃。

《国际汉语能力标准》借鉴了欧美的外语教学标准，以培养学习者的外语交际能力为目标。在对学习者的语言能力进行描述时，主要对学习者运用目的语所做的事和所完成的任务进行了分级描述。

第一，在具体描述方面，我国的标准和欧美的标准一样，将学习者的听、说、读、写四项技能放入“口头理解”、“口头表达”、“书面理解”和“书面表达”四种不同的交际模式之下进行描述。虽然在概念使用方面有所不同，但基本上呈对应关系。例如，“口头理解”和“书面理解”与美国5C标准的“理解诠释”模式和欧盟CEFR的“语言接受活动”模式相对应，而“口头表达”和“书面表达”相当于美国5C标准的“表达演示”模式和CEFR的“语言产出活动”模式。

第二，在划分学习者的语言能力的等级时，《国际汉语能力标准》采用的是和欧盟CEFR相同的方式，将学习者的语言能力划分为五个等级。《国际汉语能力标准》并没有规定从较低等级到较高等级所需的学习时间，符合语言能力评估标准的特点。

第三，欧美的标准非常重视语言能力中的文化因素，重视培养学习者的跨文化交际能力，并在各自的标准中对这些文化因素和跨文化交际能力做出了描述。在与《国际汉语能力标准》相对应的《国际汉语教学通用课程大纲》中，各项技能中的语法项目的标准比较低，而文化项目的标准比较高。这一安排是与我国推广汉语的政策相一致的，因为国外汉语教学对文化的要求比较高。汉语国际推广的目的和宗旨不仅仅在于在世界范围内推广汉语，更为重要的是在世界范围内传播中华文化。文化因素的教学是汉语教学中极其重要的一部分，文化教学应该蕴涵于语言教学之中。从这个角度上说，目前的汉语能力标准，既考虑了对汉语学习者跨文化交际能力的培养，也考虑了国际汉语推广的要求，因此极为重视文化因素的教学。

第四，《国际汉语能力标准》虽然没有对词汇、语法和汉字等语言要素进行描述，但是标准编写者在“说明”的“研制过程”一节中对此做出了说明：《标准》是对汉语作为外语或第二语言学习者使用汉语能力的描述，不是对汉语本身的描述。作为汉语教学、学习及评测的共同参考框架，《标准》尚未提供反映汉语使用能力的各种知识和策略，如词汇、语法等。国家汉办正在抓紧组织制订这方面的标准，以便学习者、教师、测试工作者等人士使用。”国家汉办在2008年4月推出的《国际汉语教学通用课程大纲》中，已经对这部分的内容做出了规定和描述。

综上所述，《国际汉语能力标准》和欧美的标准一样，都是在语言交际能力理论的指导下制定的。不同的是，欧美的外语教学标准对语言交际能力各方面均进行了描述，而《国际汉语能力标准》主要关注的仍然是汉语听、说、读、写等四项技能训练，对交际能力的描述仍然不够全面。但总的说来，《国际汉语能力标准》以交际语言能力理论为指导，借鉴了欧美的外语能力标准建设的最新成果，对汉语教学的指导价值不容忽视，具有广阔的发展空间。

总的说来，在全球化背景下的汉语国际传播过程中，建立国际汉语标准显得越来越重要。早在2006年斯洛文尼亚召开的第16届欧洲汉学协会大会的汉语教学研讨会上，与会者就一致认为应尽快建立欧盟各国认可的汉语语言标准框架，以适应当前欧盟教育改革的需要。因此，在全球化竞争中，如果忽视标准的建设，汉语教学、汉语教师与汉语教材均将无法适应汉语国际传播迅速发展的要求。在这种背景下，《国际汉语能力标准》作为汉语语言能力标准建设中的最新成就，虽然在教学理念的提出以及评估体系等方面还需进一步完善，但在汉语与国际语言能力标准接轨中的意义是非常重大的，是建立包括欧盟和美国在内的世界各国认可的汉语语言标准框架的有益尝试。

第二节 语言能力和语言交际能力

从上节我们可以看出，目前无论是国际最新的外语教学理念还是国内最新的汉语能力标准，关注的核心问题均是语言能力和语言交际能力的问题。因此，我们有必要进一步讨论语言能力和交际能力理论。

2.1 语言能力和语言交际能力理论

2.1.1 语言能力

Chomsky（1965：4）在《句法理论面面观》中把“能力”和“表现”这两个概念引进了语言学并做了界定，前者是指说话人和听话人的语言知识，后者是指具体情景中语言的实际使用。Chomsky 认为语言能力是“语言系统的生成可能性”（generative possibility of language systems）①。按照 Chomsky 的理论，语言能力是句子生成机制，是以一定的词汇量和语言规则体系为基础的。

2.1.2 语言交际能力

Hymes（1972：281）对 Chomsky“能力”这一概念作了扩充和修订，并提出了“交际能力”理论②。他认为交际能力由四个参数组成，四个参数相互作用构成了一个整体。一是可能性程度（degree of possibility），指某一语言系统中可能存在的东西，如语音、语法、句法、词汇、语义、语用等方面的知识。二是可行性程度（degree of feasibility），指语言使用者个人心理方面的语言容

① Chomsky，N. 1965 Aspects of the Theory of Syntax. Cambridge，Mass.：The MIT Press.

② Hymes，D. 1972 On communicative competence［M］. J. B. Pride；J. Holmes（eds）. Sociolinguistics. Harmondsworth：Penguin.

量，如个人的记忆力和认知能力。三是合适性程度（degree of appropriateness），指在交际中言语行为的表达是否得体，如对交际背景、目的、常规、参加者等因素的合理考虑。四是出现性程度（degree of performance），指言语行为能否发生。Hymes 的理论表明，交际能力不仅应包括语法知识和语言能力，而且还应包括语用知识和能力，即应该知道交际话语在特定语境中的可行性、得体性和目的性。

Canale & Swain（1980，1981）在 Hymes 的语言交际能力理论的基础上提出了交际能力理论的构建模式。① 该模式将交际能力分成四个部分：一是语法能力，即语音、词汇和语法等知识；二是语篇能力，即组句成篇的能力；三是社会语言能力，是一个人在一定的社会情景下得体使用语言的能力；四是策略能力，也叫补偿能力，是一种运用语言或非语言手段达到交际目的的策略（Brown 1994）。

Bachman（1990）在 Canale 模式的基础上发展了交际能力理论。Bachman 把交际能力改称为语言能力（language competence），认为语言能力应由两大子能力组成：一是语言的组织能力，包括语法能力和语篇能力；二是语用能力，包括言外行为能力和社会语言能力②。与 Canale 模式相比，该模式突出了语用能力和语言的功能，突出了理解话语的交际意图。另外，该模式把 Canale 的策略能力从交际能力整体框架中独立出来，认为它起着一种“执行”（executive）最后决定的功能（Brown 1994）。

综合 Hymes、Canale 和 Bachman 等学者关于语言交际能力的主张，我们认为，语言交际能力主要包括以下几个方面：一是语音、

---

① Canale. M. andSwain. M. 1980 Theoretical bases of communicative approaches to second language teaching and testing. Applied Linguistics，1.

② Bachman，L. F. 1990 Fundamental Considerations in Language Testing［M］. Shanghai：Shanghai Foreign Language and Education Press.

词汇、语法等语言知识；二是用语言做事情、完成交际任务的语言运用能力；三是在特定的社会语言环境中进行交际的社会语言能力，包括进行跨文化交际所需的关于目的语社会的文化、习俗等知识；四是语篇能力，即关于衔接、过渡、话轮转换等方面的语篇能力；五是策略能力，即语言学习策略和语用策略、对目的语的态度和情感。交际语言能力模式反映了学者们对交际语言能力所达成的基本共识。正如 Widdowson（1983）所指出的，交际能力是“在真实交际环境中发挥作用的能力”，交际行为是语境和参与者共同发挥作用的“动态”过程①。

2.1.3 语言能力和语言交际能力的关系

无论是 Hymes 的交际能力理论还是 Canale & Swain 的交际能力理论模式均表明，交际能力包括语法能力，语言能力是交际能力的基础。交际能力和语言能力又是相互依存的，脱离了语言能力的交际能力是不存在的，而脱离了交际能力的语言能力只是一系列的词汇、短语和语言规则，毫无实际运用价值。正如 Widdowson（1978：67）所指出的，交际能力包含语言能力，没有获得语言能力不可能获得交际能力②。因此，在语言教学领域，既要强调培养学生运用语言进行交际的能力，也不能忽视学生语言能力的培养。

综上所述，自 20 世纪 70 年代起，语言学家们逐步意识到，学习者不仅要掌握语言知识，更重要的是要用语言完成特定的交际任务，这标志着语言教学观念的转变。而在此之前，学界主要关注的是学习者对语言知识的掌握程度和熟练运用语言知识生成话语的能力，偏重于语言形式，而不是语言的内容和功能。

---

① Widdowson, H. G. 1983. Learning Purpose and Language Use [M]. Oxford: Oxford University Press.

② Widdowson, H. G. 1978 Teaching Language As Communication. Oxford: Oxford University Press, P67.

2.2　交际法

在交际能力理论的引导下，用功能意念来组织教学成为一种新的教学法潮流。交际法又称功能法（Functional Approach）或意念法（Notional Approach），产生于20世纪70年代初期的欧洲，主张以培养学生使用目的语进行交际的能力为宗旨，明确提出第二语言教学目标是培养学生创造性地运用语言进行交际的能力，不仅要求语言运用的正确性，还要求得体性。语言教学的内容不仅要包括语言结构，还要包括表达各种意念和功能的常用语句。

交际法注重交际能力的培养，有利于学生在特定的环境中恰当地使用目的语进行交际。在交际法教学理念下出现了一系列影响非常广泛的教材，包括《跟我学》、《英语900句》、《新概念》等。当然，交际法的理念也存在问题，主要表现在以下三个方面：第一，如何确定功能项目，确定语言功能项目的标准是什么。第二，不同的第二语言教学需要多少语言功能范畴，如何科学地安排功能项目的教学顺序。第三，在以功能意念为线索组织教学的情况下，如何保证语法项目编排的系统性。

交际法自20世纪70年代问世，距今已有近四十年的历史了，培养学生外语交际能力早已成为世界各国外语教学的目标。然而，交际理念仍然只是一种教学理念，而欧盟颁布的《欧洲语言学习、教学、评估共同参考框架》和美国颁布的《21世纪外语学习标准》则是把交际教学的理念从国家外语教学标准的角度确立下来。

2.3　欧盟、美国、加拿大的三个语言标准对于语言能力和语言交际能力的界定

2.3.1　欧盟的对语言能力和语言交际能力的界定：

欧盟的CEF标准认为，语言能力是所有语音、词汇、句法，以及语言系统的其他知识与技能，也就是独立于社会语言学和语

用学的纯语言学能力。

语言交际能力包括语言能力、社会语言能力和语用能力等几个组成部分，每个组成部分又有知识、能力和技能等构成要素。

2.3.2　美国21世纪外语学习标准对语言能力和语言交际能力的界定

美国21世纪外语学习标准指出，语言能力就是运用语言进行交际的能力。

美国21世纪外语学习标准将交际能力的概括为三种交际模式中的四项技能。三种交际模式包括互动交际模式（Interpersonal communicative mode），即学习者在谈话中能够提供信息和获得信息，表达情感并交流观点；理解诠释模式（Interpretive communicative mode），即学习者能够理解、阐释书面语或口语的各种话题；表达演示模式（Presentational communicative mode），即学习者能够向听众或读者展示和表达有关话题的概念和观点。四项技能指的是听、说、读、写的能力。

2.3.3　加拿大阿尔伯达省九年大纲对语言能力和语言交际能力的界定

阿尔伯达省九年大纲指出，语言即交际。大纲将汉语能力划分为应用能力、语言能力、全球公民能力和策略能力等四个部分。

阿尔伯达省九年大纲对汉语交际能力的定义是：在各语境中，运用汉语的语言、文化知识和各种策略，理解并产出有意义的话语篇章，进而运用汉语进行互动的能力。

综上所述，三个标准对语言能力和交际能力的定义已基本达成共识，即语言能力就是运用语言从事交际活动的能力，交际能力是语言能力的核心。

2.4　汉语教学界关于“汉语交际能力”的界定

在汉语教学界，研究者们结合对外汉语教学的特点，进一步发展了语言交际能力理论。

范开泰（1992）明确提出了“汉语交际能力”包括三个方面的内容：汉语语言系统能力、汉语得体表达能力、汉语文化适应能力[①]。崔希亮（1992）从语用学的角度探讨了交际能力的问题。他在回顾国外研究的基础上指出，语言能力不等于语言交际能力，并探讨了讲、述、谈、说等口头交际的四种形式之间的区别和联系[②]。姜丽萍（2007）将汉语作为外语的交际能力归纳为三个方面：一是语言能力，包括“知识”和“技能”两方面。“知识”指的是“陈述性知识”，包括汉语语音、词汇、语法等语言知识以及相关的语用规则知识和文化背景知识，主要通过教师的课堂讲授和练习获得，属于理解和记忆性的知识；“技能”指的则是听、说、读、写等言语技能，在认知心理学中称其为“程序性知识”。二是语用能力，包括 Bachman 提出的社会语言能力，语篇结构能力和策略能力。三是综合能力，类似于 Bachman 等人提出的语言功能能力，即学习者在真实语言环境中综合运用各种语言能力和手段创造性地完成交际任务的能力。[③] 她还指出，语言交际能力的这三个组成部分缺一不可。语言能力决定学习者语言的准确性和流利性，语用能力决定学习者语言的得体性，可以在教学过程中得到训练。综合能力是以语言能力和语用能力为基础，也是学习者汉语学习的最终目标，是学习者汉语交际能力的核心。

综上所述，在我国的汉语教学界，语言交际能力理论发展到现阶段，基本上是与国外外语教学界的外语交际能力理论相一致的。而2008年公布的《国际汉语能力标准》，正是在借鉴欧盟和

① 范开泰：《论汉语交际能力的培养》，载《世界汉语教学》1992年第1期。

② 崔希亮：《语言交际能力与话语的会话含义》，载《语言教学与研究》1992年第2期。

③ 姜丽萍：《关于构架“以培养交际能力为目标”的对外汉语教学框架的思考》，载《汉语学习》2007年第1期。

美国的最新外语教学理念的基础上制定的，在一定程度上体现了我国汉语能力标准建设的最新进展，反映了汉语教学界对于“汉语交际能力”研究的最新成果。

第三节 汉语词汇等级标准研究的现状与展望[①]

3.1 问题的提出

随着经济全球化和中国国际地位的提升，学习汉语的人数越来越多，据统计，目前全球学习汉语的总人数已达4000万。[②] 截至2010年10月，中国在海外已启动322所孔子学院，分布在96个国家和地区；启动了369个孔子课堂，设在34个国家。[③] 汉语教学的重心由国内转移到国外。在汉语国际推广的进程中，一个非常重要的环节就是汉语教学与国际语言教学标准接轨的问题。

20世纪末，美国和欧盟先后提出了一系列外语教学标准体系的新理念。美国1996年正式公布了《21世纪外语学习标准》(Standards for Foreign Language Learning in the 21st Century)。欧盟2001年正式公布了《欧洲语言学习、教学、评估共同参考框架》(A Common European Framework of Reference for Languages：Learning，Teaching，Assessment，简称CEF)。这些标准的发布反映了在全球化背景下外语教学的新潮流，代表了新型外语教育的理念。《21世纪外语学习标准》改变了以往以语言知识为核心的教学理

① 本节原以《汉语国际推广背景下的词汇等级标准研究》为题，发表在《民族教育研究》2012年第1期。

② 见新华网《全球学习汉语人数超过4000万人》，2010－08－19。http：//news. xinhuanet. com/2010－08/19/c_ 13452457. htm

③ 见汉办网站：http：//www. hanban. edu. cn/confuciousinstitutes/node_ 10961. htm。

念，强调交际、强调综合运用语言的能力、重视文化认知能力的培养[①]。欧盟CEF则是以“行动为导向”的语言标准，因而强调在“交际活动”中实现交际任务[②]。CEF通过交际活动将听说读写四种技能很好的结合在一起，突出了语言综合交际能力的培养。由此可见，上述两个标准并不强调语言结构和功能项目，他们所强调的是交际能力。在这种新的外语教学理念下，如何看待传统意义上的教学重点——语言结构，是一个值得探讨的问题。《21世纪外语学习标准》指出，“从前大多数外语课堂教学集中在‘怎样说’（语法）和‘说什么’（词汇）。当然，这些语言要素的确是重要的。但是当今外语教学研究的组织原则是‘交际’。交际强调的是‘为什么说’，‘对谁说’，‘什么时候说’。所以，语法和词汇是交际的基本工具，交际则是交际能力的获得，即以有意义和恰当的方式与说其他语言的人进行交际的能力的获得。这是当今外语教学课堂的最终目的。”在这种情况下，如何在现有的汉语水平词汇等级大纲的基础上建立与交际活动和交际任务相结合的词汇等级标准，从而较好地解决综合交际能力培养问题，是一个非常值得探讨的问题。

3.2　已有的词汇等级标准

3.2.1　国外的词汇等级大纲

事实上，国外外语教学领域很早就将词汇按照等级加以划分。West提出了最常用的2000词的词表（General Service List）[③]。

---

① National Standards in Foreign Language Education Project. 1999 Standards for Foreign Language Learning in the 21st Century［Z］. KS：Allen Press Inc.

② 欧洲理事会文化合作教育委员会：《欧洲语言共同参考框架：学习、教学、评估》［Z］，外语教学与研究出版社2008年出版。

③ West，M. 1953 A General Service List of English Words［M］. London：Longman，Green & Co.

Xue&Nation 编制了学术词汇表（The University Word List）①，这是目前英美大学普遍采用的学术词汇表。Coxhead（2000）在构建学术英语语料库的基础上，编制完成了包括570个词汇，准确地说是570个语义域（Semantic Field）的学术词汇表（The Academic Word List）②。在编制的过程中，该词表是在除去了最常用2000词汇（General Service List）的基础上，通过语料库筛选在学术文章中出现频率最高的词条编制完成。

英语通用词表

West（1953）出版的《英语通用词表》（A General Service List of English Words），是一部基于大规模语料的手工词表，是按单词义项分别统计频率的词表③。虽然《英语通用词表》是根据计算机时代来临之前所建立语料库中的语料创制的，但它所提供的英语词汇的语义频率信息是空前的，至今仍是各类英语词表编纂的最基本的参考书之一。除考虑词频原则以外，还考虑了普遍性（universality）、实用性（utility）和有用性（usefulness）等三条原则。普遍性原则是指词汇在不同英语国家、甚至在其它语言国家的普遍适用性；实用性原则是指词汇在各种文体、各个领域的使用价值；而有用性原则是指词汇用来定义其他词的可能性。

由于West是阅读法的积极倡导者，强调阅读教学的重要性，因此这一词表也是阅读法的产物。词表收词约有2000个根词（head words），覆盖了英语口语中大约90－95%和书面语中80－85%的词汇，可满足日常运用英语进行交际的需要。当然，《英语

① Xue, G. & Nation, P. 1984 A university word list. Language Learning Communication, 3, 215－229.

② Coxhead, A. 2000 A new academic word list［J］. TESOL Quarterly, 34, 213－238.

③ West, M. 1953 A General Service List of English Words: With Semantic Frequencies and a Supplementary Word－list for the Writing of Popular Science and Technology［M］. London: Longmans, Green and Co.

通用词表》一般是作为英语初学者首先需要掌握的词汇。在此基础上，中高级英语学习者，特别是将英语用于学术用途的学习者，会将注意力转移到学术英语的词汇上。

大学词汇表

Campion&Elley（1971）首先编制了大学生最常用500词和常用3200词[①]。Praninskas（1972）基于选自10个学科的10本大学教科书中的272466个词汇，编制了美国大学词汇表（American University Word List)[②]。

目前英美大学普遍采用的学术词汇表是Xue &Nation（1984）编制的大学词汇表（The University Word List）。该词表列出学术语篇中除《英语通用词表》以外836个常见高频学术词族[③]，覆盖了典型的学术语篇中约8%的词汇量。但是这一词表存在两个方面的问题：第一，编制词表时没有遵循统一的标准；第二，由于是在没有借助计算机的情况下主要依靠手工完成编制词表的工作，因此能够处理的语料非常有限，语料选择的范围也较小[④]。

学术词汇表

随着计算机时代的来临，语料库语言学的发展和各种检索软件的出现使大规模语料处理成为可能，这也为词表的制定提供了新的途径。在运用计算机技术编制的诸多词表中，Coxhead（2000）编制了包括570个词族的《学术词汇表》（Academic Word List，

---

① Campion, M. E., & Elley, W. B. 1971 An academic vocabulary list [M]. Wellington, NewZealand: New Zealand Council for Educational Research.

② Praninskas, J. 1972 American university word list [M]. London: Longman.

③ 词族是由一个基础词（base word）与它的屈折形式（inflected forms）、明显的派生词（transparent derivations）构成的一系列单词（Nation, 1990）。

④ Coxhead, A. 2000 A new academic word list [J]. TESOL Quarterly, 34, 213-238.

简称 AWL)，能够覆盖 10% 左右的学术性文本[①]。

在编制词表的过程中，Coxhead 首先建立了一个大型学术英语语料库，该库约 350 万字符，收集了 400 多位研究人员的文章，涵盖了文、商、法、理工 4 个子库，每个子库下设 7 个专业，覆盖 28 个专业。其中文学子库包括语言学、历史、哲学、社会学、心理学、教育学、政治学；商业子库有会计、经济、金融等专业；法律子库包括宪法、刑法、国际法等专业；科学子库包括生物、化学、计算机科学、地理、物理、数学等专业。在此基础上，Coxhead 收集词频超过 100 次、至少在 15 个专业中出现 10 次以上的词族，编制完成了学术词汇表。Coxhead 进一步按照这 570 个词族在学术英语语料库中出现频率，将这些词分成 10 个子表：前 9 个子表各包括 60 个词族，第 10 个子表包含 30 个词族。这 570 词族可涵盖除《英语通用词表》以外学术语篇中出现的约 10% 的词汇。最终词表包含近 2000 词，选取的原则有几个；一是分布率，《学术词汇表》中 94% 的词在上述 20 个或 20 个以上专业中都出现；二是频率，出现次数在 100 以上的词；三是频率一致性，必须是在四个子库中各出现 10 次及以上的词才可列入。在上述原则的基础上，词汇如具备以下特点也将被《学术词汇表》排除在外。一是属于《英语通用词表》2000 词汇，因为 Coxhead 认为如果要学习学术词汇，必须已经先掌握《英语通用词表》2000 词。二是低分布率的词，三是一些专业名词，四是拉丁缩写形式。

从编制的理念上看，《学术词汇表》是在专门用途英语（ESP）这一教学理念的基础上研制的，而专门用途英语包括学术目的英语教学（EAP）和职业目的英语教学（EOP）等两大分支。由于《学术词汇表》是以大量真实的学术英语语料为基础的，编制方法具有较强的科学性，因此为学术目的的英语教材的编写和词汇教学的顺

① Coxhead, A. 2000 A new academic word list［J］. TESOL Quarterly, 34, 213 – 238.

序提供了依据。此外，由于其涵盖的学科门类广泛，通用性强，具有较好的普适性，可以帮助学习者完成从学习一般用途英语向习得学术用途英语的过渡。《学术词汇表》与《英语通用词表》结合可覆盖学术语篇90%以上的词汇。

与《大学词汇表》相比，《学术词汇表》更适合学术英语的学习。Coxhead（2000）将两大词汇表进行比较，结果发现，两大词表有435个词族相同，重合率为51%。① 《大学词汇表》的133个词族在Coxhead学术语料库中没有出现。《学术词汇表》比《大学词汇表》少了266个词族，但其在Coxhead学术语料库中的覆盖率为10%，而《大学词汇表》的覆盖率为9.8%。

除了上述三个应用广泛的词表外，国外的词汇教学与习得领域还开展了一系列关于词汇大纲的研究。John Sinclair&Antoinette Renouf（1988）强调了语言教学大纲中词汇的重要性，哪些词该教，哪些核心用法（central patterns of usage）该教，并举例说明某些词应该如何教②。这是学术界第一篇探讨词汇大纲的文献。Dave Willis（1990）系统阐述了词汇大纲的观点，既包括宏观意义上的语言教学内容安排，也包括具体教学中的贯彻实施的步骤③。上述系列研究为英语作为第二语言词汇教学提供了依据。

上述研究表明，国外学者在词汇等级标准研究方面已取得较为丰厚的研究成果。然而，国外绝大多数研究都是基于英语的词汇等级研究，其他语种的研究比较少。从这个角度上讲，汉语作为第二语言的词汇等级研究发展前景广阔。

---

① Coxhead, A. 2000 A new academic word list［J］. TESOL Quarterly 34, 213 – 238.

② Sinclair, J. & A. Renouf. 1988. A lexical syllabus for language learning［A］. In R. Carter & M. McCarthy（eds.）. Vocabulary and Language Teaching［C］. London: Longman.

③ Willis, D. 1990. The Lexical Syllabus: A New Approach to LanguageTeaching［M］. London: Collins ELT.

3.2.2 汉语的词汇等级大纲

《汉语水平词汇与汉字等级大纲》

《汉语水平词汇与汉字等级大纲》是1992年编制的，是以词频为依据进行词汇的筛选和确定词汇的等级①。《汉语水平词汇与汉字等级大纲》是对汉语词汇和汉字进行筛选并形成汉语词汇和汉字等级系列的规范性的水平大纲，它与《汉语水平等级标准》、《汉语水平语法等级大纲》等大纲相互配合，是对外汉语教学总体设计、教材编写、课堂教学和教学测试的重要依据。我们的研究主要关注词汇问题，《汉语水平词汇与汉字等级大纲》将词汇分为四级：甲级词（1033个）、乙级词（2018个）、丙级词（2202个）和丁级词（3569个），共8822个。同时，《汉语水平词汇与汉字等级大纲》的汉字库系统是在词汇大纲的基础上生成的，甲、乙、丙、丁四级词中共含2864个字。其中，除了34个汉字以外，都属于3500常用字范围内。

《汉语水平词汇与汉字等级大纲》对于汉语学习者，特别是以汉语作为第二语言的学习者来说，是规范性词表，在教学领域、特别是对外汉语教学领域具有权威性。当然，《汉语水平词汇与汉字等级大纲》研制10多年来，许多学者也从不同角度提出了对于大纲的一些修订意见，其中包括词频问题、口语词问题、多义词及兼类词的分级问题②、词汇量的问题③以及收词量的问题④。显然，上述研究为汉语词汇等级标准的研究提供了有益的思路。

---

① 国家对外汉语教学领导小组办公室：《汉语水平词汇与汉字等级大纲》（第1版）[Z]，北京语言学院出版社1992年出版。

② 赵金铭、张博、程娟：《关于修订〈（汉语水平）词汇等级大纲〉的若干意见》[J]，载《世界汉语教学》2003年第3期73－83。

③ 李英：《关于〈汉语水平词汇与汉字等级大纲〉的几个问题》[J]，载《中山大学学报论丛》1997年第4期32－37。

④ 李清华：《〈汉语水平词汇与汉字等级大纲〉的词汇量问题》[J]，载《语言教学与研究》1999年第1期50－59。

《汉语国际教育用音节汉字词汇等级划分》

《汉语国际教育用音节汉字词汇等级划分》是2010年编制的[①]，与《汉语水平词汇与汉字等级大纲》相同，也是以词频为依据进行词汇的筛选和确定词汇的等级。然而，与《汉语水平词汇等级大纲》所不同的是，词汇的筛选的另一个依据是字频，这与《汉语水平词汇等级大纲》的“汉字跟着词汇走”的二维基准模式不同[②]。

《汉语国际教育用音节汉字词汇等级划分》将词汇分为一级（普及化等级）、二级（中级）、三级（高级）等三级词汇。在普及化等级中，设定了最低入门等级常用词505个。这种设计符合汉语国际推广的理念，正如刘英林所指出的，加速了汉语的国际化、大众化、普及化、规模化进程[③]。

由于《汉语国际教育用音节汉字词汇等级划分》是2010年研制出来的，目前关于它的研究还比较少，但与《汉语水平词汇与汉字等级大纲》相比，其优势非常明显，主要表现在词汇量和选词两大方面。

首先，在词汇量上，《汉语国际教育用音节汉字词汇等级划分》共收入词汇11092个，比《汉语水平词汇与汉字等级大纲》的词汇量多出2270个，这符合汉语教学的要求。目前的国际汉语教学现状表明，中高级教材普遍存在超纲词过多的情况，判定词汇是否“超纲”的标准就是《汉语水平词汇与汉字等级大纲》。因此，《汉语国际教育用音节汉字词汇等级划分》增加收入词汇的数量有利于汉语教学的进一步规范化。事实上，学者们普遍认为《汉

---

① 国家汉办、教育部社科司：《汉语国际教育用音节汉字词汇等级划分》[Z]，北京语言大学出版社2010年出版。

② 刘英林、马箭飞：《研制〈音节和汉字词汇等级划分〉探寻汉语国际教育新思维》[J]，《世界汉语教学》2010年第1期82－92。

③ 刘英林、马箭飞：《研制〈音节和汉字词汇等级划分〉探寻汉语国际教育新思维》[J]，《世界汉语教学》2010年第1期82－92。

语水平词汇与汉字等级大纲》中的词汇量偏低。姜德梧从字根的平均构词能力的角度提出，《汉语水平词汇与汉字等级大纲》的词汇量应增至10000－12000个①。李清华指出，《汉语水平词汇与汉字等级大纲》定的汉字量合适，词汇量应增至15000词②。张凯认为，《汉语水平词汇与汉字等级大纲》把汉字教学量定为3000是合适的，而把词汇量定为8821则有些保守③。

事实上，对于词汇大纲“扩纲”问题，对外汉语教学界也有不同的看法。杨承青、张晋军（2007）在探讨HSK改革时指出，即使是研发人员认为最容易的HSK（基础），也令某些国家和地区的考生望而生畏，说明现有HSK的水平覆盖面不够，与实际的水平分布不一致，令一批水平较低的汉语学习者找不到对应其水平的汉语考试④。新HSK考试为了降低考试门槛，制定了相对低的词汇等级标准，尤其是在入门级1级、2级、3级均使用比较低的标准。新HSK大纲共收入5000词汇，其中一级词汇150个，二级词汇150个，三级词汇300个，四级词汇600个，五级词汇1300个，六级词汇2500个。2008年出版的《国际汉语教学通用课程大纲》中所收录的常用汉语高频词语仅为1500词。新HSK5000词表以及《国际汉语教学通用课程大纲》1500高频词表的出现，体现了缩减词汇量标准的一种教学理念。然而，我们在教学中，特别是汉语国际教育硕士的外国研究生的教学中发现，新HSK5000词的标准对于学历生来说相对比较低。很多研究生的汉语水平考试

① 姜德梧：《关于〈汉语水平词汇与汉字等级大纲〉的思考》［J］，载《世界汉语教学》2004年第1期81－89。

② 李清华：《〈汉语水平词汇与汉字等级大纲〉的词汇量问题》［J］，载《语言教学与研究》1999年第1期50－59。

③ 张凯：《汉语构词基本字的统计分析》［J］，载《语言教学与研究》1997年第1期42－51。

④ 杨承青、张晋军（2007）：《汉语水平考试（HSK）改革设想》，《语言文字应用》2007年第3期。

成绩达到新 HSK5 级或 6 级，但在写作中，特别是在论文写作中词汇贫乏，使用的仍然是在初、中级汉语学习阶段所掌握的汉语基本词汇。因此，对外汉语教学实践经验表明，词汇大纲“扩纲”的观点是有依据的。

其次，从词汇的词频选择来说，选词频度关系到大纲所依托的语料和采用的统计方法问题，是非常重要的根本性问题。《汉语国际教育用音节汉字词汇等级划分》依据的是《广播电视对话节目语料》、《有声媒体语料》、《三媒体综合语料》、《九年义务教育（新课标）语文科语料》、《国家语委现代汉语语料库（核心语料库）》等语料库 2005 年至 2009 年收入的最新语料，可以很好地反映当今社会词汇使用的真实频度。而作为最重要、最核心的选材依据，《广播电视对话节目语料》更是反映了当今社会口语词汇使用的情况，符合语言的交际性的教学理念。

当然，《汉语国际教育用音节汉字词汇等级划分》既然是词汇大纲，关注的焦点应该是在词汇方面。然而，除了词汇外，《汉语国际教育用音节汉字词汇等级划分》还收入了大量的短语，包括固定格式、习惯用语和成语等。这与《汉语水平词汇与汉字等级大纲》的情况基本相同。李红印认为，应该把“语”从《汉语水平词汇与汉字等级大纲》词汇中提取出来，归入新增的“语汇大纲”，与已有的“汉字等级大纲”“词汇等级大纲”相照应①。对于如何看待这些短语，我们同意李红印的观点，并不特别关注短语的问题。

总之，《汉语国际教育用音节汉字词汇等级划分》符合新形势下汉语国际教学的需要，将在汉语教学、教材编写和语言测试等方面发挥了巨大的作用，其意义不容忽视。

---

① 李红印：《〈汉语水平词汇与汉字等级大纲〉收“语”分析》［J］，载《语言文字应用》2005 年第 4 期 73－79。

3.2.3 综论

综上所述，国内外关于词汇等级的研究主要根据词频划分词汇等级，并未与交际功能相结合，并未考虑理解性词汇和产出性词汇的区分问题。从这个角度上讲，汉语词汇等级标准研究具有广阔的发展空间。

3.3 汉语国际推广背景下的词汇等级标准

在汉语国际推广背景下建立新的词汇等级标准，在词汇选择和分级上应遵循以下两个原则。

3.3.1 词汇等级考虑理解性词汇与产出性词汇区分的原则

在第二语言词汇习得和教学领域，理解性词汇和产出性词汇的研究一直备受关注。这一方面是因为，词汇习得的过程就是词汇理解与产出能力的获得过程；另一方面，已有的词汇习得研究成果表明，第二语言学习者在词汇理解和产出这两种技能之间存在着巨大的差异，产出能力明显滞后。汉语作为第二语言教学的目的是为了培养学生运用汉语进行交际的能力，基于这种理念，词汇教学的目的应该是使学习者能够将词汇知识运用到交际之中。交际包括口头交际和书面语交际。无论是口头交际还是书面语交际，产出性词汇都是至关重要的。而已有的研究，主要是探讨理解性词汇的，虽然产出性词汇因与交际关系密切而备受关注，但已有的研究成果还是非常有限的。我们的研究，就是要探讨理解性词汇和产出性词汇的等级划分，这对于培养第二语言学习者运用汉语进行交际的能力意义重大。

江新等通过对十余万字的“外国学生汉语作文语料库”进行统计，分析一至三年级以汉字文化圈为主的留学生作文用词情况[①]。统计结果显示，初级留学生使用的词汇数量为1161个，中级留学生使用的词汇数量为2572个，中高级留学生使用的词汇数量为2403个，合计3985个。由于该研究只统计了从初级到中高级（三年级）学生的语料，所以只能与《大纲》丙级的要求比较。通过比较可以看到，在统计的语料中，留学生使用的词语总量（3985个）远未达到《大纲》丙级要求的词汇量（5253个）。虽然该研究的依据是《汉语水平词汇与汉字等级大纲》，而该大纲的选词依据主要是1990年以前的语料，在一定程度上不能反映当今社会词汇使用的真实情况，但至少说明，留学生的理解性词汇量和产出性词汇量之间存在着巨大的差异。词汇等级的划分应该考虑到理解性词汇和产出性词汇之间的这种差异。

3.3.2　词汇等级与交际功能相结合的原则

在汉语国际推广背景下建立词汇等级标准，还需要考虑词汇的功能类的问题。根据《高等学校外国留学生汉语教学大纲》[②]，交际任务是从语言教学与语言学习的角度对现实生活中的言语交际活动进行的提炼和概括，由交际目的、语言功能、语境、话题和语言要素等几方面的因素构成。我们根据《高等学校外国留学生汉语教学大纲》所涉及的交际任务并结合汉语教学中词汇的交际功能划分，将词汇分为五类：基本交际类、生存类、社会活动类、个人信息类以及综合信息类。基本交际类词汇主要包括与人打招呼、相互介绍、表示感谢、歉意、祝贺、受邀参加宴会、基本社交礼仪、书信用语等与日常交际相关的基本词汇。生存类词汇主要包括饮食、购物、寻医问药、寻求帮助、基本生活服务

---

① 江新、赵果、黄慧英、柳燕梅、王又民：《外国学生汉语字词学习的影响因素—兼论〈汉语水平大纲〉字词的选择与分级》[J]，载《语言教学与研究》1997年第1期42－51。

② 国家对外汉语教学领导小组办公室：《高等学校外国留学生汉语言专业教学大纲》[Z]，北京语言大学出版社2002年出版。

（如去银行存取钱、理发、照相、洗衣、办护照）等日常生活所必需的相关词汇。社会活动类主要包括旅行交通、邮电通讯、参观访问、娱乐休闲、体育运动、获取媒体信息等参与社会集体活动的相关词汇。个人信息类主要包括个人基本情况、婚姻和家庭、学习和工作、爱好和特长、看法和态度、打算和愿望、做某事的原因和目的等与个人信息紧密相关的词汇。综合信息类囊括了除上述四类词汇以外的其余词汇，主要包括环境自然、行政外交、经济贸易、文化艺术、法律道德、科普等相关词汇。仅以《汉语国际教育用音节汉字词汇等级划分》中最低入门等级 505 个常用词为例，其中包括基本交际类词汇 77 个，生存类词汇 220 个，社会活动类词汇 79 个，个人信息类词汇 71 个，综合信息类词汇 58 个。在这五类词汇中，基本交际类词汇和生存类词汇占最低入门等级常用词总量的 59%，这说明《汉语国际教育用音节汉字词汇等级划分》反映了词汇的功能类问题，在此基础上对学习者的使用词汇的功能类分析是非常有意义的，可以为词汇等级的划分提供参考。

汉语国际推广背景下建立词汇等级标准，有一个重要的前提，就是要从汉语教学的实际需要出发。目前，汉语教学的重心已经由国内转到了国外，面临的主要问题是与国际外语教学标准接轨的问题。因此，在当前新的形势下，词汇等级标准的确立应该从语言交际出发，考虑理解性词汇和产出性词汇区分的原则以及词汇等级与交际功能相结合的原则，这对于推广汉语具有重要的实践价值。

第二章　第二语言学习者理解性词汇和产出性词汇在功能类上的分布

第一节　理解性词汇和产出性词汇的研究现状

1.1　问题的提出

词汇习得是第二语言习得的核心要素，因为词汇习得贯穿整个语言习得的全过程。Wilkins（1972：111）对词汇在语言产出中的重要性曾经作过精辟的论述。他认为，“没有语法，很多事物无法表达；没有词汇，任何事物都无法表达①。”尽管研究者越来越清楚地认识到词汇在言语理解和言语产出中的重要性，但第二语言词汇习得研究一直是“语言习得研究中被忽视的领域”②（Meara 1980）。20 世纪 90 年代以来，第二语言词汇习得研究开始引起语言习得领域研究者的广泛关注。Lewis（1993）指出，词汇习得是第二语言习得的中心任务，听、读、说、写、译各项语言技能都离不开词汇③。在词汇习得研究领域，理解性词汇和产出性词汇的研究备受关注。这一方面是因为，词汇的理解和产出是词汇习得的两个基本过程，同时也是第二语言学习者必须掌握的两个基本

---

① Wilkins，D. A. 1972 Linguistics in Language Teaching［M］. London Melbourne Auckland.

② Meara，P. 1980 Vocabulary Accquisition：A Neglected Aspect of Language Acquisition［J］. Language teaching and Linguistics，221 –246.

③ Lewis M. 1993 The Lexical Approach：The State of ELT and aWay Forward［M］. England：Language Teaching Publications.

技能。可以说，词汇习得的过程就是词汇理解与产出能力的获得过程；另一方面，词汇习得研究表明，第二语言学习者在词汇理解和产出这两种知识和技能之间存在着巨大的差异，大部分第二语言学习者的产出性词汇习得停滞不前①。

我们的研究要探讨汉语国际推广背景下的词汇等级标准，建立初级、中级、高级等不同词汇等级的理解性词汇和产出性词汇大纲，不可避免地涉及到探讨理解性词汇和产出性词汇的问题。因此，我们首先要回顾一下目前已有的理解性词汇和产出性词汇的研究成果。

1.2 理解性词汇和产出性词汇的界定

L'abbé Gaultier（1839）就曾对“理解性词汇”和“产出性词汇”这两个概念进行区分。他指出，理解性词汇可以促进学生的理解，而产出性词汇是用于写作的②。20世纪五十年代以后，心理学领域出现了回忆（recall）和识别（recognition）两个术语，这就是我们今天所说的“理解”和“产出”的最初起源。下面我们将介绍理解性词汇、产出性词汇以及控制产出性词汇和自由产出性词汇等几个概念的界定。

1.2.1 理解性词汇和产出性词汇

Nation（1984）区分理解性词汇（认知型词汇）和产出性词汇（用于写作、口语表达中的词汇）③，Nation（1990）对于理解性词

① 孙晓明：《第二语言词汇习得研究》［M］，中央民族大学出版社2008出版，P46.

② Waring, R. 1999 Tasks for Assessing Receptive and Productive Second Language Vocabulary［D］. Ph. D. Thesis. University of Wales, Swansea, UK.

③ Nation, P., 1984 Vocabulary Lists: Words, Affixes, and Stems［M］. Victoria University of Wellington, New Zealand.

汇和产出性词汇的界定是目前学界普遍采用的定义①。他认为，前者是指学习者在听读中可以理解的词汇，后者是指学习者在说写中可以自由表达的词汇。理解性词汇包括产出性词汇和“无动机”词汇（unmotivated vocabulary），“无动机”词汇包括学习者无法产出的、在日常生活中不常用的词。理解性词汇的获得要先于产出性词汇，因为产出性词汇需要更多的信息、更难学、更易忘。他还指出，理解性词汇和产出性词汇的距离可以阐释为词的熟悉度的问题②。

Corson（1995）运用主动型词汇（active vocabulary）和被动型词汇（passive vocabulary）来指称产出性词汇和理解性词汇③。他认为，被动型词汇不仅包括主动型词汇，还包括其他三种词汇，即部分掌握的词汇，不能产出的低频词以及规避的低频词。这三种词汇在某种程度上是重合的。Corson 的划分主要是以运用为标准区分的，并不仅仅是依据知识的掌握程度划分的。一些消极词汇可能是产出性词汇，但它们通常不会被积极应用。他也使用“无动机”词汇（unmotivated vocabulary）来指称消极性词汇④。规避的低频词在产出性词汇测试中由于不具有产出性特征，即被试从不用于口头或笔头的表达，而被定义为理解性词汇知识。被试可能由于受试出于忌讳、不礼貌或语用环境限制等原因不运用一些词汇使其在心理词库中不具备主动性特征。Corson 认为主动词汇和被动词汇可能比产出性词汇和理解性词汇的概念更合适。

---

① Nation, P., 1990 Teaching and Learning Vocabulary [M]. Newbury House Publishers, NY.

② 转引自孙晓明：《第二语言词汇习得研究》，中央民族大学出版社 2008 年出版，P37.

③ Corson D J. 1995Using English Words [M]. Dordrecht: Kluwer Academic Publishers.

④ 转引自孙晓明：《第二语言词汇习得研究》，中央民族大学出版社 2008 年出版，P38.

综上所述，理解性词汇和产出性词汇的区分对词汇习得研究和词汇教学均有重要的意义，特别是在学习者的理解性词汇量远远大于产出性词汇量的情况下。如何通过对两者的深入研究，进而帮助学习者发展产出性词汇是一个非常值得探讨的问题。

1.2.2　控制产出性词汇和自由产出性词汇

Robin Goulden, Paul Nation & John Read（1990）在区分理解性词汇和产出性词汇的同时，将产出性词汇的划分进一步细化。这样，他区分了三种词汇知识：被动词汇知识（passive knowledge）、控制性词汇知识（controlled knowledge）和自由词汇知识（active knowledge）①。在这三个概念中，被动的词汇知识与理解性词汇知识相对应，自由词汇知识与产出性词汇知识相对应，控制性词汇知识则是两者的过渡。被动知识是指目标词出现时，学习者能够知道它的最常用和最核心的意义；控制性词汇知识是指学习者在一定的语境中能够运用目标词；自由词汇知识是指在没有语境提示的情况下，学习者可以自由运用目标词②。

Laufer& Paribakht（1998）区分理解性词汇（认知型词汇）和产出性词汇（主动型词汇）。产出性词汇又进一步分为自由产出性词汇（学习者主动选择去运用的词汇）和控制产出性词汇（学习者在需要时可以运用）③。

总体而言，从产出性词汇的界定和在教学中的意义的角度来说，与控制产出性词汇相比，自由产出性词汇更为学界所关注。但另一方面，尽管一些词汇可能已经是学习者可以自由运用的词汇，但由于忌讳、礼貌或倾向于使用非常有把握的常用词等一系

① Robin Goulden, Paul Nation and John Read. 1990 How large a receptive vocabulary be?［J］Applied Linguistics，11，341 -363.

② 转引自孙晓明：《第二语言词汇习得研究》，中央民族大学出版社 2008 年版，P38.

③ Laufer, B.，Paribakht, T. S.，1998. The relationship between passive and active vocabularies：effects of language learning context［J］. Language Learning 48（3），365 - 391.

列原因，可能学习者在自由表达的过程中，并不会使用这些词汇，因此，从这个角度上说，仅仅考察学习者的自由产出性词汇是不够的，控制产出性词汇的研究同样具有一定的理论意义和现实意义。

1.3　理解性词汇到产出性词汇的连续体假说

这一假说认为，学习者的词汇知识是理解性词汇到产出性词汇的连续体。目前不同的研究者对于词汇知识的界定虽存在不同的看法，但大家普遍认为，词汇知识不是一个“或有或无”（all－or－nothing）的两极现象，而是一个包括不同水平的发展的连续体。

已有的一些研究（Palmberg，1987；Pigott，1981；Faerch，Haastrup and Phillipson，1984；Laufer，1991）将词汇知识界定为理解词语意义的能力与为交际目的而自动激活词语的能力之间的连续①②③④。另一些研究（Richards，1976；Ringbom，1985；Melka，1997；Henriksen，1996；Rob Waring，2002）则分别从不同的角度探讨学习者的词汇发展从理解性词汇到产出性词汇的特征。Richards（1976）强调成人词汇发展的连续性特征，并指出这种连续性和语法的相对稳定性是相对立的⑤。Ringbom（1985）认为理

① Palmberg，R. 1987 Patterns of vocabulary development in foreign language learners［J］. Studies in Second Language Acquisition，9，201－220.

② Piggott，P. 1981 Vocabulary growth in EFL beginners［D］. MA project，Birkbeck College，London.

③ Faerch，K. Haastrup and R. Phillipson. 1984 Learner Language and Language Learning［M］. Copenhagen：Multilingual Matters.

④ Laufer，B. 1991 The Development of L2 Lexis in the Expression of the Advanced Learner［J］. The Modern Language Journal，75，440－448.

⑤ Richards. 1976 The Role of Vocabulary［J］. TESOL Quarterly，10，77－89.

解性词汇知识要先于产出性词汇知识习得①。理解性词汇和产出性词汇分别储存于大脑的两个词库，产出性词库明显小于理解性词库。词汇习得顺序是不断地从理解性词库过渡到产出性词库。如果有些产出性词汇没有经常使用，也有可能会从产出性词汇退化为理解性词汇。因此，产出词汇的能力中包含理解词汇的能力，理解能力和产出能力之间构成了一种线形的关系。Melka（1997）指出，理解性词汇和产出性词汇的距离是一个“知识的连续体”②。词汇知识的连续体包括模仿阶段（Imitation）、理解阶段（Comprehension）、模仿产出阶段（Reproduction with assimilation）、产出阶段（Production）等四个阶段。Henriksen（1996）描述了词汇习得的模型，勾画了词汇发展的三个连续体③。他指出，语言发展是一个连续体或者是一个等级序列。这个知识的连续体可以操作性的定义为“理解”的不同水平。这个理解性到产出性的连续体是一个控制性的连续体，通过不同的理解性的作业而获得运用词汇的能力。Rob Waring（2002）指出，在理解性词汇到产出性词汇的连续体中，理解性知识和产出性知识处于连续体的两端④。在大多数情况下，理解性知识必须在产出性知识之前获得，学习者不可能在完全理解词义之前运用目标词。另一方面，词汇知识的磨损和消失则是从产出性知识开始的⑤。

---

① Ringböm, H. 1985 On the distinctions of item learning vs system learning, and receptive competence vsproductive competence in relation to the role of L1 in foreign language learning [A]. In; H. Ringböm (Ed.) Psycholinguistics and Foreign Language Learning. Åbo: Åbo Akademi.

② Melka, F. 1997 Receptive vs productive aspects of vocabulary [A]. In Schmitt, N. and M. McCarthy (Eds.): Vocabulary: Description, Acquisition and Pedagogy. Cambridge: Cambridge University Press. 84 – 102.

③ Henriksen, B. 1999 Three dimensions of Vocabulary Development [J]. Studies in Second Language Acquisition, 21, 303 – 317.

④ Waring, R. 2002 Basic Principles and Practice in Vocabulary Instruction [J]. The Language Teacher: 26, 7, 11 – 13.

⑤ 转引自孙晓明：《第二语言词汇习得研究》，中央民族大学出版社 2008 年出版，P40.

在汉语教学领域，鹿士义（2001）将理解性词汇和产出性词汇的概念引入汉语作为第二语言的词汇习得研究领域，把理解性词汇和产出性词汇称为“认知型词汇”和“主动型词汇”，假设二者之间存在一个连续统①。孙晓明（2008）认为，理解性词汇到产出性词汇连续体的观点涵盖了个体词汇和词汇系统两个层面，有助于考察学习者词汇知识的发展状况。无论是学习者词汇知识系统的发展，还是学习者对于一个目标词汇的掌握，都涉及到语言的不同水平的连续体，这一观点已经是第二语言词汇习得研究领域的一个普遍的共识。对于处在特定阶段的特定的学习者来说，他所掌握的词汇都是处于这个连续体的一个特定的点上。但另一方面，这一观点也存在问题。首先，词汇知识具有内在的复杂性，仅仅从理解性词汇到产出性词汇连续体的角度来考察是不够的。一般说来，除理解性知识到产出性知识的连续体外，学习者的词汇知识还涵盖了另外两个连续体。一个是较浅的词汇知识到较深的词汇知识的连续体，这是从个体词汇的层面出发的；一个是较少的词汇知识到较多的词汇知识的连续体，这是从词汇系统的角度出发的。前者探讨的是词汇知识的深度问题；后者涉及的是词汇知识的广度问题，即学习者词汇量的大小。其次，任何线性的图表都无法呈现心理词典发展的多面特性。第二语言学习者的词汇知识网络是一个动态的开放系统，处于不断变化之中。旧的词汇知识可能会磨损、消耗；新的词汇知识也在不断进入。理解性词汇可能发展为产出性词汇，产出性词汇也可能退化为理解性词汇②。

---

① 鹿士义：《词汇习得与第二语言能力研究》[J]，载《世界汉语教学》2001 年第 3 期。

② 孙晓明：《第二语言词汇习得研究》，中央民族大学出版社 2008 年出版，P40 -41.

1.4 理解性词汇和产出性词汇的差异

对于理解性词汇和产出性词汇的研究，主要集中在以下三个方面：

第一，数量的差异。已有的研究（Chamberlain，1965；Eringa，1974；Waring，1999）表明，无论是母语者还是第二语言学习者的理解性词汇和产出性词汇的发展均具有不对称性，其所具备的理解性词汇量都要大于产出性词汇量[①②③]。

第二，质的差异。理解性词汇和产出性词汇加工深度方面存在明显的差异。正如 Weltens（1989）所指出的，在理解性的言语活动中，目标词的展示本身就是一个提取线索，而产出活动中则不存在这样的线索[④]。Laufer（1998）也指出，对于理解性词汇，学习者只需掌握其最基本和最常用的意义即可。然而对于产出性词汇，仅仅具备这些是不够的。词汇产出要求学习者全面掌握目标词，对词汇的掌握达到自动化激活的程度[⑤]。正是由于理解性词汇和产出性词汇在加工深度方面的差别，学习者对两者的记忆保持效果也存在差别。Craik & Lockhart（1972）在提出“加工深度假说”时曾指出，新的信息是否可以进入长时记忆的关键并不在于其在短时记忆中所储存的时间，而取决于认知加工方式的差异，

① Chamberlain, A. 1965 Learning a Passive Vocabulary ［J］. International Conference of Modern Foreign Language Teaching. November, Part I.

② Eringa, D. 1974 Enseigner, c´est choisir: vocabulaire - verwering ［J］. Levende Talen, 260 - 267.

③ Waring, R. 1999 Tasks for Assessing Receptive and Productive Second Language Vocabulary ［D］. Ph. D. Thesis. University of Wales, Swansea, UK.

④ Weltens, B. 1989 The attrition of French as a foreign language ［M］. Dordrecht: Foris Publications.

⑤ Laufer, B. 1998 The Development of Passive and Active Vocabulary in a Second Language: Same or different? ［J］ Applied Linguistics, 19, 255 - 271.

即加工层次越深，记忆保持越好①。因此，无论是母语学习者还是第二语言学习者，产出性词汇知识记忆和保持的效果都要好于理解性词汇知识。

第三，“产出性词汇门槛”假设。“产出词汇门槛”假设是Laufer（1991）② 最早提出来的。Laufer 通过对 47 名母语为西伯来语和阿拉伯语的英语专业一年级学生的跟踪调查，探讨高水平学习者的词汇发展过程。语料包括全部学生入学考试的作文、22 名学生学习 14 周后的作文以及另外 25 名学生学习 28 周后的作文。结果表明，学生们仅仅在词汇复杂性发生了显著的变化，而产出性词汇显著进步的是英语水平处于中等以下的学生。在此基础上，Laufer 提出了产出词汇门槛假说，认为存在词汇门槛效应。他指出，虽然学习者在一生中都会发展理解性词汇，但是在语法习得实现之后，产出性词汇只会在达到平均水平之前发展。“1 + 1”的可理解输入在学习者的语言水平达到词汇门槛之前会起作用，在语言水平超过词汇门槛之后不再起作用。教师应采取措施帮助学生激活门槛以上词汇的学习③。Laufer（1998）又进一步提出了自由产出词汇的高原稳定假设（Free Active Vocabulary Plateau Hypothesis）④，即自由产出词汇水平在达到一定高度后就停止增长。

事实上，无论是 Laufer 所提出的“产出词汇门槛假说”还是“自由产出词汇的高原稳定假设”，从本质上说均是我们通常所说的语言僵化现象或是化石化现象。与一般的语言僵化现象不同，

① Craik，F. I. M & R. S. Lockhart. 1972 Levels of processing：A framework for memory research［J］. Journal of Verbal Learning and Verbal Behavior 11，671 – 684.

② Laufer，B. 1991 The Development of L2 Lexis in the Expression of the Advanced Learner［J］. The Modern Language Journal，75，440 – 448.

③ 转引自孙晓明：《第二语言词汇习得研究》，中央民族大学出版社 2008 年出版，P42.

④ Laufer，B. 1998 The Development of Passive and Active Vocabulary in a Second Language：Same or different?［J］Applied Linguistics，19，255 – 271.

词汇的化石化现象在理解性词汇和产出性词汇上的表现有所不同。学习者在第二语言的学习过程中会不断发展理解性词汇，而产出性词汇发展的速度会比较缓慢，当发展到一定的水平会出现停滞。同时，这种“化石化”现象并不是学习者词汇数量增长上的“化石化”，而是个体词的词汇知识增长的“化石化”。Laufer 研究的意义就在于揭示了第二语言学习者词汇发展过程中理解性词汇和产出性词汇增长的不平衡现象[①]。

除了证明词汇门槛现象的存在，Laufer 的一些列实证研究（Laufer，1994；Laufer，1995；Laufer，1998）[②③④]还进一步探讨了词汇门槛产生的原因以及解决的办法。Laufer 将原因归于三个方面：一是动机缺乏：学习者缺乏使用“不常用并可能会用错”的词汇的动机；二是教师运用交际法进行教学，学生只要可以清楚地表达自己的观点即可；三是教学强调词汇运用的正确性而不是多样性。同时，Laufer 还指出，额外的教学有可能帮助学习者提高低频词的习得[⑤]。

和 Laufer 一系列研究的结论不同，Engber（1995）在调查 66 名母语背景不同的中、高级英语学习者的词汇水平和作文质量的关系时指出，词汇多样性和词汇使用的正确率对作文评分均有显著的影响，学习者的产出性词汇始终保持显著增长的趋势[⑥]。

---

① 孙晓明：《第二语言词汇习得研究》，中央民族大学出版社 2008 年出版，P44.

② Laufer，B. 1994 The lexical profile of second language writing：Does it change over time？［J］RELC Journal，25（2），21－33.

③ Laufer & Nation. 1995 Vocabulary Size and Use. Ability ［J］. Applied Linguistics，16，307－322.

④ Laufer，B. 1998 The Development of Passive and Active Vocabulary in a Second Language：Same or different？［J］Applied Linguistics，19，255－271.

⑤ 转引自孙晓明：《第二语言词汇习得研究》，中央民族大学出版社 2008 出版，P43.

⑥ Engber，C. A. 1995 The relationship of lexical proficiency to the quality of ESL compositions ［J］. Journal of Second Language Writing，4，139－155.

在汉语教学研究领域，研究者们对于理解性词汇和产出性词汇的研究相对比较少。孙晓明（2009）通过实验研究考察了留学生产出性词汇的发展模式[①]。研究发现，随着汉语能力的发展和提高，留学生在书面表达中所使用的甲级词的比例在降低，乙、丙、丁级词的比例却在提高，但总的来说，初、中、高三个等级的留学生产出性词汇均以甲级词为主，乙级词、丙级词和丁级词发展相对较为缓慢。

第二节 第二语言词汇测量的理解和产出维度研究

2.1 引言

在第一节中，我们介绍了理解性词汇和产出性词汇的研究现状。事实上，理解性词汇和产出性词汇的研究受到学界普遍关注的一个重要原因就是这一研究与学习者的词汇量研究密切相关。第二语言学习者到底要掌握多少理解性词汇和产出性词汇才能满足交际的需要？到目前为止，学界对这一问题尚未达成共识。要解决这一问题，首先要解决理解性词汇和产出性词汇的测量问题。

事实上，理解性词汇量和产出性词汇量的测试由来已久。早在20世纪上半叶，Symond & Penney（1930）就进行了理解性词汇（识别词汇）和产出性词汇（回忆词汇）的测量[②]。他们设计了两种测试工具，一种是用“多选题”测试理解性词汇，另一种是用“完成句子”来测试产出性词汇。他们的测试工具与我们现在所使

① 孙晓明：《留学生产出性词汇的发展模式研究》［J］，载《民族教育研究》2009年第4期。

② Symonds, P. M. and E. Penney. 1930 The increasing of english vocabulary in the english class [J]. Journal of Educational Research. 15 (2): 93 - 103.

用的测试工具并没有本质的区别，而测试结果也很相似：理解性词汇的发展快于产出性词汇①。常见的理解性词汇量的测量方法包括翻译法、词表法、多项选择法、词汇水平测试；产出性词汇量的测试方法包括控制的产出性词汇知识测试、自由的产出性词汇知识测试。在讨论词汇量测量的问题以前，我们先要讨论词汇测试材料的选择问题。

2.2 测试材料的选择

无论是测量理解性词汇还是词汇深度，都要涉及到选词的问题。研究者必须根据测试的目的，选取合适的词汇样本，才能准确地测量学习者的词汇知识水平。选词时需要考虑选词的方法、选多少词以及选哪些词构成测试样本，通常选词时会采取词频法和词典法。

2.2.1 词频法

Wesche & Paribakht（1996）认为，无论第一语言学习还是第二语言学习，词频越高的词就越容易学到，所以不同词频等级上的词汇知识是衡量学习者整个词汇量的重要标志②。Carroll，Davies & Richman（1971）指出，词频最高的2000词在500万词汇的语料库中的覆盖率达到81.3%，再加上词频第三高的1000词则可以占到85.2%③。Laufer & Nation（1999）认为，英语中使用频率最高的10个词大约占口头和书面表达的25%；频率最高的1000

① 转引自孙晓明：《第二语言词汇习得研究》，中央民族大学出版社2008出版，P5.

② Wesche，M. and T. Paribakht. 1996 Assessing vocabulary knowledge：depth vs. breadth [J]. Canadian Modern Language Review，53，13-40.

③ Carroll，J. B.，Davies，P.，and Richman，B. 1971 The American Heritage Word Frequency Book [M]. Houghton Mifflin，Boston.

词大约覆盖了正式书面语的75%、正式口头表达的84%[①]。可见，词频是影响词汇使用的一个重要方面。另一方面，每一种语言的词汇数量都比较大，远远超出了语言教学的目标，教学中不能教所有的词汇，所以只能选择一部分词汇进行教学。这也是为什么要区分高频词和低频词的原因。高低词频的划分可以依照以下的标准：频率、文献覆盖率、高频词等级的规模（即高频词应包括多少词）。划分词频等级可以了解学习者词汇发展的阶段。目前，无论是 Nation（1990）提出的词汇水平测试[②]、Laufer & Nation（1999）提出的控制的产出性词汇知识测试[③]以及 Laufer & Nation（1995）提出的自由产出性词汇知识测试[④]均是以词频法为基础测试学习者的词汇知识。

词频法是目前词汇测试中选词所采取的一种常用的方法，具有较强的可操作性，优势非常明显。当然，这种方法也存在问题。正如 Wesche & Paribakht（1996）所指出的，目前的研究尚无证据表明，词频和学习者掌握一个词的可能性之间存在明确的联系[⑤]。即使存在这种联系，基于词频测出来的词汇量的精确性也会受到测试样本的限制。此外，某一特定的学习者所知道的词可能不在词汇测试的词频样本范围内。目前，在汉语词汇量的调查研究中，一般的选词依据就是词汇的等级，而目前划分词汇等级的最重要的依据就是词频。众多研究者（钱旭菁，2002；张和生，2006；

① Laufer, B. &Nation, I. S. P. 1999 A Vocabulary Size Test of Controlled Productive Knowledge［J］. Language Testing, 16, 33 – 51.

② Nation, I. S. P. 1990 Teaching and Learning vocabulary［M］. New York. Newburry house Publishers.

③ Laufer & Nation. 1999 A Vocabulary Size Test of Controlled Productive Ability［J］. Language Testing, 16, 36 – 45.

④ Laufer & Nation. 1995 Vocabulary Size and Use. Ability［J］. Applied Linguistics, 16, 307 – 322.

⑤ Wesche, M. and T. Paribakht. 1996 Assessing vocabulary knowledge: depth vs. breadth［J］. Canadian Modern Language Review, 53, 13 – 40.

孙晓明，2009 等）在考察留学生词汇量时，均是依据《汉语水平词汇与汉字等级大纲》的甲级、乙级、丙级、丁级等四级词汇作为选词的标准①②③。

2.2.2 词典法

Nation（1993）认为，词汇量的测量通常是从词典中随机抽取每 N 页的第一个词或是第 N 个词④。词条（entry）和词（word）是不同的，以词条计算的词汇总数一般都大于以词计算的词汇总数。为了避免选词方法造成词汇量的评估上的差异，Nation（1993）总结了以下需要考虑的因素：词典覆盖了调查对象的全部词汇，一般受过良好教育的成人母语者一般掌握至少 3 万词；选词的标准明确，其中专有名词、复合词、缩写、符号等词汇应该被排除在外，同一词族中非基本词的词条应该排除在外，避免高频词数量过多；在抽取中对占词典篇幅多的词条也不应区别对待；足够大的样本保证信度达到较高的水平。

在汉语作为第二语言的词汇习得研究领域，基本上不采用词典法作为选词的依据。这主要是因为汉语的词汇量比较大，以《现代汉语词典》为例，其中收入的词汇量大约为 5.6 万。然而，与这一词汇量相比，汉语作为第二语言教学词汇量的目标要小得多。《汉语水平词汇与汉字等级大纲》收词 8822 个，但学术界普遍认为这一词汇量偏低。2010 年 10 月，国家汉办颁发了《汉语国际教育用音节汉字词汇等级划分》，将现代汉语词汇划分为一级 2245 个，二级 3211 个，三级 4175 个和附录 1340 个，共 10971 个。

---

① 钱旭菁：《词汇量测试研究初探》［J］，载《世界汉语教学》2002 年第 4 期。

② 张和生：《外国学生汉语词汇学习状况计量研究》［J］，载《世界汉语教学》2006 年第 1 期。

③ 孙晓明：《留学生产出性词汇的发展模式研究》［J］，载《民族教育研究》2009 年第 4 期。

④ Nation, I. S. P. 1993 Using dictionaries to estimate vocabulary size: Essential, but rarely followed, procedures［J］. Language Testing, 10, 27－40.

这一数量与《现代汉语词典》的词汇量仍然相距甚远，因此词典法显然不适合作为汉语作为第二语言教学词汇量测量时的选词依据。

2.3 词汇样本数量

Nation（1993）在探讨选词要考虑的因素时谈到了词汇样本的问题。他认为，样本的绝对数量对正确地评估被试的词汇量影响很大①。研究者到底选择多少词作为目标词，将会对测试结果非常重要。Nation（1993）列出了如下的置信区间表：

表一 在90%水平上不同词语数量的测试所对应的置信区间

样本词汇数量	100	150	200	300	400	600	1200
最大的置信区间	±8%	±7%	±6%	±5%	±4%	±3%	±2%

Nation 认为，如果某一测试的总词数是100，某个学生的成绩是80，那么可以有90%的把握说，这个学生的成绩是在72－88（即置信区间是±8%）之间。词语数量越多，测试成绩越准确。当某一测试的总词数达到600，某个学生的成绩是300，那么可以有90%的把握说，这个学生的成绩是在282（47%）－318（53%）（即置信区间是±3%）之间。由此可见，测试的样本越大，测试的成绩越准确。但由于可操作性的限制，我们一般并不会选择过大的词汇测试样本。

事实上，在汉语词汇的测试中，研究者们一般选取的样本大概在100词左右，例如张和生（2006）在做外国学生词汇学习状况的计量研究时，抽取的词汇量为132个，其中每一级词汇选择的

① Nation, I. S. P. 1993 Using dictionaries to estimate vocabulary size: Essential, but rarely followed, procedures［J］. Language Testing, 10, 27 - 40.

比例均控制在1.5%左右①。从可操作性来看，100个词左右的样本是目前选词时最合适的样本数量。

2.4　理解性词汇量的测量

理解性词汇量的测量由来已久，我们将按照这些测试方法出现的时间，依次介绍词表法、多项选择法、翻译法和词汇水平测试等最主要的四种测试方法。

2.4.1　词表法

词表法（the Checklist Format）又称对错法（Yes/No Test），是20世纪二十年代开始出现的一种自我评估词汇量的形式。该法要求学习者读词表，并用（√）号划出自己认识的词。它的问题包括两个方面：一是学习者自我评估缺乏准确性和可靠性，学习者很可能会高估自己的词汇水平；二是学习者界定认识一个词的标准不同，认识一个词是指具备了目标词的词形知识、语音知识、句法知识、语义知识以及词语联想模式等四方面词汇知识的某一方面或是全部。鉴于这个问题，Anderson & Freebody（1983）对词表法进行了改进，在测试时会加入一定数量的非词（nonsence words），以此来判断学习者是否高估了自己的词汇量，这在一定程度上可以弥补它的缺陷②。即使如此，目前汉语词汇测量基本上并不采用这种方法，这种方法一般被用于词汇量测量的前测中。

20世纪六十年代以后，词表法逐步发展为另一种词汇测量手段，即词汇知识量表。在诸多词汇知识量表中，Paribakht & Wesche（1993）的词汇知识量表一直受到普遍关注和推崇，该表把词

① 张和生：《外国学生汉语词汇学习状况计量研究》［J］，载《世界汉语教学》2006年第1期。

② Anderson, R. C. and Freebody, P. 1983 Reading comprehension and the assessment and acquisition of word knowledge［J］. Advances in Reading Language Research 2, 231 -56.

汇知识分为五个等级①。

Ⅰ. 我没见过这个词

Ⅱ. 见过该词，但不知其义

Ⅲ. 见过，我想我知道该词的意思

Ⅳ. 认识，词义是__________（同义词或翻译）

Ⅴ. 可以在句中正确使用，例如：__________（如果你选择这一项，请填写第四项）

当然，词汇知识量表已经不仅仅局限于测试词汇的理解性知识，因为第五级已经涉及到产出性词汇知识。但我们可以清楚地看出，第四级与翻译法的测试基本相同。

2.4.2 多项选择法

多项选择法（multiple - choice）也是20世纪二十年代开始出现的一种词汇的测试方法。该方法要求学习者从四个选项中选出一个正确的答案。选项可以是目标词的同义词，或者是它的解释。目标词可以单独出现，也可以在句子中出现。例如：

“寒假”的意思是：

A. weekend

B. summer vacation

C. winter vacation

D. spring festival

我们学校从一月十五日开始放寒假。“寒假”的意思是：

A. weekend

B. summer vacation

C. winter vacation

D. spring festival

① Paribakht, T. and Wesche, M. 1993 Reading comprehension and second language development in a comprehension - based ESL program [J]. TESL Canada Journal, 11, 9 - 29.

这种方法属于标准化试题，优势在于便于实施和评分，而且能够一次测试大量的词。同时，多项选择法与理解性词汇的界定非常相符，特别是有语境的多项选择测试。当然，这种方法也存在问题。首先，被试可能知道目标词的一个义项，但该义项并不在选项之中。其次，被试可能并不认识目标词，但至少25%猜对的机会帮助他选择正确答案。

2.4.3 翻译法

翻译法于20世纪八十年代开始用于测试被试的理解性词汇量，该方法要求被试给出目标词的母语对应词。Nation（1990）指出，让学习者给出目标词的母语对应词是再认测试的最好形式①。这一形式容易设计，而且任务也和学习者平时读或听的过程相似。这一测试的缺点是评分比较复杂，需要评分者熟悉学习者的母语，而且评分标准不易统一。同时，即使学习者可以在听读过程中理解目标词，也未必一定能够给出目标词的母语翻译，特别是一些目标词与母语的翻译词在语义上往往并不是一一对应的关系。正是由于上述原因，翻译法并不为学界所普遍采用。但相对而言，这种方法应该算是一种既具有信度又较为公平的一种词汇测试方法。

2.4.4 词汇水平测试

词汇水平测试（Vocabulary Level Test）是Nation（1990）提出来的。这种测试的目的在于测量学习者基本的理解性知识，测试他们对词的最常用、最核心的意思的掌握。测试要求被试从六个目标词中选出三个词，与所给的三个词义相匹配。

目标词汇可以根据五个词频等级（2000词，3000词，5000词，大学词表，10000词）选择，一般每个水平包括18项。这种测试的优势在于便于实施、评分，同是在一定程度上减少了猜测

① Nation, I. S. P. 1990 Teaching and Learning vocabulary [M]. New York. Newburry house Publishers.

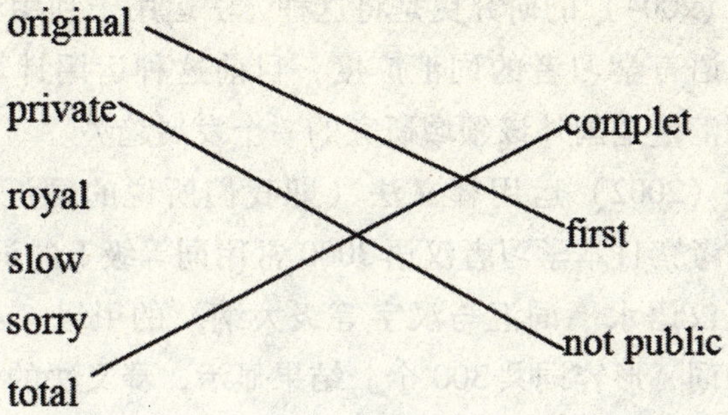

的可能性。Nation（1990）认为，由于这种方法可以较为有效的降低猜测答案的可能，所以被试的成绩可以作为对其词汇量的一个近似估值[1]。然而，在测试被试的理解性词汇量时，由于理解性词汇是与被试的听力活动和阅读活动相关，而无论是听力活动还是阅读活动，都是与一定的语境相关的。因此，从这个意义上说，由于这种测试是脱离语境的测试，因此测试的结果或许并不能反映学习者的理解性词汇量，会造成低估学习者理解性词汇量的问题，在一定程度上也存在一定的缺陷。

目前，词汇水平测试在国外第二语言词汇测量研究领域的应用非常广泛，众多研究者（Nation，1990；Schmitt & Schmitt，1993；Laufer&Nation，1999；Schmitt et al，2001；Laufer，2010）均采用这种方式测量第二语言学习者词汇习得的广度[2][3][4][5]，而

---

① Nation，I. S. P. 1990 Teaching and Learning vocabulary［M］. New York. Newburry house Publishers.

② Schmitt，N.，and Schmitt，D. 1993 Identifying And Assessing Vocabulary Learning Strategies［J］. Thai TESOL Bulletin. 5（4）：27－33.

③ Laufer，B. & Nation P. 1999 A Vocabulary Size Test of Controlled Productive Ability［J］. Language Testing，16，36－45.

④ Schmitt，N.，Schmitt，D.，& Clapham，C. 2001 Developing and exploring the behavior of two new versions of the Vocabulary Levels Test［J］. Language Testing，18（1），55－88.

⑤ Laufer，B. 2010 Lexical threshold revisited：Lexical text coverage，learners' vocabulary size and reading comprehension［J］. Reading in a Foreign Language，1，15－30.

Laufer et al（2004）的研究更是将这种方法运用于利用计算机机测来考察第二语言学习者的词汇广度，目前这种运用计算机来测试学习者的词汇量是国外该领域研究的一个发展趋势。

钱旭菁（2002）运用释义法（即我们所说的词汇水平测试）和翻译法来考察日本学习者汉语3000常用词等级上的词汇量情况。该测试从《汉语水平词汇与汉字等级大纲》的甲级、乙级词中选取名词、动词、形容词共300个。结果显示，释义法的平均正确率是91%，翻译法的平均正确率是71%，二者存在显著差异①。钱旭菁认为，因为两个测试考查的都是词义方面的知识，所以相关程度比较高。另一方面，学习者在完成测试时的心理加工过程不同。释义法已经提供了词语的意思，只需被试进行再认；而翻译法却需要被试从记忆中提取语义。因此，后者的加工难度比前者要大，所以成绩也相对差一些。由此可见，选择不同的词汇测试方法在很大程度上会影响词汇量的测量结果，对词汇量研究具有非常重要的意义。

2.5 产出性词汇量的测量

产出性词汇的测试包括控制的产出性词汇知识测试和自由的产出性词汇知识测试。两者的区别在于：学习者运用不常用的词是被迫的还是自由选择的结果。

2.5.1 控制的产出性词汇知识测试

控制的产出性词汇知识测试（Controlled Active Vocabulary Test）是Laufer & Nation（1999）正式提出来的②。这种测试的做法是请被试用适当的词填空来完成句子，以此测试其词汇水平。该测试为避免没有目标词填入，会给出目标词的前几个字母。

① 钱旭菁：《词汇量测试研究初探》，载《世界汉语教学》2002年第4期。

② Laufer, B. & Nation P. 1999 A Vocabulary Size Test of Controlled Productive Ability [J]. Language Testing, 16, 36-45.

They will restore the house to its ori ______ state.

控制的产出性词汇知识测试一般也是根据五个词频等级（2000 词，3000 词，5000 词，大学词表，10000 词）选择测试词，每个等级可以选出 18 个目标词。该测试能够有效地测量学习者的控制性产出性词汇数量，而且测试时间较短，具有较强的操作性。但遗憾的是，这种测试并不能十分有效地测量学习者的自由产出性词汇。研究者提供了目标词汇的几个字母，已经提供了目标词的非常重要的信息了。Melka（1997）认为，提供词汇的部分信息足够识别该目标词了①。Morton（1979）也认为，如果一个测试提供目标词的部分字母，那么该测试就属于检测拼写的认知性测试了②。因此，从某种意义上说，控制的产出性词汇测试只能检测处于词汇理解和词汇知识复现两个阶段之间的词汇水平，不能有效地测量学习者的产出性词汇水平。在汉语作为第二语言习得研究领域，研究者们在使用这种方法时，一般会给出目标词的英文解释和第一个汉字的拼音，这在一定程度上使该测试能够更好地测量被试的产出性词汇水平。当然，这种测量仍然只能测试被试的控制性产出性词汇，因为测试本身起到了诱发被试使用目标词的作用，并非被试主动使用目标词的结果。一些研究（Laufer，1998；Laufer&Paribakht，1998）③④ 运用控制的产出性知识测试描述了学习者的控制的产出性词汇在数量上的渐进发展过程。当然，目前这方面的研究不只考察学习者的控制性产出词汇量，还会考

---

① Melka，F. 1997 Receptive vs. Productive Aspects of Vocabulary［A］. In Schmitt，N. and M. McCarthy（Eds.）：Vocabulary：Description，Acquisition and Pedagogy. Cambridge：Cambridge University Press. 84 – 102.

② Morton，J. 1979 Word recognition［A］. In：Morton，J. & Marshall，J. C.（Eds.），Psycholinguistic Series II. London：Elek Scientific Books.

③ Laufer，B. 1998 The Development of Passive and Active Vocabulary in a Second Language：Same or different?［J］Applied Linguistics，19，255 – 271.

④ Laufer，B. and T. S. Paribakht. 1998 Relationship between passive and active vocabularies：effects of language learning context［J］. Language Learning 48：365 – 391.

察他们自由产出性词汇的发展趋势。

2.5.2 自由的产出性词汇知识测试

自由的产出性词汇知识测试（Active Vocabulary Test）是 Laufer & Nation（1999）提出来的①。这种测试是测量被试自由运用目的语词汇的能力，因此无任何限制，在被试的自由写作中测量他们的词汇水平。Laufer & Nation 设计了一套词频分析程序（Lexical Frequency Profile，简称 LFP），以学习者的口语或书面语语料为基础，利用 VocaProfile 软件自动计算各频段词汇占被试产出词汇总数的比例，考察被试的产出性词汇水平。词频统计的内在逻辑是：高频词因出现和使用的频率较高而先被学习者习得，低频词因出现和使用的频率较低而后被学习者习得。因此，低频词的使用情况是衡量学习者词汇水平的重要标志。在其他条件相同的情况下，如果学生 A 的低频词的产出高于学生 B，则认为学生 A 的产出性词汇量更大。具体的计算方法是，如果一篇字数是 200 字的作文中有 150 个词属于一千常用词，20 个词属于两千常用词，20 个词属于大学水平的词汇，10 个词属于非词表的词汇，那么这篇作文的统计数据为 75% -10% -10% -5%②。

自由的产出性词汇测试的优势非常明显。由于这种测试是根据词频而不是根据教材来定义的，因此可以比较不同语言环境学习者的学习情况。同时，这种测试也不受作文题目的限制。只要作文不涉及专业术语，根据同一位学习者所做不同题目的文章得出的结果应该是一致的。然而，自由的产出性词汇测试最大的问题在于，该测试只能测出学习者自由的产出性词汇在各种词频上的分布情况，但无法确定其自由的产出性词汇的数量。已有运用

① Laufer，B. & Nation P. 1999 A Vocabulary Size Test of Controlled Productive Ability [J]. Language Testing，16，36-45.

② 转引自孙晓明：《第二语言词汇习得研究》，中央民族大学出版社 2008 年出版，P37.

自由产出性词汇测试所做的研究（Laufer，1998；Laufer&Paribakht，1998；孙晓明，2009））①②③，均只能描述了学习者的自由产出性词汇的发展模式，而无法考察学习者自由产出性词汇的数量。同时，就具体词汇而言，这种测试无法确定某一个词汇是否为被试的自由的产出性词汇。

2.6 关于第二语言词汇量测量研究的思考

目前在第二语言词汇习得研究领域，词汇量研究的重要性已经得到了学界的普遍认同。但研究的一个焦点问题是：学习者掌握多少词汇才能满足交际的需求？

Goulden ，Nation & Read（1990）指出，受过大学教育的英语母语者的词汇量应该在2万词族左右④。词族包括基础词、屈折形式以及派生词，不包括专有名词、合成词、缩写和外语词。另一方面，交际还包括口语交际，口语交际中的词汇量又有所不同。Nation & Meara（2002）赞同 Schonell et al. ⑤（1956）的推断，学习者需要掌握的基本词汇是2000词族，大概可以覆盖日常口语会话中99%的词汇⑥。Adolphs & Schmitt（2003）基于 CANCODE 的研究认为，2000个词族仅占语料库的95%左右，而5000词的覆盖

---

① Laufer，B. 1998 The Development of Passive and Active Vocabulary in a Second Language：Same or different？［J］ Applied Linguistics，19，255 –271.

② Laufer，B. and T. S. Paribakht. 1998 Relationship between passive and active vocabularies：effects of language learning context ［J］. Language Learning 48：365 –391

③ 孙晓明：《留学生产出性词汇的发展模式研究》［J］，载《民族教育研究》2009 第4期。

④ Goulden，R.，Nation P，& Read J. 1990How large can a receptive vocabulary be？［J］ Applied Linguistics，11，341 –363.

⑤ Schonell，F. J.，I. G. Meddleton & B. A. Shaw. 1956. A Study of the Oral Vocabulary of Adults ［J］. Brisbane：University of Queensland Press.

⑥ Nation，P. & Meara，P. 2002 Vocabulary ［A］. In N. Schmitt（Ed.）. And introduction to applied linguistics. Madison Avenue，NY：Oxford University.

率也仅仅为96%①。这说明，学习者需要掌握更多的词汇才能进行日常会话。同时，研究者普遍认为，目前所说的词汇量，无论是学生的一般词汇量还是口语词汇量，都是一个大概的数字。

汉语词汇量测量方面的研究还很少。北京航空航天大学“现代汉语词频统计”课题组的研究结果表明，汉语的词汇量是4万。《现代汉语词典》的词汇量是5.6万左右，还不包括专业词汇和新词语。当然，即使是受过良好教育者的母语者也很难具备上述词汇量，因此这显然不能作为对外汉语词汇教学的词汇量目标。《汉语水平词汇与汉字等级大纲》把词汇量定为甲、乙、丙、丁四级词汇共8822个，对外汉语教学界也根据这一大纲将词汇分为3000词、5000词和8000词三个阶段性目标。然而，留学生的实际词汇量是多少？这个问题是一个非常值得我们探讨的问题。就留学生的理解性词汇量而言，张和生（2006）通过抽样调查、定量研究和诊断性测试等研究方法，考察中级以上汉语水平的留学生的词汇量②。研究表明，留学生进入汉语中级水平以后，词汇量的扩展速度呈明显下降的趋势。就留学生的产出性词汇量而言，江新等（2004）采用机器自动切分和人工校对相结合方法，对十余万字的“外国学生汉语作文语料库”进行统计，分析一至三年级以汉字文化圈为主的留学生作文用词情况③。统计结果显示，各年级留学生使用的词语总量为3985个，远未达到《汉语水平词汇与汉字等级大纲》丙级要求的词汇量（5253个）。他们在分析研究的结果时就曾指出，学生的实际用字量和用词量不止这么多，但由于所统

① Adolphs, S. and Schmitt, N. 2003Lexical coverage of spoken discourse [J]. Applied Linguistics 24, 4: 425 -438.

② 张和生：《外国学生汉语词汇学习状况计量研究》[J]，载《世界汉语教学》2006年第1期。

③ 江新、赵果、黄慧英、柳燕梅、王又民：《外国学生汉语字词学习的影响因素——兼论〈汉语水平大纲〉字词的选择与分级》[J]，载《语言教学与研究》2006年第2期。

计语料的主题比较单一，样本量也不够大，所以统计结果并不能完全反映留学生实际的用字量和用词量。由此可见，采用语料库进行留学生产出性词汇的统计时，得到的结果也只是一个估值。孙晓明（2009）通过实验研究考察留学生产出性词汇的发展模式①。实验表明，随着留学生汉语水平的提高，他们在书面表达中所使用的甲级词的比例在降低，乙级词、丙级词和丁级词的比例在增高。但总的说来，初、中、高三个水平的留学生的产出性词汇均以甲级词为主，乙级词、丙级词和丁级词发展非常缓慢。这一研究结果只能表明留学生词汇量的发展趋势，并未考察留学生具体的词汇量和词汇分布情况。

综上所述，纵观国内外第二语言词汇的测量研究的现状，虽然词汇测量起始时间较早，但尚未形成比较成熟和完善的理论和方法体系。同时，词汇测量的方法明显落后于第二语言习得理论的发展。Read（1998）就曾指出，词汇能力测试的研发应该以语言交际能力理论框架为基础，以求为第二语言词汇习得研究提供更为有效的支持②。另一方面，与第二语言词汇测试的整体发展情况相比，汉语词汇测量研究更是刚刚起步，基本上还处于国外理论的引进和介绍阶段，已有的研究也主要是借鉴国外的研究方法，但仍与国外词汇测试的最新进展存在一定的差距。较为突出的是，目前国外的词汇测试方式多采取运用计算机的机测方法，例如 Nation 等人设计了全英文版的词汇水平测试的机测，Laufer 等人设计了适合以色列学生的双语版机测，而适合留学生使用的、汉语词汇量的计算机测试方法目前在国内仍是空白。由于运用计算机测量学生词汇量的方法效率较高，运用起来也比较方便，因此研究

① 孙晓明：《留学生产出性词汇的发展模式研究》［J］，载《民族教育研究》2009 年第 4 期。

② Read, J. 1998 Measuring the Vocabulary knowledge of second language learners［J］. RELC Journal, 19, 12 – 25.

开发适用于汉语词汇测量的计算机机测方法对我们考察留学生的理解性词汇量和产出性词汇量具有重要意义，而这方面的研究尚有待于学术界的广泛关注。

第三节　理解性词汇和产出性词汇的功能类划分和选词依据

3.1　语言功能和交际功能

以韩礼德为代表的系统功能语言学家认为，语言之所以发展到现有的形式，完全是由语言所承受的功能形成的。韩礼德将语言的功能分为微观功能、宏观功能和纯理功能等三种功能。韩礼德认为，儿童学习语言的过程是一种学习如何通过语言表达各种社会需要的过程，微观功能就是指儿童语言所具有的七种功能：工具功能，即运用语言获得某个物品，以满足自己的物质要求；控制功能，即运用语言对其他人进行控制；交流功能，即运用语言和其他人进行交流；个人功能，即幼儿运用语言表示自己的身份和对事物的看法；启发功能，即运用语言去探索周围的世界；想象功能，即运用语言创造某种环境；告知功能，即运用语言把某件事告诉对方。宏观功能是儿童在放弃原型语言向成人语言过渡时出现的语言功能，而纯理功能指的是概念功能、人际功能以及语言本身所具有的语篇功能。

科德（1983）把语言功能分成五大类，包括：让听话者做某事或不做某事的功能（包括命令、指示、要求、指挥、警告、禁止等意念）；使听话者回话的功能（包括询问、调查、探听等意念）；说话者承担某种行动义务（允诺、保证、宣布意图，表明信仰或信念等）；与社会行为有关的功能（道歉、祝贺、慰问、挑战等)；表达对事物所持态度（争论、答辩、让步、假设、推测等)[①]。科德（1983）对于语言功能的分类，已经体现了应用语言学研究领域对于交际功能的关注。

本研究所说的“交际功能”，主要是指特定的词汇所能完成的特定的交际目的或表述需要。从交际功能的角度对词汇进行分类，并不是对词汇进行语义功能成分的分析，而是让交际功能在功能项目和词汇形式之间建立直接的联系。

3.2　词汇按照功能类分类的依据

2010 年 10 月，国家汉办颁发了《汉语国际教育用音节汉字词汇等级划分》，将汉语词汇划分为一级 2245 个，二级 3211 个，三级 4175 个和附录 1340 个[②]。我们所研究的目标词汇的选择是以国家汉办最新颁发的《汉语国际教育用音节汉字词汇等级划分》为依据，将词汇按其主要交际任务进行功能划分。根据《高等学校外国留学生汉语教学大纲》，交际任务是从语言教学与语言学习的角度对现实生活中的言语交际活动进行的提炼和概括，由交际目的、语言功能、语境、话题和语言要素等几方面的因素构成[③]。我们结合《高等学校外国留学生汉语教学大纲》的功能类划分，将《汉语国际教育用音节汉字词汇等级划分》中的词汇划分为基本交际类、生存类、社会活动类、个人信息类、综合信息类等五类，具体依据如下所述。

3.2.1　基本交际类

一级基本交际类：与别人打招呼、问候、互相介绍、约会，

---

① S·皮特·科德著、上海外国语学院外国语言文学研究所译：《应用语言学导论》，上海教育出版社 1983 年出版。

② 国家汉办、教育部社科司：《汉语国际教育用音节汉字词汇等级划分》［Z］，北京语言大学出版社 2010 年出版。

③ 国家汉语国际推广领导小组办公室：《国际汉语教学通用课程大纲》［Z］，外语教学与研究出版社 2008 年出版。

向别人表示感谢、道歉、安慰、遗憾、祝贺、赠送礼品，邀请别人参加聚会，接受或拒绝邀请，常用的社会称谓和礼貌用语。

二级基本交际类：常用的社会称谓和礼貌用语，到朋友家做客的经历，普通信函的书写格式及常用问候语、祝贺语，社会交往中的基本礼节。

三级基本交际类：正式公函用语和写作技巧、基本社交礼仪、社交技巧（开始、引入、改变和结束话题，比喻、夸张、反语、对比和反复等表达技巧）。

3.2.2　生存类

一级生存类：主要包括天气情况、饮食（点菜、饭菜饮品的种类、特点和评价）、购物（商品种类、价格、特点和用途，讨价还价）、换钱取钱（汇兑换钱币、汇率、开户、存钱、取钱）、寻医问药（人体部位、常见病状、药品功能和使用方法、医院科室的分类、挂号就医）、基本生活服务（理发、照相、洗衣、问路、寻求帮助、办理签证等各种手续）、时间和日期（时点、时段、日期、日程表的安排）、方位处所（地图上的方位、人或物体之间的位置、学校内的设施及方位、商业或办公机构的处所及方位、住房布局及家居物品的位置）、数字和数量（物品、钱币的单位和数量，房间和电话号码，交通线路，）、性状和质量（物品的形状、颜色及常见故障）、距离和范围（时间、空间上的距离和范围）等日常生活所必需的相关词汇。

二级生存类：主要包括饮食（各地菜肴特点、制作方法和评价、点菜方法和技巧、个人饮食习惯和爱好）、购物（商品特色和购物环境，商品的颜色、形状、大小、质地等）、生活服务（去银行存取钱、理发、照相、洗衣、办手续等服务的内容、程序和质量）、寻医问药（病状和病因，体检或看病的过程，药品或保健品的功效和使用方法，医院各部门的服务内容）、寻求帮助（物品的常见故障，遇到困难请求帮助的过程，求助要求和愿望）、时间和距离、方位和处所、事物的性状和质量（形状、颜色、变化程度、生活物品或设施的常见故障）等日常生活所必需的相关词汇。

三级生存类：主要包括饮食（各种菜肴饮品的特点、制作方法及评价）、医药卫生（中、西医的特点，针灸、按摩、气功、太极拳等保健知识，烟酒对健康的危害，卫生和疾病的预防）时间和距离、方位和处所、事物的性状和质量等日常生活所必需的相关词汇。

3.2.3　社会活动类

一级社会活动类：主要包括交通情况（预定机票和房间，办理住房、海关和登机手续，常见交通工具、购票方法和座位情况）、邮电通讯（常用联络方式如打电话、发传真、上网聊天儿、发电子邮件、寄收各类信件和包裹等）、参观旅行（各地的主要景点及某景点的特点）、娱乐休闲（娱乐休闲方式，观看演出的种类、内容和特点，娱乐场所的信息,）、获取媒体信息（新闻媒体如广告等信息和网络信息）等参与社会集体活动的相关词汇。

二级社会活动类：交通情况（交通工具的特点，城市交通情况，乘坐某种交通工具的经历）、邮电通讯（常用通讯联络方式、寄收信件和包裹）、参观旅行（各地景点的特点、个人旅行经历和感受）、娱乐休闲（不同娱乐休闲方式，观看演出的来源、内容及评价、娱乐场所相关信息）、体育运动（体育比赛的过程、规则、方法、结果和评价）、新闻书刊（新闻、报刊杂志等的主要信息及评价）等参与社会集体活动的相关词汇。

三级社会活动类：参观旅行（景点特点、旅行经历和感受）、娱乐休闲（观看演出的种类、内容及评价，娱乐场所相关信息）、体育运动（体育运动的起源及发展，分析、评价比赛过程和结果）、媒体信息（广告的创意及评价，不同媒体的特点，新闻媒体的作用及影响）等参与社会集体活动的相关词汇。

3.2.4　个人信息类

一级个人信息类：主要包括个人基本情况（姓名、国籍、籍贯、年龄、职业)、婚姻和家庭（家庭成员，亲属关系及称谓表达)、爱好和擅长（个人的兴趣、爱好和特长)、学习情况（课程种类和内容，语言水平和能力、学习方法)、职业工作（职业内容、特点）看法和态度（个人对某事确定、不确定的看法或态度)、打算和愿望（旅行、工作等的打算或愿望)、做某事的原因、目的和结果等与个人情况紧密相关的词汇。

二级个人信息类：主要包括个人基本情况（职业、相貌、打扮、性格、兴趣爱好、生活经历)、婚姻和家庭（亲属关系及称谓表达，个人婚恋观及择偶标准，恋爱方式及过程，家庭生活情况)、学习情况（不同学习方法及评价，个人学习经历，学校的环境、规章制度、专业设置及办理相关手续的过程)、职业工作（职业内容、特点及评价，工作能力及经历，求职要求）看法和态度（对某事确定、不确定的看法或态度，委婉表达看法或态度)、打算和愿望（旅行、工作等的打算或愿望)、做某事的原因、目的和结果等与个人情况紧密相关的词汇。

三级个人信息类：婚姻家庭（家庭生活情况，个人的婚恋观和家庭观，个人对男女平等、保护妇女儿童权益等问题的看法)、教育（评价学校的教育情况、不同教育体制的特点和效果，个人对家庭教育的看法)、职业工作（工作能力及经历，求职要求)、打算和愿望（旅行、工作等的打算或愿望）等与个人情况紧密相关的词汇。

3.2.5 综合信息类

一级综合信息类：主要包括环境自然（常见自然现象、某地四季气候特点)、地理（中国主要地理区域及其地貌、气候特征，中国行政区域基本情况，中国的地理位置及周边国家，世界各大洲及某国的洲属关系)、行政外交（国家主要行政机构名称和官员职务称谓)、经济贸易（国家或地区的经济发展情况)、文化艺术（文学艺术形式门类、特点)、科普（某项科技研究的研究过程和结果）等相关词汇。

二级综合信息类：主要包括环境自然（个人对环境问题的看法、分析环境污染情况）、历史地理（中国的朝代及近现代历史情况，中国领土和人口，中国少数民族基本情况，）、行政外交（国家主要行政机构名称和官员职务称谓，使馆常设机构名称和官员职务称谓，外交信函格式及专门用语，外交活动的专门用语）、经济贸易（企业的经营范围、商贸合作和投资的方式、程序和内容、进出口贸易的相关政策及手续，商务信函如合同书的书写格式）、文化艺术（文学作品的内容、创作手法及评价，评价某位作家、艺术家及其作品，绘画、音乐、书法、建筑、园林、雕塑等艺术门类的风格及特点）、风俗文化（不同地区的传统节日及风俗习惯，婚礼场面和婚俗，民间故事和传说系）、法律道德（某一案例的过程及判决结果）、科普（电脑部件名称和简单操作方法，科普文章的主要内容，科技研究的过程和结果）、哲学宗教（某种宗教的基本内容）等相关词汇。

三级综合信息类：主要包括国际政治（不同国家政治体制的异同，世界性国际组织的名称、性质和作用，重大国际事件）、经济贸易（商务信函的书写格式及内容、合同书的格式及内容、进出口贸易的相关政策及手续）、文化艺术（文学作品的内容、创作手法、人物特点及意义影响，评价某位艺术家及其作品，不同绘画作品、音乐作品、书法艺术作品、建筑、园林、雕塑等艺术门类的风格及特点）、风俗文化（不同地区禁忌、吉祥、岁时方面的礼俗和观念）、文化差异（个人的异国印象，中西思维方式、生活习惯的异同）、历史地理（评价历史事件和历史人物，地理位置、地貌特征与气候及物产的关系）、法律道德（某一案例的过程及判决结果、就某一案例从控辩双发的角度进行辩论、依据个人标准阐述对某一事件的看法、个人对扫黄、走私、贩毒等社会问题的看法）、科普（主要的科技门类及基本内容，某项科技研究的研究过程、结果及其评价，生物习性和特点，工艺品的制作材料和制作工艺）、哲学宗教（中国古代哲学思想的主要流派、代表人物及评价，某种宗教的基本内容，宗教建筑的风格及特点）、语体程式（指的是书面表达过程中相对规范的习惯用语，体现议论、说明、科技语体的特点）等相关词汇。

3.2.6 虚词的分类

虚词的情况比较特殊。我们同样根据交际任务的功能，将虚词划入基本交际类、生存类、社会活动类、个人信息类、综合信息类等五个类别。如果不适合划入上述五类，则单独列出一类。

3.3 各类词汇的分类情况

我们根据上面所述的分类标准，将《汉语国际教育用音节汉字词汇等级划分》的词汇划分如下：

表 1

	总数	入门	一级	二级	三级
基本交际类	544	77	317	123	104
生存类	3449	234	1023	1277	1149
社会活动类	2178	84	362	691	1125
个人信息类	1909	75	381	661	867
综合信息类	1551	35	162	459	930
	9631	505	2245	3211	4175

3.4 选词说明

我们的样本是从普及化等级词汇（包括入门级，2245 个词）、中级词汇（3211 个词）、高级词汇（4175 个词）中通过间隔取词而得，未曾涉及附录中的词汇。我们采取抽样取词的做法，每一级词汇按五个类别取词，每一类别在每一级别上取 8 个词，每个级别取 40 个词，三级共取词 120 个，因此我们的问卷中共有 120 个词汇样本。

根据上述的选词规则，我们选定的120 个词包括一级词汇、二级词汇、三级词汇各 40 个。一级词汇包括：一级基本交际类词汇：大夫、感谢、接、拿、认识、谈话、也许、只要；一级生存类词汇：存款、公里、经常、南边、生活、午饭、有用、左右；一级社会活动类词汇：打球、歌、加油、录音、上网、通过、训练、字；一级个人信息类词汇：大学生、功课、教育、留学生、去世、外国人、英文、作者；一级综合信息类：创新、共同、机器、历史、强大、外交、一致、资金。二级词汇包括：二级基本交际类词汇：不然、道歉、好运、礼貌、敲门、问候、约会、总之；二级生存类词汇：纯净水、隔壁、节省、能量、身边、卫生间、一模一样、做饭；二级社会活动类词汇：乘客、发行、激烈、来往、融入、推迟、优美、座谈会；二级个人信息类词汇：出名、负担、姐妹、秘书、弱、为难、意志、组长；二级综合信息类词汇：发射、官员、节能、平原、首脑、效率、增大、总部。三级词汇包括：三级基本交际类词汇：但愿、候选人、两口子、少女、下属、邀、孕妇、作客；三级生存类词汇：存、高峰期、借条、乱七八糟、人造、特产、液体、坐落；三级社会活动类词汇：打仗、供、交替、流失、劝告、投票、引入、做生意；三级个人信息类词汇：大意、观望、沮丧、念头、设法、外公、疑虑、座右铭；三级综合信息类词汇：典范、官僚主义、佳节、灵通、取决于、头条、样本、宗旨。

词汇样本确定以后，我们开始考虑问卷的设计问题。为避免因产出性测试在前或理解性测试在前可能对实验结果造成的不同影响，我们为测试对象设计了两份问卷（A 和 B），以保证了词汇样本在 A、B 分别以产出性测试和理解性测试的形式出现。问卷 A 中，每个功能类在一级、二级、三级等每个等级的前 4 个词汇样本以产出性测试的形式出现（4×3×5=60），每个功能类在一级、二级、三级等每个级别的后4个词汇样本以理解性测试的形式出现（4×3×5=60）。问卷B的设计刚好与问卷A相反，即每个功能类在一级、二级、三级等每个等级的后4个词汇样本以产出性测试的形式出现，每个功能类在一级、二级、三级等每个级别的前4个词汇样本以理解性测试的形式出现。

具体说来，问卷A中产出性测试部分，1－12题为基本交际类一、二、三级词汇的前4个样本，13－24题为生存类一、二、三级词汇的前4个样本，25－36题为社会活动类一、二、三级词汇的前4个样本，37－48题为个人信息类一、二、三级词汇的前4个样本，49－60题为综合信息类一、二、三级词汇的前4个样本；问卷A中理解性测试部分，1－12题为基本交际类一、二、三级词汇的后4个样本，13－24题为生存类一、二、三级词汇的后4个样本，25－36题为社会活动类一、二、三级词汇的后4个样本，37－48题为个人信息类一、二、三级词汇的后4个样本，49－60题为综合信息类一、二、三级词汇的后4个样本。问卷B的前后顺序与问卷A相反。

由于问卷需要填写的汉字较多，而欧美学生相对来说不太乐于写汉字，因此为了收回更多的有效问卷，我们将问卷A和问卷B均拆分为两份问卷，具体如附录所示。

附录：

词汇问卷一

Read the following sentences and choose the right words to complete the sentences.

1、dài ________（doctor），请帮我看看得了什么病？

2、gǎn ________（thank）你对我的帮助。

3、我在银行里有20万元的cún ________（deposit）。

4、从学校到机场一共有 100 gōng ________（kilometer）。

5、这个周末我想去 dǎ ________（play a ball game）。

6、这首 gē ________（song）很好听。

7、我是美国 dà ________（undergraduate student）。

8、我每天都认真做 gōng ________（homework）。

9、21 世纪，我们应该具有 chuàng ________（innovation）精神。

10、地球是我们 gòng ________（common）的家。

11、你应该坚持每天早上都吃早饭，bù ________（otherwise）对身体不好。

12、这件事是我不对，我跟你 dào ________（apologize）。

13、我要去超市买一瓶 chún ________（purified water）。

14、小李住在我的 gé ________（next door）。

15、飞机上免费为 chéng ________（passengers）提供饮料。

16、这本书是由中央民族大学出版社 fā ________（publish）的。

17、这种牌子的衣服在国内外都很 chū ________（famous）。

18、他家里只有爸爸一个人有工作，经济 fù ________（burden）很重。

19、经过各方努力，2010 年 10 月，中国成功 fā ________（launch）了“嫦娥二号”卫星。

20、他爸爸是政府 guān ________（official）。

21、晚会马上就要开始了，dàn ________（wish）我们能及时赶到。

22、这次班长选举，一共有三个 hòu ________（candidate）。

23、我要去银行 cún ________（deposit）钱。

24、最近是感染流行性感冒的 gāo ________（fastigium）。

25、小时候，他们兄弟俩总 dǎ ________（fight）。

26、家里只靠爸爸一个人 gōng ________（supply）他们兄妹俩上学。

27、这件事你要多留心，千万别 dà ________（be careless）。

28、现在的房价很不稳定，很多消费者处于 guān ________（wait and see）状态。

29、他见义勇为的英雄事迹是我们学习的 diǎn ________（model）。

30、他身上有很浓厚的 guān ________（bureaucratism）色彩，难怪大家都不喜欢他。

Read the following sentences and choose the right meaning for the underlined words.

1、他是我的老朋友，我们已经<u>认识</u>10 年了。

A. separate B. forget C. accompany D. know

2、老师找我去办公室<u>谈话</u>。A. talk B. study C. chat D. work

3、我已经<u>适应</u>了在北京的生活。A. customs B. life C. tradition D. habit

4、下课以后，你去哪儿吃<u>午饭</u>？A. breakfast B. lunch C. dinner D. meal

5、在宿舍里，<u>上网</u>很方便。

A. cookingB. do washing C. make phones D. surf the Internet

6、恭喜你<u>通过</u>了 HSK 八级的考试。A. success B. fail C. pass D. lose

7、他的奶奶<u>去世</u>了，他很伤心。A. die B. get ill C. get lost D. be injured

8、有很多<u>外国人</u>来北京旅游。A. stranger B. foreigner C. citizen D. students

9、美国是一个很<u>强大</u>的国家。A. big B. powerful

C. stable D. firm

10、他爸爸从事外交工作。A. diplomacy B. interview C. entertainment D. negotiation

11、我听见有人在敲门，快去看看谁来了。

A. beat a drum B. knock at the window C. push the door D. knock at the door

12、我工作太忙了，不能跟你一起去参加聚会了，替我问候你的朋友。

A. ask B. extend greetings to C. ask for help D. care for

13、每当我遇到困难，他都会在身边帮我。

A. position B. nearby C. at one' s side D. standpoint

14、卧室在卫生间的右边。A. kitchen B. living room C. toilet D. balcony

15、她适应能力很强，很快就融入了这个新集体。

A. be accept by B. melt C. be in harmony D. adapt to

16、由于天气不好，今天的活动推迟到明天举行。

A. cancel B. delay C. in advance D. make up

17、她最近生病了，身体很弱。A. uncomfortable B. strong C. weak D. terrible

18、我不想因为这件事让你左右为难。

A. be in a dilemma B. worry about C. at a loss D. embarrass

19、各国首脑将一同出席明天的国际会议。

A. head B. premier C. vice - president D. delegate

20、他最近身体不好，工作效率不高。

A. quality B. standard C. efficiency D. achievement

21、我是王经理的下属。A. leader B. subordinate C. boss D. secretary

22、小李邀我一起看电影。A. let B. tell C. visit D. invite

23、这件衣服不是真皮制作的，而是人造皮。A. real B. fake C. manual D. artificial

24、苹果是我家乡的特产。A. characteristic B. speciality C. product D. feature

25、这是我最后一次劝告你，请好自为之。A. remind B. order C. urge D. advise

26、请大家投票表决是否同意小王当选班长。A. declare B. show C. express D. vote

27、小孩子不爱吃饭，家长总是想方设法给孩子补充营养。

A. work hard B. try every means C. strive D. plan

28、她从小是在外公的照顾下长大的。

A. grandfather B. grandmother C. uncle D. aunt

29、这件事成功与否，取决于你的态度。

A. depend on B. be decided by C. be closed to D. live by

30、这件事一经曝光，就占据了各大报刊、杂志的头条，广泛引起了人们的关注。

A. special column B. headline C. home page D. centre

词汇问卷二

Read the following sentences and choose the right words to complete the sentences.

1、谁去机场 jiē ________ （receive）你的？

2、你 ná ________ （take）到你的学生证了吗？

3、我 jīng ________ （often）去图书馆看书。

4、医院在学校的 nán ________ （south）。

5、祝你考试成功，jiā ________ （come on）。

6、我一边听 lù ________ （record），一边读生词。

7、在中国，父母很重视孩子的 jiào ________ （education）

问题。

8、在北京，有许多来自世界各地的 liú ________（overseas student）。

9、这家工厂里有许多现代化的 jī ________（machine）。

10、我对中国 lì ________（history）很感兴趣。

11、你明天就要参加比赛了，祝你 hǎo ________（good luck）!

12、他是一个很有 lǐ ________（polite）的孩子。

13、件衣服原价 100 元，现在打 8 折，可以 jié ________（save）20 元钱。

14、喝这种饮料会帮助你补充 néng ________（energy）。

15、在北京找工作，竞争很 jī ________（intense）。

16、最近，他们几个人 lái ________（contact）很密切。

17、她们俩不是朋友关系，而是一对好 jiě ________（sisters）。

18、总经理不在，有事请找他的 mì ________（secretary）。

19、这款冰箱具有环保、jié ________（energy conservation）功能。

20、中国的东部一般都是 píng ________（plain），地势较低。

21、难怪他们俩那么亲密，原来他们是 liǎng ________（couple）。

22、画儿上的这位 shào ________（young girl）很像我妹妹。

23、他留了 jiè ________（loan note）在我这儿，不用担心他不还钱。

24、他的房间永远是 luàn ________（be in a mess）的。

25、从这周开始，我们五个人每天 jiāo ________（alternately）值班。

26、由于大量砍伐树木，这个地方的水土 liú ________（run off）越来越严重。

27、输掉这场比赛让她感到很 jǔ ________（frustrated）。

28、他精神不正常，经常有自杀的 niàn ________（thought）。

29、每到传统 jiā ________（festival），我都会和家人一起度过。

30、他是一个消息很 líng ________（well - informed）的人，你有什么要打听的，问他好了。

Read the following sentences and choose the right meaning for the underlined words.

1、我不知道她是哪国人，她说英语，也许她是美国人。

A. must B. should C. maybe D. could

2、只要有时间，我一定去参加晚会。A. if B. when C. whether D. as long as

3、学汉语很有用。A. useful B. necessary C. meaningful D. interesting

4、这间教室可以坐 20 个人左右。A. left B. right C. almost D. around

5、经过训练，他跑得更快了。A. learning B. teaching C. training D. help

6、这篇作文一共有 200 个字。A. character B. vocabulary C. grammar D. sentence

7、她的英文很棒，她可以做翻译。A. Chinese B. Spanish C. English D. Japanese

8、他是这本书的作者。A. reader B. writer C. translator D. seller

9、对于这件事，大家的看法很一致。A. different B. accordance C. unified D. certain

10、由于资金不足，这家公司只能关门了。

A. time B. equipment C. fund D. resource

11、最近我总看见小美跟小李约会，我觉得他们可能谈恋爱了。

A. date B. have meetings C. have dinners D. make an appointment

12、要想学好中文就得多听、多说、多写，总之多练习。

A. in a word B. in addition C. then D. finally

13、我和她买的衣服竟然一模一样。

A. exactly alike B. almost alike C. basically alike D. not alike at all

14、在我家，妈妈做饭最好吃。A. meal B. cook C. food D. make

15、她跳舞的姿态很优美。A. graceful B. excellent C. nice D. proficient

16、明天我们要召开一个座谈会。A. symposium B. meeting C. activity D. party

17、她是一个意志很坚定的人，任何困难她都会努力克服。

A. will B. dream C. ambition D. aim

18、他是组长，所有的事情都由他安排、负责。

A. manager B. secretary C. group leader D. assistant

19、随着竞争的日益严峻，人们的压力也在不断增大。

A. decrease B. increase C. weaken D. strengthen

20、这家公司的总部在北京。A. branch B. head office C. location D. general manager

21、她是一个非常有礼貌的人，在公交车上会主动给孕妇让座。

A. pregnant woman B. old woman C. lady D. children

22、小王请我周末到她家作客。A. meet B. play C. be a guest D. chat

23、随着全球变暖，许多雪山已渐渐融化成液体了。

A. solid B. liquid C. gas D. water

24、这家工厂坐落在山脚下。

A. be near to B. be far away from C. be located in D. be next to

25、为了提高公司效益，我们积极引进国内外先进技术。

A. bring in B. learn from C. follow D. absorb

26、他们家是做生意的。

A. do the design B. do real estate C. do business D. operate a company

27、如果你对这件事有任何疑虑，请随时联系我。

A. advice B. problem C. doubt D. curiosity

28、“学到老，活到老”是我的座右铭。A. slogan B. motto C. saying D. proverb

29、做实验以前，我得采集大量实验样本。

A. example B. shape C. sample D. model

30、我们的服务宗旨是“让顾客满意”。

A. principle B. tenet C. idea D. attitude

词汇问卷三

Read the following sentences and choose the right words to complete the sentences.

1、大夫，请帮我看看得了什么病？A. nurse B. doctor C. teacher D. patient

2、感谢你对我的帮助。A. thank B. apologize C. look for D. ask

3、我在银行里有 20 万元的存款。A. salary B. scholarship C. deposit D. withdrawal

4、从学校到机场一共有 100 公里。A. meter B. kilometer C. kilo D. kilogram

5、这个周末我想去打球。

A. play a ball game B. play games C. go shopping D. climb mountains

6、这首歌很好听。A. poem B. novel C. song D. essay

7、我是美国大学生。

A. undergraduate student B. graduate student C. doctoral student D. overseas student

8、我每天都认真做功课。A. examination B. composition C. homework D. dictation

9、21世纪，我们应该具有创新精神。

innovation B. reformation C. creation D. invention

10、地球是我们共同的家。A. same B. common C. sole D. different

11、你应该坚持每天早上都吃早饭，不然对身体不好。

A. therefore B. then C. otherwise D. but

12、这件事是我不对，我跟你道歉。A. talk B. apologize C. thanks D. regret

13、我要去超市买一瓶纯净水。A. purified water B. mineral water C. drink D. juice

14、小李住在我的隔壁。A. nearby B. next door C. east D. west

15、飞机上免费为乘客提供饮料。A. guests B. travelers C. passengers D. foreigners

16、这本书是由中央民族大学出版社发行的。A. write B. publish C. sell D. buy

17、这种牌子的衣服在国内外都很出名。

A. popular B. famous C. excellent D. fashionable

18、他家里只有爸爸一个人有工作，经济负担很重。

A. burden B. pressure C. responsibility D. debt

19、经过各方努力，2010年10月，中国成功发射了“嫦娥二号”卫星。

A. develop B. design C. launch D. create

20、他爸爸是政府官员。A. leader B. official C. premier D. minister

21、晚会马上就要开始了，但愿我们能及时赶到。

A. wish B. pray C. but D. will

22、这次班长选举，一共有三个候选人。

A. candidate B. person C. employee D. worker

23、我要去银行存钱。A. deposit B. withdraw C. change D. store

24、最近是感染流行性感冒的高峰期。A. period B. summit C. fastigium D. height

25、小时候，他们兄弟俩总打仗。A. make troubles B. quarrel C. complain D. fight

26、家里只靠爸爸一个人供他们兄妹俩上学。A. cultivate B. supply C. foster D. pay

27、这件事你要多留心，千万别大意。A. forget B. be careless C. be careful D. ignore

28、现在的房价很不稳定，很多消费者处于观望状态。

A. watch B. visit C. observe D. wait and see

29、他见义勇为的英雄事迹是我们学习的典范。

A. slogan B. standard C. model D. pattern

30、他身上有很浓厚的官僚主义色彩，难怪大家都不喜欢他。

A. bureaucratism B. feudalism C. socialism D. capitalism

Read the following sentences and choose the right words to complete the sentences.

1、他是我的老朋友，我们已经 rèn ________（know）10 年了。

2、老师找我去办公室 tán ________（talk）。

3、我已经适应了在北京的 shēng ________（life）。

4、下课以后，你去哪儿吃 wǔ ________（lunch）?

5、在宿舍里，shàng ________（surf the Internet）很方便。

6、恭喜你 tōng ________（pass）了 HSK 八级的考试。

7、他的奶奶 qù ________（die）了，他很伤心。

8、有很多 wài ________（foreigner）来北京旅游。

9、美国是一个很 qiáng ________（powerful）的国家。

10、他爸爸从事 wài ________（diplomacy）工作。

11、我听见有人在 qiāo ________（knock at the door），快去看看谁来了。

12、我工作太忙了，不能跟你一起去参加聚会了，替我 wèn ________（extend greetings to）你的朋友。

13、每当我遇到困难，他都会在 shēn ________（at one's side）帮我。

14、卧室在 wèi ________（toilet）的右边。

15、她适应能力很强，很快就 róng ________（be in harmony）了这个新集体。

16、由于天气不好，今天的活动 tuī ________（delay）到明天举行。

17、她最近生病了，身体很 ruò ________（weak）。

18、我不想因为这件事，让你左右 wéi ________（be in a dilemma）。

19、各国 shǒu ________（head）将一同出席明天的国际会议。

20、他最近身体不好，工作 xiào ________（efficiency）不高。

21、我是王经理的 xià ________（subordinate）。

22、小李 yāo ________（invite）我一起看电影。

23、这件衣服不是真皮制作的，而是 rén ________（artificial）。

24、苹果是我家乡的 tè ________（speciality）。

25、这是我最后一次 quàn ________（advise）你，请好自为之。

26、请大家 tóu ________（vote）表决是否同意小王当选班长。

27、小孩子不爱吃饭，家长总是想方 shè ________（try every means）给孩子补充营养。

28、她从小是在 wài ________（grandfather）的照顾下长大的。

29、这件事成功与否，qǔ ________（depend on）你的态度。

30、这件事一经曝光，就占据了各大报刊、杂志的 tóu ________（headline），广泛引起了人们的关注。

词汇问卷四

Read the following sentences and choose the right words to complete the sentences.

1、谁去机场<u>接</u>你的？ A. see B. see sb off C. receive D. accompany

2、你<u>拿</u>到你的学生证了吗？A. receive B. take C. see D. find

3、我<u>经常</u>去图书馆看书。A. never B. sometimes C. usually D. often

4、医院在学校的<u>南边</u>。A. east B. west C. south D. north

5、祝你考试成功，<u>加油</u>！A. come on B. good luck C. God bless you D. best wishes

6、我一边听<u>录音</u>，一边读生词。A. music B. record C. sound D. broadcast

7、在中国，父母很重视孩子的<u>教育</u>问题。

A. education B. development C. learning D. training

8、在北京，有许多来自世界各地的<u>留学生</u>。

A. undergraduate student B. graduate student C. doctoral student D. overseas student

9、这家工厂里有许多现代化的机器。

A. building B. equipment C. machine D. product

10、我对中国历史很感兴趣。A. culture B. literature C. history D. politics

11、你明天就要参加比赛了，祝你好运！

A. well prepared B. well done C. good job D. good luck

12、他是一个很有礼貌的孩子。A. knowledge B. ability C. polite D. courage

13、这件衣服原价100元，现在打8折，可以节省20元钱。

A. save B. reduce C. increase D. bargain

14、喝这种饮料会帮助你补充能量。A. water B. nutrition C. vitamin D. energy

15、在北京找工作，竞争很激烈。

A. intenseB. difficult C. exciting D. strong

16、最近，他们几个人来往很密切。A. date B. meet C. communicate D. contact

17、她们俩不是朋友关系，而是一对好姐妹。

A. classmate B. roommate C. sister D. colleague

18、总经理不在，有事请找他的秘书。

A. subordinate B. vice – manager C. secretary D. assistant

19、这款冰箱具有环保、节能功能。

A. low carbon B. environmental protection C. economy D. energy conservation

20、中国的东部一般都是平原，地势较低。A. plain B. basin C. coast D. mountainous

21、难怪他们俩那么亲密，原来他们俩是两口子。

A. friends B. twins C. couple D. sweethearts

22、画儿上的这位少女很像我妹妹。A. actress B. young girl

C. lady D. woman

23、他留了借条在我这儿，不用担心他不还钱。

A. receipt B. loan note C. purse D. bill

24、他的房间永远是乱七八糟的。

A. tidy B. be in a mess C. clean D. dirty

25、从这周开始，我们五个人每天交替值班。

A. alternately B. separately C. exchange D. replace

26、由于大量砍伐树木，这个地方的水土流失越来越严重。

A. destroy B. protect C. run off D. pollute

27、输掉这场比赛让她感到很沮丧。A. frustrated B. despair C. sad D. regretful

28、他精神不正常，经常有自杀的念头。A. suggest B. thought C. sense D. concept

29、每到传统佳节，我都会和家人一起度过。

A. birthday B. festival C. holiday D. day

30、他是一个消息很灵通的人，你有什么要打听的，问他好了。

A. warm - hearted B. active C. clever D. well - informed

Read the following sentences and choose the right words to complete the sentences.

1、我不知道她是哪国人，她说英语，yě ________ (maybe) 她是美国人。

2、zhǐ ________ (as long as) 有时间，我一定去参加晚会。

3、学汉语很 yǒu ________ (useful)。

4、这间教室可以坐 20 个人 zuǒ ________ (around)。

5、经过 xùn ________ (training)，他跑得更快了。

6、这篇作文一共有 200 个 zì ________ (character)。

7、她的 yīng ________（English）很棒，她可以做翻译。

8、他是这本书的 zuò ________（writer）。

9、对于这件事，大家的看法很 yí ________（accordance）。

10、由于 zī ________（fund），这家公司只能关门了。

11、最近我总看见小美跟小李 yuē ________（date），我觉得他们可能谈恋爱了。

12、要想学好中文就得多听、多说、多写，zǒng ________（in a word）多练习。

13、我和她买的衣服竟然 yì ________（exactly alike）。

14、在我家，妈妈 zuò ________（cook）。

15、她跳舞的姿态很 yōu ________（graceful）。

16、明天我们要召开一个 zuò ________（symposium）。

17、她是一个 yì ________（will）很坚定的人，任何困难她都会努力克服。

18、他是 zǔ ________（group leader），所有的事情都由他安排、负责。

19、随着竞争的日益严峻，人们的压力也在不断 zēng ________（increase）。

20、这家公司的 zǒng ________（head office）在北京。

21、她是一个非常有礼貌的人，在公交车上会主动给 yùn ________（pregnant woman）让座。

22、小王请我周末到她家 zuò ________（be a guest）。

23、随着全球变暖，许多雪山已渐渐融化成 yè ________（liquid）了。

24、这家工厂 zuò ________（be located）在山脚下。

25、为了提高公司效益，我们积极 yǐn ________（bring in）国内外先进技术。

26、他们家是 zuò ________（do business）的。

27、如果你对这件事有任何 yí ________（doubt），请随时联系我。

28、“学到老，活到老”是我的 zuò ________（motto）。

29、做实验以前，我得采集大量实验 yàng ________（sample）。

30、我们的服务 zōng ________（tenet）是“让顾客满意”。

第四节 以交际功能为导向的第二语言学习者汉语理解性词汇分布研究

4.1 问题的提出

在汉语作为第二语言教学领域，学习者所掌握的词汇量是衡量其语言水平的重要标志。目前，我们在汉语词汇教学中，主要依据的是 1992 年编制的《汉语水平词汇等级大纲》① 和 2010 年最新编制的《汉语国际教育用音节汉字词汇等级划分》②。这两部词汇大纲是为汉语学习者，特别是汉语作为第二语言的学习者编制的，是规范性词表，在教学领域、特别是对外汉语教学领域具有权威性。然而，进入二十一世纪以来，汉语作为第二语言教学的重心已经由国内转到了国外。教学重心的转移，使汉语教学面临与国际外语教学标准的兼容问题。目前代表全球化背景下外语教

① 国家对外汉语教学领导小组办公室：《汉语水平词汇与汉字等级大纲》［Z］，北京语言学院出版社 1992 年出版。

② 国家汉办、教育部社科司：《汉语国际教育用音节汉字词汇等级划分》［Z］，北京语言大学出版社 2010 年出版。

学新理念的教学标准是美国的《21 世纪外语学习标准》[①] 和欧盟 2001 年正式公布的《欧洲语言学习、教学、评估共同参考框架》[②]。这两个标准并不强调语言结构和功能项目，他们所强调的是交际能力。在这种新型的国际外语教学理念下，词汇仅仅是交际的工具，只有被用于交际中才能够真正发挥作用。而现有的词汇大纲仅仅是立足于语言要素，并未与功能大纲相结合。如果将词汇等级与交际功能相结合，可以更好地发挥其在总体设计、教材编写、课堂教学和成绩测试中的作用。为了实现这一目标，我们在探讨第二语言学习者的汉语词汇量时，不仅要考虑词汇等级的问题，还要考虑交际功能类的问题。

目前汉语作为第二语言词汇研究领域关于学习者词汇量的研究成果已较为丰厚。然而，已有的研究（张和生，2006；江新，2006；孙晓明，2009）[③④⑤] 主要关注词汇等级对于留学生词汇量分布的影响，并未考虑到交际功能类的问题。本文试图探讨交际功能类和词汇等级对于汉语第二语言学习者理解性词汇量分布的影响，以期为汉语词汇教学提供一些借鉴。

对于交际功能类的划分，我们根据《高等学校外国留学生汉语教学大纲》[⑥] 所涉及的交际任务并结合汉语教学的语言功能划

---

① National Standards in Foreign Language Education Project. 1999 Standards for Foreign Language Learning in the 21st Century [Z]. KS: Allen Press Inc.

② 欧洲理事会文化合作教育委员会：《欧洲语言共同参考框架：学习、教学、评估》[Z]，外语教学与研究出版社 2008 年出版。

③ 张和生：《外国学生汉语词汇学习状况计量研究》[J]，载《世界汉语教学》2006 年第 1 期。

④ 江新、赵果、黄慧英、柳燕梅、王又民：《外国学生汉语字词学习的影响因素——兼论〈汉语水平大纲〉字词的选择与分级》[J]，载《语言教学与研究》2006 第 2 期。

⑤ 孙晓明：《留学生产出性词汇的发展模式研究》[J]，载《民族教育研究》2009 年第 4 期。

⑥ 国家对外汉语教学领导小组办公室：《高等学校外国留学生汉语言专业教学大纲》[Z]，北京语言大学出版社 2002 年出版。

分，将词汇分为五类：基本交际类、生存类、社会活动类、个人信息类以及综合信息类。基本交际类词汇主要包括与人打招呼、相互介绍、表示感谢、歉意、祝贺、受邀参加宴会、基本社交礼仪、书信用语等与日常交际相关的基本词汇。生存类词汇主要包括饮食、购物、寻医问药、寻求帮助、基本生活服务等日常生活所必需的相关词汇。社会活动类主要包括旅行交通、邮电通讯、参观访问、娱乐休闲、体育运动、获取媒体信息等参与社会集体活动的相关词汇。个人信息类主要包括个人基本情况、婚姻和家庭、学习和工作、爱好和特长、看法和态度、打算和愿望、做某事的原因和目的等与个人信息紧密相关的词汇。综合信息类囊括了除上述四类词汇以外的其余词汇，主要包括环境自然、行政外交、经济贸易、文化艺术、法律道德、科普等相关词汇。

4.2 实验研究

4.2.1 研究目的

考察交际功能类和词汇等级对于初、中、高三个水平汉语第二语言学习者的词汇量分布的影响。

4.2.2 实验方法

实验设计：采用3（被试的汉语水平）×3（词汇等级）×5（功能类）的三因素混合实验设计，其中被试的汉语水平为被试间变量，分为三种水平：初级水平、中级水平和高级水平。词汇等级和功能类均为被试内变量，前者分为三个水平：一级（普及化等级）词汇、二级（中级）词汇、三级（高级）词汇；后者分为五个水平：基本交际类、生存类、社会活动类、个人信息类、综合信息类。因变量为被试的理解性词汇测试成绩。

被试：被试包括中央民族大学、北京语言大学等大学的在校留学生，以及普北班（美国普林斯顿大学与北京师范大学合作的暑期中文教学项目）、密西西比大学项目、美国各大学联合汉语中心（ACC 项目，Associate College in China）海外项目等短期项目的学生共 99 人，来自美国、英国、加拿大等英语国家，主要来自美国。我们根据被试学习汉语的时间、HSK 成绩以及汉语测试的成绩将被试分组，并不严格区分被试是属于来华留学生还是短期项目的学生，事实上，来华留学生大部分也是美国各大学的在读大学生。我们按照被试的汉语水平将被试分为三组。全日制学习汉语一年到一年半、获得新旧 HSK 初级证书（新 HSK4 级、旧 HSK3、4、5 级）或相当于同级别汉语水平的学生被归入初级组；全日制学习汉语两年到两年半、获得新旧 HSK 中级证书（新 HSK5 级、旧 HSK6、7、8 级）或相当于同级别汉语水平的学生被归入中级组；全日制学习汉语三年到三年半、获得新旧 HSK 高级证书（新 HSK6 级、旧 HSK9、10、11 级）或相当于同级别汉语水平的学生被归入高级组。按照这种分组的方法，初级组包括被试 34 人，中级组包括 31 人，高级组包括 34 人。

实验材料：用于测试的词汇均选自《汉语国际教育用音节汉字词汇等级划分》。我们将“大纲”的词汇按照基本交际类、生存类、社会活动类、个人信息类、综合信息类等功能类分为五类，每一功能类在每一级别上选取 8 个目标词，这样一级（普及化等级）词汇、二级（中级）词汇、三级（高级）词汇在每个级别上共选择 40 个目标词，三个级别共选择 120 个目标词。

实验程序：纸笔测试。

测试方法：多项选择测试。例如：“认识”的意思是：

他是我的老朋友，我们已经认识 10 年了。

A. separate

B. forget

C. accompany

D. know

评分标准：没有选出来或选择错误的得零分；选择正确的得

1分。

4.2.3 实验结果

我们使用SPSS软件，对三组被试的理解性词汇测试成绩进行了方差分析。

表1 初、中、高三个水平的被试理解性词汇的比较（正确率满分为1）

	初级水平被试			中级水平被试			高级水平被试		
	一级	二级	三级	一级	二级	三级	一级	二级	三级
基本交际类	.8062	.5331	.0993	.8534	.7419	.5968	.9532	.8676	.8088
生存类	.8824	.6176	.1324	.9113	.7903	.6276	.9706	.9338	.7059
社会活动类	.8309	.4338	.0944	.8831	.5524	.5539	.9632	.7794	.6029
个人信息类	.8429	.5699	.1447	.9098	.6265	.4935	.9900	.8456	.6838
综合信息类	.7179	.4522	.0699	.7324	.6598	.4208	.8382	.7279	.5809

方差分析表明，交际功能类的主效应显著，F〔4，384〕=42.166，P=.000，即五种不同功能类的理解性词汇的习得效果存在显著差别。

词汇等级的主效应显著，F〔2，192〕=238.569，P=.000，即三种不同词汇等级的词汇习得效果也存在显著差别。多重比较的结果表明，一级（普及化）词汇的成绩好于二级（中级）词汇，二级（中级）词汇的成绩好于三级（高级）词汇。

被试汉语水平的主效应显著，F〔2，96〕=97.688，P=.000。多重比较的结果表明，高级水平被试的词汇测试成绩比中级水平被试好，中级水平被试的词汇测试成绩比初级水平被试好。

此外，功能类和词汇等级的交互作用显著，F〔8，768〕=26.283，P=.000。

进一步简单效应检验表明，对于初级水平的学习者，就一级词汇而言，F〔4，392〕=6.84，P=.000，说明不同功能类的词汇存在显著差异；就二级词汇而言，F〔4，392〕=6.33，P=.000，也说明不同功能类的词汇存在显著差异；就三级词汇而言，F〔4，392〕=.90，P=.466，这说明不同功能类的词汇不存在显著差异。造成这种情况的原因很简单，主要是因为初级水平的学习者所掌握的三级词汇数量非常有限，这是造成不同功能类的词汇无显著差异的原因。对于中级水平的学习者，无论是就一级词汇、二级词汇、三级词汇而言，不同功能类的词汇均存在显著差异（F〔4，392〕=9.30，P=.000；F〔4，392〕=8.63，P=.000；F〔4，392〕=6.48，P=.000）。高级水平的学习者与中级水平的学习者一样，无论是就一级词汇、二级词汇、三级词汇而言，不同功能类的词汇均存在显著差异（F〔4，392〕=6.55，P=.000；F〔4，392〕=6.67，P=.000；F〔4，392〕=8.73，P=.000）。上述结果进一步说明，词汇功能类是影响第二语言学习者理解性词汇习得的一个重要变量。

另外，进一步简单效应检验还表明，对于初级水平的学习者来说，无论是就基本交际类词汇、生存类词汇、社会活动类词汇、个人信息类词汇还是综合信息类词汇而言，其在一级、二级、三级等不同等级上的分布均存在显著差异（具体数据分别为F〔2，196〕=103.62，P=.000；F〔2，196〕=119.17，P=.000；F〔2，196〕=70.21，P=.000；F〔2，196〕=71.69，P=.000；F〔2，196〕=55.90，P=.000）。对于中级水平的学习者，无论是就基本交际类词汇、生存类词汇、社会活动类词汇、个人信息类词汇还是综合信息类词汇而言，其在一级、二级、三级等不同等级上的分布也均存在显著差异（具体数据分别为F〔2，196〕=6.37，P=.002；F〔2，196〕=7.39，P=.001；F〔2，196〕=11.09，P=.000；F〔2，196〕=16.04，P=.000；F〔2,196〕=8.86，P=.000）。对于高级水平的学习者，就基本交际类词汇而言，F〔2，196〕=2.14，P=.121，说明不同词汇等级上的词汇不存在显著差异。这主要是因为，高级水平的学习者掌握三级词汇均掌握得非常好。然而，就生存类词汇、社会活动类词汇、个人信息类词汇以及综合信息类词汇而言，其在一级、二级、三级等不同等级上的分布均存在显著差异（具体数据分别为 F〔2, 196〕=8.29，P=.000；F〔2, 196〕=10.85，P=.000；F〔2, 196〕=8.53，P=.000；F〔2, 196〕=5.93，P=.003）。上述结果进一步说明，词汇功能类也是影响第二语言学习者理解性词汇习得的一个重要变量。

4.2.4 讨论

数据分析的结果表明：第一，词汇的功能会影响词汇习得。从功能的角度上说，生存类的词汇最先习得，这主要是因为，生存类词汇包括天气情况、饮食、购物、换钱取钱、看病买药、基本生活服务等词汇，这些词汇均是日常学习生活中所不可缺少的词汇。同时，生存能力在人类诸项能力中至关重要，而掌握生存类的词汇对于生存能力也是意义重大。除了生存类词汇外，个人信息类词汇的习得效果也比较好。这是因为这些词汇往往是进行日常生活交际特别是自我介绍时所不可或缺的。在这五类词汇中，综合信息类词汇的习得效果较差。这主要是因为，综合信息类词汇涵盖的主要是环境自然、历史地理、政治外交、经济贸易、文化艺术、科学技术、法律道德、宗教哲学、语体程式等9类词汇，这些词汇大部分属于专业词汇，学生在日常交际表达中很少讨论与这些词汇相关的话题，因此也很少使用这些词汇。

第二，词汇等级会影响词汇习得。随着留学生汉语水平的提高，其所掌握的词汇量在不断增长，但以普及化等级的词汇量为主，其次是中级词汇，高级词汇量最少。这主要是因为，《汉语国际教育用音节汉字词汇等级划分》划分词汇等级的主要依据仍然是词频。普及化等级的词汇是汉语中词频最高的词汇，涵盖了汉语第二语言学习者运用汉语交际所不可缺少的基本交际类、生存类、社会活动类、个人信息类、综合信息类等功能类的词汇。因此，学习者很容易掌握这些高频词，这与已有的英语方面的研究结论基本相同。Carroll，Davies & Richman（1971）就曾指出，词频最高的2000词在500万词汇的语料库中的覆盖率达到81.3%，再加上词频第三高的1000词则可以占到85.2%[①]。可见，学生对于普及化等级词汇的习得效果最好也是比较有说服力的。与普及化词汇相比，中级词汇和高级词汇的词频比较低，因此发展为第二语言学习者所掌握的词汇的机会要显著少于普及化词汇。这主要是因为，高频词在日常交际中往往是不可缺少的，因此会不断地被学习者练习、使用和激活，从而强化记忆；低频词出现的机率很低，在交际过程中很少使用，缺乏练习的机会，这就阻碍了学习者习得这类词汇。

第三，《汉语水平词汇与汉字等级大纲》把词汇量定为甲、乙、丙、丁四级词汇共8822个，对外汉语教学界也根据这一大纲将汉语词汇教学设立了3000词、5000词和8000词三个阶段性目标。当然，该大纲在设定3000词、5000词和8000词三个阶段性目标时并未明确指出该目标要求学习者掌握的是理解性词汇还是产出性词汇。根据我们的研究结果所得出的数据，我们初步计算了学习者的词汇量。从理解性词汇量的角度来说，学习者的词汇已经超出了此目标。由此可见，最新出版的《汉语国际教育用音节汉字词汇等级划分》共收入一级（普及化等级）、二级（中级）、三级（高级）等三级词汇11092个，比《汉语水平词汇与汉字等级大纲》的词汇量多出2270个，更符合汉语教学的要求。事实上，学者们（姜德梧，2004；李清华，1999）[②③]就曾指出，《汉语

① Carroll, J. B., Davies, P., and Richman, B. 1971 The American Heritage Word Frequency Book [M]. Houghton Mifflin, Boston.

② 姜德梧：《关于〈汉语水平词汇与汉字等级大纲〉的思考》[J]，载《世界汉语教学》2004年第1期。

③ 李清华：《〈汉语水平词汇与汉字等级大纲〉的词汇量问题》[J]，载《语言教学与研究》1999年第1期。

水平词汇与汉字等级大纲》确实存在词汇量偏低的问题，我们的研究也在一定程度上证明了这一观点。

4.3 结论与启示

我们的实验说明，交际功能类和词汇等级均会影响第二语言学习者的汉语理解性词汇习得。从交际功能类上看，无论是初、中、高三个水平的汉语学习者，生存类词汇的习得效果最好，其次是个人信息类词汇，再次是社会活动类词汇和基本交际类词汇，综合信息类词汇的习得效果较差。从词汇等级上看，初、中、高三个水平的汉语学习者的词汇量均是普及化词汇数量最多，其次是中级词汇，高级词汇的数量最少。这个结果提示我们，在教学中可以采取措施帮助学生发展汉语词汇。

首先，既然词汇的交际功能类会直接影响汉语词汇习得，那么我们在词汇教学中就要考虑到功能类的问题。我们可以根据学习者的需求创建小型专业语料库以满足特定的词汇拓展需求。具体而言，我们可以创建基本交际类、生存类、社会活动类、个人信息类以及综合信息类等五大模块语料库，在每个模块下分设各种话题的开放型主题语料群，语料库所要突出的是词汇的核心用法和典型搭配。根据话题的语料库，教师可以指导学生提取该话题主题词汇的内容图式，并进一步运用基于语料的任务学习法引导学生依据词频及主题相关性原则，建构话题的基本信息框架，促使他们全面而深入地了解话题图式的主题词汇构成。

另一方面，在汉语课堂教学中，词汇教学可以围绕课文的主题展开。教师应该以课文中的词汇为基础上并做进一步扩展，指导学生围绕该主题掌握更多的词汇。事实上，在真实交际或模拟真实交际的过程中，学习者一般会从一个熟悉的话题开始，然后围绕话题展开讨论。话题既是交际的出发点，也是交际的某种范围，而话题往往与主题密切相关，主题则是话题的集合。因此，通过这种方式所掌握的词汇比较易于发展为学习者可以自由运用的词汇。同时，这种模式完全符合最新的国际外语教学理念：以交际功能为中心进行教学，词汇作为语言要素的教学为这种交际性教学服务。

第二，词汇等级是影响学生词汇发展的重要因素。词汇等级划分主要的依据就是词频，谢小庆（2002）就曾指出："如果说HSK与托福考试有什么不同，那么，最重要的不同可能就在于HSK借助词频来界定内容范围[①]。"因此我们可以进一步得出结论，词频是影响汉语第二语言学习者词汇发展的重要因素。高频词和低频词相比，比较容易发展为学习者的理解性词汇和产出性词汇。这主要是因为，高频词往往是日常交际中所不可缺少的，因此会不断地被学习者练习、使用和激活，从而强化记忆；低频词出现的机率很低，在交际过程中很少被使用，缺乏练习的机会，这就阻碍了学习者掌握这类词汇。学习者要习得低频词，需要较长的时间。因此，在词汇教学中提高词汇的重现率将有助于学习者发展这类词汇。当然，这种重现决非仅仅是让学生孤立地重复词汇以求达到记忆的目的，我们可以设计课文复述、情景对话、写作练习等训练方式指导学生在语境中学习词汇。这样会帮助学生提高词汇记忆时的投入水平并建立所学词汇的语义网络，进而将所学词汇用于交际活动中。

综上所述，既然交际功能类和词汇等级是影响第二语言词汇习得的两个关键变量，汉语词汇教学就是要建立以交际功能为导向的教学模式，围绕话题和主题展开教学，同时在这一过程中考虑到词汇等级的问题。

---

① 谢小庆：《HSK的教育测量学研究》，载《考试研究与信息》2002年第3期。

第五节 以交际功能为导向的第二语言学习者汉语产出性词汇分布研究

5.1 引言

上一节我们探讨了理解性词汇在交际功能类上的分布情况。事实上，第二语言学习者的理解性词汇和产出性词汇之间存在着较大的差异。大部分第二语言学习者的产出性词汇习得明显慢于理解性词汇，发展到一定阶段就会呈现停滞不前的状态，学习者难以跨越理解性词汇和产出性词汇之间的鸿沟。鉴于理解性词汇和产出性词汇分布的不平衡现象，本节将主要探讨第二语言学习者产出性词汇在功能类上的分布情况。

5.2 实验研究

5.2.1 研究目的

考察交际功能类和词汇等级对于初、中、高三个水平汉语第二语言学习者的控制性产出词汇量分布的影响。

5.2.2 实验方法

实验设计：采用3（被试的汉语水平）×3（词汇等级）×5（功能类）的三因素混合实验设计，其中被试的汉语水平为被试间变量，分为三种水平：初级水平、中级水平和高级水平。词汇等级和功能类均为被试内变量，前者分为三个水平：一级（普及化等级）词汇、二级（中级）词汇、三级（高级）词汇；后者分为五个水平：基本交际类、生存类、社会活动类、个人信息类、综合信息类。因变量为被试的控制性产出词汇测试成绩。

被试：与上一节的被试相同。

实验材料：用于测试的词汇均选自《汉语国际教育用音节汉字词汇等级划分》。我们将“大纲”的词汇按照基本交际类、生存类、社会活动类、个人信息类、综合信息类等功能类分为五类，每一功能类在每一级别上选取 8 个目标词，这样一级（普及化等级）词汇、二级（中级）词汇、三级（高级）词汇在每个级别上共选择 40 个目标词，三个级别共选择 120 个目标词。

实验程序：纸笔测试。

测试方法：要求被试用适当的词填空来完成句子，我们会给出被测词的英文对应词。为避免没有目标词填入，还会给出目标词中第一个字的拼音。例如：

我们明天要去 cān ____（Visit）美术馆。

评分标准：没有写出来或写错的得零分，写对的得 1 分。需要说明的是，如果可以看出目标词的轮廓，仅是笔画有一些问题，我们算作被试回答正确。

5.2.3 实验结果

我们使用 SPSS 软件，对三组被试的控制性产出词汇测试成绩进行了方差分析。

表 1 初、中、高三个水平的被试控制性产出词汇的比较（正确率满分为 1）

	初级水平被试			中级水平被试			高级水平被试		
	一级	二级	三级	一级	二级	三级	一级	二级	三级
基本交际类	.6678	.3912	.0662	.7485	.5408	.2848	.9453	.8594	.7813
生存类	.8222	.3566	.0699	.8402	.4250	.2208	.9687	.9297	.6406
社会活动类	.5993	.3088	.0890	.7458	.3807	.3225	.9609	.7734	.5625
个人信息类	.5919	.3860	.1153	.8042	.5682	.2557	.9844	.8438	.5547
综合信息类	.5832	.3419	.0294	.6195	.3684	.2113	.7734	.7279	.5156

方差分析表明，交际功能类的主效应显著，F〔4，384〕= 21.372，P =.000，即五种不同功能类的控制性产出词汇的习得效

果存在显著差别。

词汇等级的主效应显著，F〔2，192〕=222.713，P=.000，即三种不同词汇等级的词汇习得效果也存在显著差别。多重比较的结果表明，一级（普及化）词汇的成绩好于二级（中级）词汇，二级（中级）词汇的成绩好于三级（高级）词汇。

被试汉语水平的主效应显著，F〔2，96〕=87.471，P=.000。多重比较的结果表明，高级水平被试的词汇测试成绩比中级水平被试好，中级水平被试的词汇测试成绩比初级水平被试好。

此外，功能类和词汇等级的交互作用显著，F〔8，768〕=8.542，P=.000。

进一步简单效应检验表明，对于初级水平的学习者，就一级词汇而言，F〔4，392〕=9.18，P=.000，说明不同功能类的词汇存在显著差异；就二级词汇而言，F〔4，392〕=.82，P=.511，说明不同功能类的词汇不存在显著差异，这主要是因为中级水平的学习者所掌握的二级词汇数量比较有限，所以不同功能类的词汇无显著差异。就三级词汇而言，F〔4，392〕=1.02，P=.397，这说明不同功能类的词汇不存在显著差异。造成这种情况的原因很简单，主要是因为初级水平的学习者所掌握的三级词汇数量非常有限，这是造成不同功能类的词汇无显著差异的原因。对于中级水平的学习者，无论是就一级词汇、二级词汇而言，不同功能类的词汇均存在显著差异（F〔4,392〕=5.86，P=.000；F〔4，392〕=5.31，P=.000）。就三级词汇而言，F〔4，392〕=2.34，P=.055），这说明不同功能类的词汇不存在显著差异。造成这种情况的原因很简单，主要是因为初级水平的学习者所掌握的三级词汇数量非常有限，这是造成不同功能类的词汇无显著差异的原因。对于高级水平的学习者，无论是就一级词汇、二级词汇、三级词汇而言，不同功能类的词汇均存在显著差异（F〔4，392〕=6.55，P=.000；F〔4，392〕=4.34，P=.002；F〔4，392〕=16.47，P=.000）。上述结果进一步说明，词汇功能类是影响第二语言学习者词汇习得的一个重要变量。

另外，进一步简单效应检验还表明，对于初级水平的学习者来说，无论是就基本交际类词汇、生存类词汇、社会活动类词汇、个人信息类词汇还是综合信息类词汇而言，其在一级、二级、三级等不同等级上的分布均存在显著差异（具体数据分别为 F〔2, 196〕=48.72, P=.000; F〔2, 196〕=66.98, P=.000; F〔2, 196〕=23.11, P=.000; F〔2, 196〕=18.58, P=.000; F〔2, 196〕=32.93, P=.000)。对于中级水平的学习者，无论是就基本交际类词汇、生存类词汇、社会活动类词汇、个人信息类词汇还是综合信息类词汇而言，其在一级、二级、三级等不同等级上的分布也均存在显著差异（具体数据分别为 F〔2, 196〕=20.67, P=.000; F〔2, 196〕=34.56, P=.000; F〔2, 196〕=19.32, P=.000; F〔2, 196〕=23.07, P=.000; F〔2, 196〕=14.05, P=.000)。对于高级水平的学习者，就基本交际类词汇而言，F〔2, 196〕=2.65, P=.073，说明不同词汇等级上的词汇分布不存在显著差异。这主要是因为，高级水平的学习者对于三级词汇均掌握得非常好。然而，就生存类词汇、社会活动类词汇、个人信息类词汇、综合信息类词汇而言，其在一级、二级、三级等不同等级上的分布均存在显著差异（具体数据分别为 F〔2, 196〕=10.11, P=.000; F〔2, 196〕=15.65, P=.000; F〔2, 196〕=17.45, P=.000; F〔2, 196〕=8.45, P=.000)。上述结果进一步说明，词汇功能类也是影响第二语言学习者词汇习得的一个重要变量。

5.2.4　讨论

数据分析的结果表明：第一，词汇的功能会影响产出性词汇习得。无论是初级水平、中级水平还是高级水平的学习者，基本交际类、生存类、个人信息类词汇的习得效果均比较好。这主要是因为，这三类词汇是学习者在日常学习生活中所不可缺少的词汇。相比而言，在这五类词汇中，综合信息类词汇的习得效果比较差。这主要是因为，综合信息类词汇涵盖的主要是环境自然、历史地理、政治外交、经济贸易、文化艺术、科学技术、法律道德、宗教哲学、语体程式等9类词汇，这些词汇大部分属于专业词汇，学生在日常交际表达中很少讨论与这些词汇相关的话题，因此也很少使用这些词汇。

第二，词汇等级会影响词汇习得。随着留学生汉语水平的提高，其所掌握的产出性词汇量在不断增长，但以普及化等级的词汇量为主，其次是中级词汇，高级词汇量最少。这主要是因为，普及化等级的词汇是汉语中词频最高的词汇。与普及化词汇相比，中级词汇和高级词汇的词频比较低，因此发展为第二语言学习者产出性词汇的机会要显著少于普及化词汇。

5.3 结论与启示

我们的实验说明，交际功能类和词汇等级均会影响第二语言学习者的汉语产出性词汇习得。从交际功能类上看，初、中、高三个水平的汉语学习者对于生存类词汇、个人信息类词汇和基本交际类词汇的习得效果较好，其次是社会活动类词汇，综合信息类词汇的习得效果较差。从词汇等级上看，初、中、高三个水平的汉语学习者所掌握的普及化词汇数量最多，其次是中级词汇，高级词汇的数量最少。这个结果提示我们，在教学中可以根据词汇的分布情况采取措施帮助学生发展汉语产出性词汇。

Ellis & Beaton（1993）从通达机制的角度来解释学习者的一些词汇仅达到理解水平而非产出水平的原因。他们认为，学习者在学习的最初阶段，仅能够建立目标词与母语翻译的联结，而这正是理解性词汇知识的范畴。而第二语言学习者要发展产出性词汇，需要达到更深的加工水平[①]。深加工可以增强词汇记忆效果，特别是长时记忆效果，还可以扩宽词汇提取的通道，提高学习者的词汇产出能力。而从加工深度的角度上说，语义层面的加工要比语音层面的加工深。这就提示我们，在教学中可以设计加工水平深的作业，促进学生对产出性词汇的学习。教师可以设计课文复述、情景对话、写作练习等语义层面的加工活动来指导学生学习第二语言词汇，特别是词频较高的交际性词汇。总之，加工水平较深的活动可以帮助学生发展产出性词汇。

本研究的最大局限在于，我们测量的是控制的产出性词汇而非自由的产出性词汇。这主要是因为，目前在第二语言词汇习得领域尚未有一种好的测试方法可以有效地测量学习者的自由产出性词汇量。另一方面，我们的研究在测试被试的控制产出性词汇时不是以交际为基础的，没有反映篇章语境的作用，因而没有能非常充分地反映学习者实际产出词汇的能力。这主要是从实验的可操作性出发的。但无论如何，这两方面的局限均是非常值得进一步研究的问题，是我们下一步研究所要解决的主要问题。

第六节　语料库指导下的汉语词汇教学模式研究

6.1　引言

上两节的实验研究表明，按照特定的交际目的或表述需要所划分的交际功能类是影响第二语言学习者词汇习得的重要因素。在这种情况下，如何建立与交际活动和交际任务相结合的词汇教

① Ellis, N. & Beaton, A. 1993 Factors affecting the learning of foreign language vocabulary imagery keyword mediators and phonological short - term memory [J], Quarterly Journal of Experimental Psychology, 46A, 533 - 558.

学模式，从而更好地培养学习者的交际能力，是一个非常值得探讨的问题，而以功能为导向的对外汉语词汇语料库的建设在这一教学模式中将起到了至关重要的作用。

6.2 以功能为导向的汉语词汇语料库的建设构想

以功能为导向的对外汉语词汇语料库的建设，可以将词汇教学与语言交际能力的培养结合起来，可以帮助学生围绕语言交际能力的培养、围绕语言功能来习得词汇。在国外词汇语料库建设领域，加拿大蒙特利尔大学的 Cobb 教授带领的团队所开发的 Compleat Lexical Tutor 的词汇学习和研究网站 http：//www. lextutor. ca/ 就提供了丰富的语料库资源和各种功能强大的词汇检索和分析工具。在对外汉语词汇教学和研究领域，尚未有这种语料库和网络资源。我们可以根据学习者的需求创建小型专业语料库以满足特定的词汇拓展需求，具体的设想是，创建基本交际、生存、社会活动、个人信息以及综合信息等五大模块语料库，在每个模块下分设各种话题的开放型主题语料群。正如 OpKeeffe，McCarthy & Carter（2007：198）所指出的：小型专业语料库具有更可行、更实用的教学应用价值①。

我们划分五大模块语料库的依据，主要是根据《高等学校外国留学生汉语教学大纲》所涉及的交际任务并结合汉语教学的交际功能来划分。我们将词汇分为五类：基本交际类、生存类、社会活动类、个人信息类以及综合信息类。这就构成了主题层级的第一级。在第一级的基础上，可以根据每一类主题层级的具体主题分类，构成主题层级的第二级。基本交际类词汇主要包括与人打招呼、相互介绍、表示感谢、歉意、祝贺、受邀参加宴会、基

① OpKeeffe，A，M. McCarthy and R. Carter，From Corpus to Classroom：Language and language teaching ［M］. Cambridge：Cambridge University Press，2007.

本社交礼仪、书信用语等与日常交际相关的基本词汇。生存类词汇主要包括饮食、购物、寻医问药、寻求帮助、基本生活服务（如去银行存取钱、理发、照相、洗衣、办护照）等日常生活所必需的相关词汇。社会活动类主要包括旅行交通、邮电通讯、参观访问、娱乐休闲、体育运动、获取媒体信息等参与社会集体活动的相关词汇。个人信息类主要包括个人基本情况、婚姻和家庭、学习和工作、爱好和特长、看法和态度、打算和愿望、做某事的原因和目的等与个人信息紧密相关的词汇。综合信息类囊括了除上述四类词汇以外的其余词汇，主要包括环境自然、行政外交、经济贸易、文化艺术、法律道德、科普等相关词汇。在主题层级第二级的基础上，进一步划分具体的话题，就构成了主题层级的第三级。例如，在主题层级的第一级包括生存类这一词汇类别，第二级又包括饮食这一次功能类，而第三级可以包括“餐馆就餐”这一具体话题。

6.3　语料库指导下的主题词汇教学模式

6.3.1　理论基础

Chomsky（1995：30）在论述语言系统时曾经指出，一个掌握语言的人要具备该语言的词汇知识，即词库（lexicon）[①]。词库是具体词项的所有属性，这些属性包括每个词项的音位形式表述、句法范畴表述和语义特征。在人脑的心理词库中，词汇并非杂乱排列的，而是一个有组织的词汇集合。我们认为，词语通过语义联系结成网络，在语义上相互连结的词汇往往在交际功能方面属于同一功能类群，这样可以让人们在交际时可以快速地提取目标词。学习者在口语表达时会使用话题的图式触发该话题的心理词

① Chomsky, Noam. 1995. The Minimalist Program [M]. Cambridge, Mass.: The MIT Press.

库，最终实现为具体词语。同时，某一话题的心理词库往往是由同一功能类的词汇组成，这些词语跟话题高度相关，且具有共同的语用特征和意义联系，往往属于同一语义场。

McCarthy（1990）提出，一个人在用词语表达对真实世界的认识时，存在一种词语的谱系关系[①]。在这个关系中，处于最上层的是“语义空间”(semantic space)，“语义空间”由各种“语义场”(semantic fields）组成。语义场的概念表达了人们对真实世界的知识或概念，并实现为各种“词语场”（lexical fields)，“词语场”由一些具体的词语构成。

德国学者 J. Tries 在 20 世纪 30 年代最先提出语义场理论(Semantic Field Theory)，他指出：词的概念在记忆中是通过一个广泛的关系网络来表征的，每个词的概念表征为网络中一个独特的节点，并借助各种关系与其他的词汇相互联系，构成完整的系统。Channell（Carter & McCathy，1998：90）进一步指出，词汇在心理词典中是按照语义编排的[②]。如果学习者通过语义关系建立词汇之间的联系，可以在产出词汇时挑选出合适的目标词。事实上，语义场理论指导下的词汇习得是把词汇按某个主题进行分类来记忆，将生词与已有的语义系统建立联系，从而对词汇的含义以及词汇间的关系理解得更深刻。然而，如果学习者通过语义场记忆词汇，很容易把目标词的意思同语义场中其它单词的意思混淆起来。Tinkham（1993：371）的研究发现，组成语义场的词汇比没有意义联系的词汇更难记忆[③]。这是因为，如果学习者在学习新词时，连同它的同义词、反义词一起学习，学习者虽然掌握了新词

---

① McCarthy M. Vocabulary［M］. Oxford：Oxford University Press，1990.

② Carter，R. & M. McCarthy. 1998 Vocabulary and Language Teaching［M］. Longman.

③ Tinkham. T. 1993 The effects of Semantic Clustering on the learning of Second Language Vocabulary［J］. System. 21/3：371－380.

的含义，但往往会将新词与其他词汇混淆。然而，如果教师在运用语义场理论进行词汇教学时强调词汇的组合和搭配，可以弥补这一问题。

Sinclair& Renouf（1988：146－148）在COBUILD语料库项目研究的基础上提出词汇大纲（lexical syllabus）的思路和设想，明确指出词汇教学的重点应放在三个方面：一是语言中最常见的词形；二是这些词形的核心用法模式（patterns of usages）；三是它们的典型组合（combinations）[①]。虽然汉语缺乏词形变化，因此我们在建构语料库时无需考虑第一点，但这至少提示我们，在利用语料库进行词汇教学时，必须考虑词汇的核心用法模式和典型搭配。教师指导学生掌握词汇搭配，可以为学生提供模式化的语块。

“搭配”这一概念是英国语言学家J. R. Firth在50年代首先提出来的。他认为理解一个词要首先看它的结伴关系，即词与词之间的横向组合关系。这种结伴关系属于词义的一部分，即来自语义上的约定俗成。一般来说，词语的搭配不是由逻辑或频率决定的，而是约定俗成的。教师应该帮助学习者了解词语搭配。如果学习者缺乏词语搭配的知识，往往会母语翻译确定搭配，带来词汇产出的偏误。

词汇搭配对语言教学具有非常重要的意义。Cowie（1998：136）将词汇组合称为构建语言的预制语块[②]。他主张语言是由有意义的语块组成，语块组合起来，就可以产出连贯的语篇，口语中的句子只有非常少数是完全新创造出来的句子。在语言习得的过程中，学习者会经历一个大量使用未经分析的词汇组合的阶段，

① Sinclair，J. &Renouf，A. 1988. A lexical syllabus for language learning［A］. In R. Carter，&M. McCarthy，（Eds.）. Vocabulary and language teaching（pp. 140－160）. Essex：Longman.

② Cowie，A.（ed.）1998 Phraseology. Theory，Analysis，and Applications［M］. Oxford：Oxford University Press.

这一阶段为其以后的学习打下基础。在这一阶段里，学习者会记住一些在交际中使用频率较高的常用语，然后加以模仿运用到类似的交际环境中。在交际活动中，学习者可以理解这类组合的构成，但他们可以正确使用这些组合。学习者在模仿和使用词汇短语的基础上，也会将这些组合加以分解，再进行重新排列，创造出更多的可以用于交际的新句子。因此，词汇教学要提高学习者语块意识。我们在教学中有意识地指导学习者学习词汇组合和固定搭配，将为他们的语言发展打下坚实的基础。

至于该教哪些词汇组合，使用频率无疑是最重要的选择标准。Alexander（1984）指出，词汇组合在第二语言中出现的频率是决定教授词汇组合的一个标准，而语料库的运用可以帮助评判词频①。Gaims & Redman（1986）提出，决定教授词汇组合的标准是实用性。依赖教师个人判断很困难，运用计算机统计使用频率则相对容易②。由此可见，利用语料库可以帮助我们更加有效地做好词汇教学。具体而言，在利用语料库资源时，我们可以根据主题的文本进行文本索引（concordance）。文本索引是一种有效的分析手段，索引行基于连续的篇章，通过扩展语境真实地观察某一语言现象和特征，区分一词多义和同形异义，研究词语搭配关系。由于这种功能方便、快捷，为组块化的整体词汇输入、储存和提取提供了强有力的支持，可以解决学习者的词汇习得中的词语搭配问题。当然，由于学习者需要掌握的词汇是大量的，而词汇组合的频率的确定并不是一件容易的事情。但我们在构建语料库时，至少要考虑根据不同的词汇等级建构不同的功能语料库，同时同一主题也应该包含不同词汇等级的词汇构建的不同的词汇语料库。我们通过这种方式可以根据学习者的语言水平确定其需要掌握的

---

① Alexander, R. 1984. Fixed expressions in English: reference books and the teacher. [J] ELTJ 38/2: 127－134.

② Gaims, R. &S. Redman. 1986 Working with Words [M]. Cambridge: CUP.

词汇搭配信息，可以有针对性地培养学生运用词汇进行交际的能力。

6.3.2 该教学模式的实施步骤

利用语料库进行词汇教学，主要包括两大步骤：一是根据主题层级，围绕交际功能提取主题词汇；二是围绕主题和话题进行词汇教学。

主题词提取的步骤

主题词一般是使用频率较高的词汇，往往与文本密切相关。在语料库语言学研究中，主题词指的是与参照语料库相比，出现频率显著偏高的词汇。主题词提取的具体步骤包括：第一，把基于功能的语料库作为观察语料库，按照话题分类处理语料，把相同话题的文本放在一起。第二，把中介语作文语料库作为参照语料库，利用 AntConc[①] 软件对于分类后的中介语作文语料库和参照语料库进行处理，建立词表数据库。第三，利用 wordlist 工具生成经过词族处理的词频表以便提取该话题主题词汇的内容图式。用基于语料的任务学习法引导学习者依据词频数及主题相关性原则，建构话题的基本信息框架，促使学习者全面而深入地了解话题图式的主题词汇构成。主题词汇应该包括几个部分的词汇：施事者（agent）、动作词（action）、受事者（recipient）、位置词（location）、描述词（descriptor）和联想词（associate）。此外，语料库还能提供大量在形式及意义上相关联的检索行，如某目标词汇语境共现行，可以帮助学习者将词汇知识图式具体化。教师可以要求学生关注与话题匹配的语言形式在搭配上的特点与分布，从具体的语料总结出表述该图式的语言形式和选词规律，完成从具体到抽象的图式构建。

① 功能与 wordsmith 相同，是一种免费软件，可以处理中文。

围绕主题和话题进行词汇教学

教师利用语料库进行词汇教学，可以借助语料库资源和工具引导学习者利用已有图式建构新的词汇知识图式，促使学习者组织自己的词汇知识网络，由此建构高效的词汇知识联想机制，进而形成词汇能力。在进行教学时，可以以语料库的检索结果为基础，要围绕主题和话题展开。

主题是教学活动的中心，也是选取教学材料的依据。在主题下面，又包括话题这一单位。话题往往与主题密切相关，又与具体事件相关，主题则是话题的集合。话题是交际的出发点或对象，也是交际的某种范围。在交际的过程中，学习者一般会从一个熟悉的话题开始，然后围绕话题展开讨论。话题是思想和语言交际的中心，没有话题的交流是一个没有意义的交流。从这个意义上说，话题是文本内容的集中体现，是一系列文本表达对象的集中描述，也是交际交流的总纲。我们按照交际功能将词汇分类，这里所说的“交际功能”，指的就是话题。

在汉语词汇教学中，如何利用主题和话题进行词汇教学是一个需要讨论的问题。一般意义上的词汇教学，一般是以词表为主要依据，注重词的讲解，往往忽视了主题的作用。事实上，教师完全可以利用主题进行词汇教学。因为汉语课堂教学一般是围绕课文展开的，而课文往往与某一话题密切相关。如果教材的编写是以单元为单位进行设计，而每单元共享同一主题，同时加强综合、口语、听力、阅读等课程的教材配套建设，那样听、说、读、写、译等活动都可以围绕同一个主题展开。这样，在教学中就可以形成一个以主题为中心的体系，教师可以将课本的词汇有效地纳入主题当中，同时以语料库检索获得的词汇为补充，围绕主题进行词汇教学。Laufer & Hulstijn（2001）提出的投入负担假说（hypothesis of involvement）曾经指出，词汇习得效果并不依赖于交际存在以及词汇习得方式是附带习得还是有意习得，而是决定于学习者在任务中的投入程度①。对于目标词的加工越精细，即对该词的语音、拼写、语法特征、语义等特征的注意程度越高，记忆效果越好。实施语料库指引的词汇教学，就是要引导学习者在课文主题的基础上，围绕词表以及通过语料库检索到的主题词展开教学，并组织课堂讨论交流，以确保学习者的较高的投入程度。因此，教师完全可以根据教材课文的主题，根据目标词的难度、重要程度以及所要达到的词汇知识目标的高低等指标来布置各种投入程度的任务。同时，为了突出围绕主题进行词汇教学这一需要，不同课程的教材的配套程度非常重要。对外汉语教学一般以综合课为主干课，而口语课、听力课有复练的性质。如果这几门课程的词汇系统相互呼应，无疑会有助于提高学生词汇学习的效果。

另一方面，通过语料库获得的与某一话题紧密关联的词语群还可以进一步分类，分为主题通用词和话题术语词。例如，生存类词汇包括“饮食”这一话题，这一话题又包括点菜、饭菜饮品的种类、特点和评价等几个方面。围绕这一话题的词语群包括菜单、主食、家常菜、风味、小吃等一系列词汇。此时，我们可以根据这些词汇在话题领域中的流通程度以及使用频率将其分为话题通用词和话题专用术语词。前者是描述该主题所必须的、常见的词语，包括菜单、主食、家常菜、风味、小吃等词汇；而后者往往是该话题领域专用的词语，包括红菜汤、牛排、匹萨饼等词汇。教师在教学的过程中，首先要指导学生掌握某一话题中最基本、最常用的主题通用词，这些词汇需要求学生在谈论该话题时可以自由产出。而那些话题术语词由于专门性较强，可以作为背景知识要求学生了解，达到在听力和阅读中可以理解的程度即可。

① Laufer, B. & Jan Hulstijn. 2001Incidental Vocabulary Acquisition in a Second Language : The Construct of Task - induced Involvement［J］. Applied Linguistics, 22, 539 - 558.

6.4 结论

综上所述，学习者的心理词库中存在着话题图式，某一种话题均存在一些相关的主题词，这些词语与话题内容高度相关，是按照语义联系构成组织严密的词语网络。话题的图式能够迅速激发学生有关现实世界的知识体系和心理词库，并通过具体词语来表达，有助于提高他们的口语表达能力和书面语表达能力。因此，学习者能够较为深入讨论其熟悉的话题，而讨论不熟悉的话题时用词较贫乏简单，倾向于使用高频率且具有较强概括性意义的一般泛化词和上位词来表达具体的事物，这样往往会造成意义表达的不清。在学习者建立话题图示的过程中，语料库的作用非常重要。语料库可以提供一个层次分明的词汇体系，其中主题词作为能够统领文本、具有很高概括性的上位核心词，可以帮助学习者建立相关主题的词汇网络。因此，教师在教学中应以词表和语料库检索的主题词为载体，注重培养学生围绕某一主题建构以语义联想为中心的词语群的能力，并且强调那些表达具体意义的词汇，强化话题图式。从这个意义上讲，语料库指导下的主题词汇教学模式符合学习者的认知规律，有助于培养学习者运用词汇进行交际的能力，是现代教学理念与教育技术的融合。

第三章　第二语言学习者理解性词汇量和产出性词汇量的比较

第一节　第二语言学习者的理解性词汇量和产出性词汇量的比较

1.1　引言

上一章我们讨论第二语言学习者理解性词汇和产出性词汇在各功能类上的分布情况，研究表明，第二语言学习者所掌握的各功能类上的理解性词汇的比例均大于产出性词汇。然而，我们对于第二语言学习者所具备的理解性词汇量和产出性词汇量却并不清楚。事实上，探讨学习者的理解性词汇量和产出性词汇量对第二语言习得和教学具有重要意义。Nation（2001）就曾指出，第二语言词汇教学的目的是为了增加学习者的“可用词汇量”①。“可用词汇量”要求学习者不仅要认识目标词，而且可以在听、说、读、写中运用目标词。在汉语教学中我们发现，学习者的理解性词汇量要远远大于产出性词汇量，他们的理解能力较强，能够读并听懂较难的文本和表达，但在写作及口语表达能力方面却表现得相对薄弱。这主要是因为，在语言表达时，学习者倾向于使用高

---

① Nation, P. 2001 Learning vocabulary in another language［M］. Cambridge: Cambridge University Press.

频词，还会使用某些具有较强概括意义的泛化词和上位词来表达具体的事物，使意义表达比较模糊。同时，由于文化差异，学生对单词和词组认识只停留在表面上，只懂其义，不知其用，产出的词汇在音、形、义、用等方面也会存在不同程度的错误。然而，虽然汉语教学界已经就学习者的理解性词汇量和产出性词汇量的差异问题达成一致，但目前这方面的实证研究还比较少。因此，本章我们将主要探讨第二语言学习者的理解性词汇量和产出性词汇量的问题。

已有的研究表明，无论是母语者还是第二语言学习者，其所具备的理解性词汇量都要大于产出性词汇量。Chamberlain（1965）指出，普通的英语母语者所具备的理解性词汇是其产出性词汇的5倍①。Eringa（1974）的研究表明，高中生在学习法语6年以后，所掌握的理解性词汇大约为4000词到5000词，而产出性词汇只有1500词到2000词左右②。Waring（1999）通过对第二语言学习者的两种词汇知识进行测试发现，理解性词汇和产出性词汇的发展具有不对称性，前者大于后者③。

1.2 实验研究

1.2.1 研究目的

考察初、中、高三个水平的汉语第二语言学习者理解性词汇量和产出性词汇量在不同等级词汇上的分布情况。

1.2.2 实验方法

实验设计：采用3（被试的汉语水平）×3（词汇等级）×2

① Chamberlain, A. 1965. Learning a Passive Vocabulary［J］. International Conference of Modern Foreign Language Teaching. November, Part I.

② Eringa, D. 1974. Enseigner, c´est choisir: vocabulaire – verwering［J］. Levende Talen, 260 –267.

③ Waring, R. 1999Tasks for Assessing Receptive and Productive Second Language Vocabulary［D］. Ph. D. Thesis. University of Wales, Swansea, UK.

（实验任务）的三因素混合实验设计，其中被试的汉语水平为被试间变量，分为三种水平：初级水平、中级水平和高级水平。词汇等级和实验任务均为被试内变量，前者分为三个水平：一级（普及化等级）词汇、二级（中级）词汇、三级（高级）词汇；后者分为两个水平：理解性词汇测试和产出性词汇测试。因变量为被试的词汇测试成绩。

被试：被试包括中央民族大学和北京语言大学的留学生，以及普北班（美国普林斯顿大学与北京师范大学合作的暑期中文教学项目）、密西西比大学项目、美国各大学联合汉语中心（ACC 项目，Associate College in China）海外项目等短期项目的学生共 99 人，来自美国、英国、加拿大等英语国家，主要来自美国。我们根据被试学习汉语的时间、HSK 成绩以及汉语测试的成绩将被试分组，并不严格区分被试是属于来华留学生还是短期项目的学生，事实上，来华留学生大部分也是美国各大学的在读大学生。我们按照被试的汉语水平将被试分为三组。全日制学习汉语一年到一年半、获得新旧 HSK 初级证书（新 HSK4 级、旧 HSK3、4、5 级）或相当于同级别汉语水平的学生被归入初级组；全日制学习汉语两年到两年半、获得新旧 HSK 中级证书（新 HSK5 级、旧 HSK6、7、8 级）或相当于同级别汉语水平的学生被归入中级组；全日制学习汉语三年到三年半、获得新旧 HSK 高级证书（新 HSK6 级、旧 HSK9、10、11 级）或相当于同级别汉语水平的学生被归入高级组。按照这种分组的方法，初级组包括被试 35 人，中级组包括 31 人，高级组包括 34 人。

实验材料：用于测试的理解性词汇和产出性词汇均选自《汉语国际教育用音节汉字词汇等级划分》。我们的抽样采取 2% 的随机抽样方法，一级词汇共 2245 个词，我们抽取 45 个，其中基本交际类词汇 6 个，生存类词汇 20 个，社会活动类词汇 7 个，个人信息类词汇 8 个，综合信息类 4 个。二级词汇共 3211 个，我们抽取

64 个，其中基本交际类词汇 2 个，生存类词汇 25 个，社会活动类词汇 14 个，个人信息类词汇 14 个，综合信息类 9 个。三级词汇共 4175 个，我们抽取 83 个，其中基本交际类词汇 2 个，生存类词汇 23 个，社会活动类词汇 22 个，个人信息类词汇 17 个，综合信息类 18 个。

实验程序：纸笔测试。被试参加产出性词汇测试后，参加理解性词汇的测试。

测试 1：产出性词汇测试

测试方法：要求被试用适当的词填空来完成句子，我们会给出被测词的英文对应词。为避免没有目标词填入，还会给出目标词中第一个字的拼音。例如：

我们明天要去 cān ____（Visit）美术馆。

评分标准：没有写出来或写错的得零分，写对的得 1 分，被试在每个等级上的最高分是 30 分。需要说明的是，如果可以看出目标词的轮廓，仅是笔画有一些问题，我们算作被试回答正确。

测试 2：理解性词汇测试

测试方法：多项选择测试。例如：

我们学校从 1 月 15 日开始放寒假。“寒假”的意思是：

A. weekend

B. summer vacation

C. winter vacation

D. spring festival

评分标准：没有选出来或选择错误的得零分；选择正确的得 1 分。

1.2.3 实验结果

我们使用 SPSS 软件，对三组被试理解性词汇和产出性词汇测试成绩进行了方差分析。

表1　初、中、高三个水平的被试理解性词汇和产出性词汇的比较（正确率满分为1）

	一级词汇		二级词汇		三级词汇	
	理解性词汇	产出性词汇	理解性词汇	产出性词汇	理解性词汇	产出性词汇
初级被试	0.7966	0.6900	0.4729	0.3314	0.0911	0.0771
中级被试	0.8629	0.7871	0.6214	0.4943	0.4037	0.3071
高级被试	0.9391	0.9172	0.8078	0.7562	0.7734	0.6688

方差分析表明，实验任务的主效应显著，F〔1，99〕=26.804，P=.000，即三组被试的理解性词汇测试成绩均好于产出性词汇测试成绩。

词汇等级的主效应显著，F〔2，198〕=675.183，P=.000。多重比较的结果表明，甲级词的成绩好于乙级词，乙级词的成绩好于丙级词，丙级词的成绩好于丁级词。

被试汉语水平的主效应显著，F〔2，99〕=218.085，P=.000。多重比较的结果表明，高级被试的词汇测试成绩比中级被试好，中级被试的词汇测试成绩比初级被试好。

此外，实验任务和词汇等级的交互作用不显著，F〔2，198〕=1.705，P=.184。

1.2.4　第二语言学习者的理解性词汇量和产出性词汇量

我们进一步根据表1中第二语言学习者所获得的理解性词汇和产出性词汇的比例，计算出第二语言学习者的理解性词汇量和产出性词汇量。具体如表2所示。

表2　初、中、高三个水平的被试理解性词汇量和产出性词汇量

	一级词汇		二级词汇		三级词汇		词汇量	
	理解性词汇	产出性词汇	理解性词汇	产出性词汇	理解性词汇	产出性词汇	理解性词汇	产出性词汇
初级被试	1788	1549	1518	1064	380	322	3686	2935
中级被试	1937	1767	1995	1587	1685	1282	5617	4636
高级被试	2108	2059	1813	1698	3229	2792	7150	6549

1.3　讨论

我们的研究结果表明：第一，汉语第二语言学习者在词汇学习的过程中，所具备的理解性词汇量与产出性词汇量之间的差异显著，这说明第二语言学习者的理解性词汇和产出性词汇的发展并不是完全同步的，而是具有不均衡性，这在一定程度上证明了产出性词汇门槛的存在。另一方面，虽然我们的研究证明了汉语第二语言学习者在词汇习得过程中所具备的理解性词汇量和产出性词汇量之间存在巨大的鸿沟，但我们的研究还表明，随着理解性词汇量的发展，学习者所具备的产出性词汇量也在不断增加。理解性词汇量大的学习者，产出性词汇量也会比较大。我们将这种现象出现的原因归为二点：一是学习者一直处在不断的学习之中；二是我们测量的是控制性产出词汇量而不是自由产出性词汇量。同时，虽然学习者的产出性词汇量也在不断发展，但无论是从各个等级的角度还是从总体上讲，学习者的理解性词汇量均大于产出性词汇量，同时理解性词汇量和产出性词汇量的发展都是非线性的。

第二，从理解性词汇量和产出性词汇量的分布比例上来看，初、中、高三个水平的学习者的词汇量的分布具有一致性，均是一级词汇的比例最大，二级词汇的比例次之，三级词汇的比例最小。这主要是因为，《汉语国际教育用音节汉字词汇等级划分》划分一级、二级、三级词汇时主要的依据是词频。一级词是汉语中词频最高的2245个词，涵盖了汉语第二语言学习者运用汉语交际所不可缺少的核心词汇，在交际过程中经常使用。二级词和三级词与一级词相比，词频要低得多，因此发展为第二语言学习者的理解性词汇或是产出性词汇的机率也要低得多。

第三，我们的研究还表明，第二语言学习者在短时间内可以获得大量的目的语的理解性词汇和产出性词汇，这与以往的研究（Nation，1982；Laufer，1998）①② 的结论相同。这就提示我们，只要我们采取有效的措施，可以帮助学习者进一步发展理解性词汇和产出性词汇。

1.4　结论与启示

我们的实验说明，第二语言学习者的理解性词汇量明显大于产出性词汇量，同时理解性词汇量和产出性词汇量的分布会受到词汇等级的影响。这个结果提示我们，在教学中可以采取措施帮助学生发展汉语词汇。

首先，既然第二语言学习者的理解性词汇量要大于产出性词汇量，这就提示我们在教学中应该采取措施帮助学习者跨越理解性词汇到产出性词汇的门槛。

第二，词汇等级对被试产出性词汇发展的影响是非常大的。词汇等级划分主要的依据就是词频，谢小庆（2002）就曾指出："如果说HSK与托福考试有什么不同，那么，最重要的不同可能就在于HSK借助词频来界定内容范围③。"因此我们可以进一步得出结论，词频是影响汉语第二语言学习者产出性词汇发展的重要因

① Nation, I. S. P. 1982 Beginning to learn foreign vocabulary: A review of the research [J]. RELC Journal, 13, 14 – 36.

② Laufer, B. 1998The Development of Passive and Active Vocabulary in a Second Language: Same or different? [J] Applied Linguistics, 19, 255 – 271.

③ 谢小庆：《HSK的教育测量学研究》[J]，载《考试研究与信息》2002第3期。

素。事实上，词频对于词汇习得的影响目前已为学界普遍认可。Salthouse（1985）指出，记忆系统由信息编码和信息提取两个方面组成。编码是把要记忆的信息以合适的形式保存起来以备日后使用，而编码方式直接影响记忆效果。信息提取是指从存储的编码信息中寻找到需要的代码，信息提取的频率与记忆效果关系密切①。因此，提高词汇的记忆效果必须创设良好的环境和条件，促进学习者主动积极地选择适合自己的编码方式并且最大限度地提高提取信息的频度，保持词汇信息的近因效应。Schmidt（1990）提出，只有被注意到的输入信息才能被学习者接受和加工②。在作用于注意的因素中，频率是引起注意的关键因素；其次是显著程度。教学就是要使输入信息中原本不显著的特征变得显著，从而帮助学习者注意并吸收有关信息。从这个角度讲，词汇习得的过程应该是通过提高生词重现率帮助学习者注意目标词的过程，多次出现的目标词可以进入学习者的长时记忆，进而发展为他们可以自己产出的词汇。毋庸置疑，高频词和低频词相比，具有非常明显的优势，可以帮助学习者注意到新词进而理解并产出新词。Ellis（2002）也指出，学习者对语言现象的处理与加工都依赖于频率③。他据此提出了以频率为中心的第二语言习得假设。

然而，虽然学界普遍认为频率和词汇习得的效果密切相关，但研究者们（Swanbom&de Glopper，2002；Hulstijn，et al.，1996；Nagy，Herman& Anderson，1985；Herman，Anderson & Nagy，1987）对于目标词究竟出现多少次才能实现习得的问题各执一词，至今尚

---

① Salthouse, T. A. 1985A Theory of Cognitive Aging［M］. Amsterdam：Elsevier Science Publishers B. V.

② Schmidt, R. 1990The Role of consciousness in second language learning［J］. Applied Linguistics 11, 129 – 158.

③ Ellis, N. C. 2002 Frequency effects in language processing：a review with implications for theories of explicit and implicit language acquisition［J］. Studies in Second Language Acquisition 24, 143 – 188.

未获得定论①②③④。他们普遍认为，接触目标词一次不能保证词汇被习得并进入长时记忆，反复接触词汇才能保证词汇习得的效果。Nation（1990）就曾指出，词汇的复现率与记忆相关，学习者一般要经过5次到16次甚至更多的重复学习才能记住一个词⑤。综上所述，虽然我们无法确定目标词出现多少次才能被习得，但我们至少可以确定，词频是影响词汇习得的重要因素。已有的研究主要是针对理解性词汇而言，我们的研究可以进一步证明，词频不仅可以影响理解性词汇的习得，还会影响产出性词汇的习得，目标词的多次重现有助于帮助第二语言学习者发展理解性词汇和产出性词汇。

另一方面，我们在教学中要有意识地帮助学习者习得基础词汇和高频词，因为基础词汇和高频词对于学习者发展汉语词汇能力和语言能力是至关重要的。已有的英语作为第二语言习得领域的研究成果也说明了这一点。Willis（1990：46）基于COBUILD语料库得出，英语中最常用的700词可以覆盖70%的英文文本；最常用的1500词可以覆盖76%的英文文本，最常用的2500词可以覆盖80%的英文文本⑥。Francis& Kucera（1982）对Brown Corpus的统计也表明，最常用的1000词汇覆盖了普通文本72%的内

---

① Swanborn & de Glopper 2002. Impact of reading purpose on incidental word learning from context［J］. Language Learning, 52, 95 – 117.

② Hulstijn, J. h., Hollander, M., & Greidanus, T. 1996. Incidental Vocabulary learning by advanced foreign students: The influence of marginal glosses, dictionary use, and re-occurrence of unknown words［J］. Modern Language Journal, 80, 327 – 339.

③ Nagi, W., Herman, P., & Anderson, R. (1985). Learning words from context［J］. Reading research Quarterly, 20, 233 – 253.

④ Herman, P. A., Anderson, R. C., Pearson, P. D., & Nagy, W. (1987). Incidental acquisition of word meaningsfrom expositions with varied text features［J］. Reading Research Quarterly, 22, 263284.

⑤ Nation, I. S. P. 1990 Teaching and Learning vocabulary［M］. New York. Newburry house Publishers.

⑥ Willis, D. 1990. The Lexical Syllabus: A New Approach to LanguageTeaching［M］. London: Collins ELT.

容；最常用的2000词汇覆盖了文本79.7%的内容；而最常用的4000词占文本内容的86.8%[①]。这一统计结果说明，最常用的前2000词汇覆盖了大约80%的文本内容，而后2000词汇则只占文本内容的6.7%。可见，前2000词汇是真正的高频词，是初学者应该首先学习和掌握的词汇。同样，在汉语教学中，学习者掌握使用频率最高的一级基本词汇也是非常重要的。

第三，我们的研究还表明，对外汉语词汇教学中的3000、5000、8000等三个词汇教学的目标是比较可行的。在对外汉语教学领域，3000词（甲级词1000、乙级词2000）作为常用词界标是多年教学经验和语料统计得出的共识；5000词（包括3000常用词和2000次常用词）作为语言专业基础阶段及基础后阶段（二年级）结束时的词汇量目标也已经被确定；8000词这一界标的提出则是因为词频统计显示频率最高的前8000词可以覆盖一般语料的95%，所以以8000词成为对外汉语教学专业通用词汇的总目标。我们的研究结论与这三个词汇的界点是一致的。当然，学习者要达到8000词的目标还是有一定困难的。这就提示我们，在汉语教学的高级阶段，也要重视词汇教学。这一阶段的学习者由于汉语词汇水平已经相当高，所掌握的词汇量也完全可以自如地应付交际，因此可能会出现忽视词汇学习进而导致其词汇增长速度减慢的状况。

第二节　影响理解性词汇和产出性词汇习得的内在机制和外在因素研究

2.1　问题的提出

在第一节中，我们讨论了第二语言学习者的理解性词汇量和

① Francis, W., and Kucera, H. 1982 Frequency Analysis of English Usage [J]. Houghton Mifflin Company, Boston.

产出性词汇量之间的不平衡现象，本节我们将从影响理解性词汇和产出性词汇习得的内在机制和外在因素的角度操作这一现象出现的原因。

事实上，词汇习得是一个复杂的过程，Sternberg（1987）提出习得词汇需要满足三个要素：第一，生词能引起学习者的兴趣并具有可学性；第二，语境信息充分，可以让学习者完全理解词汇的意义；第三，词汇加工达到一定的水平①。Sternberg（1987）所提出的三个因素说明了词汇习得实现的条件：首先，学习者要想习得词汇，必须要注意到词汇。如何才能让学习者注意到目标词呢？要想让学习者关注目标词，可以通过两种手段：一是通过提高词频让目标词多次重现；二是通过设置任务或增加任务的投入负担让学习者关注词汇。第二，语境信息可以帮助学习者实现词汇的深加工和习得。第三，词汇加工必须达到一定的水平才能实现词汇习得，从这个角度上说，词汇加工水平和加工机制非常重要。综上所述，影响词汇习得的因素很多，但总的说来，主要包括内在机制和外在因素两个方面。从内在机制上看，学习者对目标词汇的加工水平和加工机制是影响词汇习得的最重要因素。影响词汇习得的外在因素则包括注意因素、词频因素、任务因素、投入因素和语境因素，而外在因素主要是通过内在机制起作用的。

2.2 影响词汇习得的内在机制

2.2.1 加工水平

Craik & Lockhart（1972）提出了加工深度的假说。这一假说认为，新的信息是否可以进入长时记忆的关键并不在于其在短时记忆中所储存的时间，而取决于认知加工方式的差异，即加工层

① Sternberg, R. J. 1987 Most vocabulary is learned from context [A]. In M. G. McKeown, and M. E. Curtis (Eds.), The nature of vocabulary acquisition. Hillsdale, N. J.: Erlbaum, 89 - 106.

次越深，记忆保持越好[①]。词汇认知加工分为两个层次：形式加工层次和语义加工层次。由于“加工深度”指的是语义投入，从这个意义上讲，在加工词的过程中，意义层面的加工要比语音层面的加工深，记忆保存的时间也相应要长。Craik & Tulving（1975）进一步探讨了加工深度和词汇记忆的关系[②]。他们认为，新的词汇信息进入长时记忆不仅取决于加工深度（语义编码），还取决于编码的丰富程度（编码扩散或细化）。他们提出了“精加工”的概念，指出习得词汇时需要对词汇进行全面的加工，包括发音、拼写、语法范畴、语境意义以及聚合关系等。精加工的关键是将学习者头脑中已有的经验与要学习的目标词汇联系起来，充分利用已有的经验对要学习的词进行深水平的加工，进而达到理解和记忆的目的。学习者已经掌握的母语知识或外语知识以及其他相关的知识经验等都可以作为已有的经验加以利用。加工深度假说的提出，引起了学术界的普遍关注，同时也受到了挑战。这主要是由于“加工深度”这一概念难以进行操作性定义。但加工深度假说至少表明，词汇的深加工即语义层次的加工会带来更有效的词汇习得。从这个角度上说，运用语境法学习词汇的效果要比词表法要好。这主要是因为，如果学生利用词表法学习词汇，其注意力将主要集中在词汇的形式上，即词形信息、语音信息上，词汇加工停留在形式加工层次上；而语境法需要学生根据语境信息猜测出目标词的语义信息，在这一过程中将充分利用已知词汇和已有的知识经验，其注意力集中在目标词的语义信息上，词汇加工属于语义加工层次。语义层次的加工要比形式层次的加工更有助于词汇习得。

---

① Craik, F. I. M & R. S. Lockhart. 1972 Levels of processing: A framework for memory research［J］. Journal of Verbal Learning and Verbal Behavior 11, 671 -684.

② Craik, F. I. M. & Tulving, E. 1975 Depth of processing and the retention of words in episodic memory［J］. Journal of Experimental Psychology: General, 104, 268 -294.

2.2.2 加工机制

第二语言习得者与第一语言习得者的最大差别在于：他们在学习第二语言之前，已经形成了关于客观世界的非常完善的认识。他们无需习得词汇的概念系统，语言形式与意义的对应系统已经存在。他们面临的问题是如何将第二语言里的词汇形式与母语的语义系统重新建立对应关系，进而实现第二语言形式与第二语言语义之间映射关系的重建过程。很多研究都表明，母语的语义知识、句法知识、语音知识、词语联想模式在第二语言词汇习得过程中都会产生迁移。

Jiang（2000）提出词汇习得发展阶段的模型，从发展阶段的角度来探讨词汇习得的模式。他明确地指出词汇发展包括三个阶段[①]。第一个阶段是形式阶段（the formal stage of lexical development）。在这一阶段里，学习者关注词汇的形式而不关注句法、语义信息，此时句法、语义信息并不是学习者心理词典的一部分。学习者必须激活第二语言词汇系统和第一语言词汇系统的联系，才能获得第二语言的句法、语义信息。第二阶段是第一语言的句法、语义信息协调的阶段（L1 lemma mediation stage）。在这一阶段，学习者同时激活第二语言的词汇形式和第一语言的句法、语义信息。第三阶段是第二语言整合阶段（L2 integration stage）。在这一阶段，第二语言学习者和母语者习得词汇的过程基本相同，同时激活词汇的句法、语义和词形信息。Jiang（2000）的模型表明，由于第二语言词汇习得往往是在母语的词汇系统建立后才开始的，这就意味着在第二语言学习者的头脑里已经有了一个包括形式和意义表征的心理词汇。他们在习得第二语言词汇时很容易把新学的语音或文字形式映射到原来的心理词汇的意义上面，所

---

① Jiang, Nan. 2000 Lexical Representation and Development in a Second Language [J]. Applied Linguistics, 21, 47-77.

以母语的影响是难以避免的。从母语词汇迁移的角度上说，母语翻译词为发展该词的第二语言语义知识提供了很好的媒介，即使第二语言的语义知识还没有进入词条中，学习者也可以借助于母语翻译词使用该词汇。因此，对于刚开始学习第二语言的人来说，母语对他们学习第二语言的帮助非常大，学习者可以利用词表法快速习得大量第二语言词汇。但到了中高级阶段，学习者应有意识地避免母语的中介作用，努力建立第二语言形式与第二语言语义的映射关系，建立第二语言的加工机制。要建立第二语言的加工机制，在大量的阅读中利用语境法习得词汇是一种非常行之有效的方法。

2.3 影响词汇习得的外在因素

2.3.1 注意因素

正如Sternberg（1987）所指出的，一个词只有引起学习者的注意才能被有效习得①，那么什么样的词汇才能引起学习者的注意呢？Schmidt（1990）在实证研究的基础上提出了注意假说，认为只有语言形式被注意才能实现习得②。有意识的注意是将输入转化为吸收的必要条件，只有被注意到的输入信息才能被学习者接受和加工。在作用于注意的因素中，频率是引起注意的关键因素，其次是显著程度。教学就是要使输入信息中原本不显著的特征变得显著，从而帮助学习者注意并吸收有关信息。在词汇教学或阅读中要让学生注意到目标词，我们一方面可以采取提高生词重现率的方式引起学生对于目标词的注意；另一方面可以通过改变词

① Sternberg，R. J. 1987 Most vocabulary is learned from context ［A］. In M. G. McKeown，and M. E. Curtis（Eds.），The nature of vocabulary acquisition. Hillsdale，N. J.：Erlbaum，89 – 106.

② Schmidt，R. 1990 The Role of consciousness in second language learning ［J］. Applied Linguistics 11，129 – 158.

汇的字体、颜色等方式来实现词汇呈现的显著性。

2.3.2　词频因素

Nation（1990）指出，学习者对词的形式越熟悉，学习的负担越轻①。而生词的重现率会影响学习者对词汇的熟悉度。我们认为，词汇出现的频率越高，学习者的记忆负担越小，对该词汇掌握得越好。柳燕梅（2002）探讨了双字词在教材生词表中出现的次数（即所谓“生词重现率”）对欧美学生学习生词效果的影响②。结果发现，出现3次的词的拼音成绩比出现2次的好，出现2次的词的成绩比出现1次的好。江新（2005）探讨了词的复现率和字的复现率在非汉字圈国家学生双字词学习中的作用③。研究发现，词是否在课文中出现会影响双字词学习的效果，没在课文中出现过的词的学习效果远远不如出现过的好；双字词的学习也存在字频效应，当词频、字的笔画数得到控制时，双字词的学习效果随字的频率的变化而变化。

然而，虽然研究者们普遍认为频率和词汇习得的效果密切相关，但关于目标词究竟出现多少次才能实现习得的问题，至今尚未获得定论。Swanbom & de Glopper（2002）指出，仅仅接触目标词一次不能保证词汇习得并进入长时记忆，对词汇反复接触才能保证词汇习得效果④。Hulstijn et al.（1996）的研究表明，目标词

---

① Nation, I. S. P. 1990 Teaching and Learning vocabulary [M]. New York. Newburry house Publishers.

② 柳燕梅：《重现率对欧美学生汉语词汇学习的影响》[J]，载《语言教学与研究》2002年第5期。

③ 江新：《词的复现率和字的复现率对非汉字圈学生汉语双字词学习的影响》[J]，载《世界汉语教学》2005年第4期。

④ Swanborn & de Glopper 1999 Incidental Word Learning while Reading: a Meta－analysis [J]. Review of Educational Research, 69, 261－285.

出现一次和三次对于学习者习得目标词影响并不大①。Nagy，Herman & Anderson（1985）指出，目标词出现一次就被习得的机会是0.15，即完全习得词汇需要目标词出现六次或七次②，Herman，Anderson & Nagy（1987）统计的结果是，目标词仅出现一次就被习得的机会是0.05，即完全习得词汇需要目标词出现二十次③。Saragi，Nation & Meister（1978）指出，目标词出现六次是习得词汇的条件④。Gass（1999）发现，目标词出现两次就会对学习者的词汇习得有很大影响。然而目标词出现四次和两次对于学习者习得词汇的影响并无差异，目标词出现六次对词汇习得有非常大的益处⑤。Nation（1990）也认为，词汇的复现率与记忆相关，学习者一般要经过五次到十六次甚至更多的重复学习才能记住一个词⑥。综上所述，虽然我们无法确定目标词出现多少次才能被习得，但我们至少可以确定，词频是影响词汇习得的重要因素，在词汇教学中可以有意识地提高生词的重现率。

2.3.3 任务因素

Laufer（2001，2003，2005）的研究表明，与单纯的阅读相

---

① Hulstijn，J. h.，Hollander，M.，& Greidanus，T. 1996Incidental Vocabulary learning by advanced foreign students：The influence of marginal glosses，dictionary use，and reoccurrence of unknown words［J］. Modern Language Journal，80，327－339.

② Nagi，W.，Herman，P.，& Anderson，R.（1985）. Learning words from context［J］. Reading research Quarterly，20，233－253.

③ Herman，P. A.，Anderson，R. C.，Pearson，P. D.，& Nagy，W.（1987）. Incidental acquisition of word meanings from expositions with varied text features［J］. Reading Research Quarterly，22，263284.

④ Saragi，T.，Nation，P. & Meister，G. 1978 Vocabulary learning and reading［J］. System，6，70－78.

⑤ Gass，S. 1999 Discussion：Incidental vocabulary acquisition［J］. Studies in Second. Language Acquisition 21：319－333.

⑥ Nation，I. S. P. 1990 Teaching and Learning vocabulary［M］. New York. Newburry house Publishers.

比，以词汇为中心的阅读活动中词汇学习的效果要好得多①。这就提示我们，任务强化在伴随性词汇学习中的意义。Peters et al.（2009）的研究发现，阅读前的指导语中如果包括宣布读后将伴随词汇测试，学习者会在阅读中更加多地运用查字典策略②。他还发现，词汇与任务的相关度对于词汇习得有很大影响。相关词指的是在回答阅读理解问题时需要运用的词，即与回答阅读理解问题相关的词；而非相关词指的是与阅读理解问题无关的词。无论是在即时测试或者是在延时测试中，学习者学习相关词的效果更好。上述研究结果提示我们，在学生阅读时，我们可以有意识地设计一些问题，这样在客观上会起到提示学生注意目标词汇的作用。此外，在学生阅读前我们也可以提示学生关注阅读文本的生词，在阅读完成后可以为学生提供一些词汇训练作业，这些任务活动可以帮助学生关注目标词汇进而实现词汇习得。

2.3.4 投入因素

Laufer & Hulstiji（2001）提出了投入负担假说（the involvement load hypothesis），把词汇习得过程看作是动机因素和认知活动共同作用的结果③。所谓动机因素，主要是指学习者的表达需求，即第二语言学习者在词汇学习的过程中，为了实现运用汉语进行交际的目的，需要运用词汇表达自己的所思所想。为了实现表达

① Laufer, B. 2001 Reading, word - focused activities and incidental vocabulary acquisition in a second language ［J］. Prospect 16/3: 44 - 54. Laufer, B. 2003 Vocabulary acquisition in a second language: do learners really acquire most vocabulary by reading? ［J］ Canadian Modern Language Review 59, 4: 565 - 585Laufer, B. 2005 Focus on Form in second language vocabulary acquisition ［A］. In EUROSLA Yearbook 5, eds. S. H. Foster - Cohen, M. P. Garcia - Mayo and J. Cenoz. Benjamins. Pp. 223 - 250

② Peters, E., J. Hulstijn, L. Sercu & M. Lutjeharms 2009 Learning L2 German vocabulary through reading: The effect of three enhancement techniques compared ［J］. Language Learning, 59, 113 - 151.

③ Laufer, B. & Jan Hulstijn. 2001 Incidental Vocabulary Acquisition in a Second Language: The Construct of Task - induced Involvement ［J］. Applied Linguistics, 22, 539 - 558.

需求，学习者要开展查找、评价等一系列的认知活动。对于尚未掌握的词语，他们需要查字典或向老师求教，这就涉及了查找因素。在查字典的过程中，学习者需要区别同义词以及词的义项，就涉及了评价因素。动机因素以及认知活动中的查找和评价因素，就构成了投入负担（involvement load）的三个组成因素。第二语言学习者词汇学习的过程往往会涵盖投入假说的三个组成因素中的一个甚至全部，而学习者的投入负担的不同会影响其词汇学习效果。

Hulstiji（1992）的研究表明，被试从语境中推断目标词的意义并完成多项选择作业时，他们对目标词的学习效果会好于直接给他们提供目标词的同义词①。孙晓明（2005）探讨了投入因素对欧美学生汉语词汇学习的影响②。研究发现，被试在词汇学习中投入水平不同，则词汇学习效果也将有所差异。作者结合投入负担假说来讨论这一结果，认为被试在词汇学习中的投入水平越高，则词汇学习效果越好。因此，被试在写作作业中学习词汇的效果最好，填空作业的学习效果次之，再次为阅读作业中测试词与阅读回答问题密切相关时的学习效果，而阅读作业中测试词与阅读回答问题无关时被试的学习效果较差。上述研究结果表明，投入因素是影响学习者词汇习得的重要因素，因此在词汇教学中，教师可以有意识地设计一些与语言产出密切相关的活动激发学生的学习动机进而增加学生在认知过程中的投入负担。

---

① Hulstijn，J. H. 1992Retention of inferred and given word meanings：Experiments in incidental vocabulary leaning［A］. In P. J. Arnaud（Eds），Vocabulary and applied linguistics.（pp. 113 – 125）. London：Macmilan.

② 孙晓明：《投入因素对欧美学生汉语词汇学习的影响》［J］，载《语言教学与研究》2005 年第 3 期。

2.3.5 语境因素

语境指的是上下文，即词、短语、语句或篇章的前后关系[①]（Richards，2000：102）。具体就词汇习得而言，语境提供了某个词的特定语义在短语、句子或语篇中得以呈现的实际语言环境。已有的研究已经表明，语境对于第二语言词汇习得具有特别重要的意义。Krashen（1989）指出，大量的第二语言词汇并不是通过生词表和查词典习得的，而是通过阅读来获得的[②]。Nation & Coady（1988）研究了词汇和阅读的关系后进一步指出，通过语境进行词汇学习就是让学生根据语境所提供的信息对出现在该语境中的生词进行猜测，从而习得目标词[③]。我们认为，学习者可以通过语境更好地了解目标词的意义、用法以及搭配，了解目标词的使用情况。在猜测目标词的意思时，可以借助常识和实例说明、同义词、近义词以及反义词等上下文提示来确定词的意义。

"语境"包括篇章上下文和句子上下文。Huckin & Bloch（1993）运用出声思考和词汇测试相结合的方式对三个中国学习者词汇习得中运用语境猜测策略的情况进行研究[④]。他们发现，学习者首先是通过研究单词的形式，辨认单词的各个组成部分来猜测词汇的意义，然后运用语境来验证猜测。如果他们不能辨认出单

---

① Richards, J. C., Platt, J. & Platt, H. (Eds.) 2000 Longman dictionary of language teaching & applied linguistics [A]. Beijing: Foreign Languages Teaching and Research Press, 102.

② Krashen, S. 1989 We acquire vocabulary and spelling by reading: Additional evidence for the input hypothesis [J]. Modern Language Journal, 73, 440 – 464.

③ Nation, P. & Coady, J. 1988 Vocabulary and reading [A]. In R. Carter & M. McCarthy (Eds.), Vocabulary and language teaching (pp. 97 – 110). New York: Longman.

④ Huckin, T., & Bloch, J. 1993 Strategies for inferring word – meanings in context: A cognitive model [A]. In T. Huckin, M. Haynes, & J. Coady (Eds.), Second language reading and vocabulary learning (pp. 153 – 176). Norwood, NJ: Ablex.

词的各个组成部分，他们就直接利用语境来猜词[①]。Chern （1993）采用出声思考和阅读的方式研究中国学生在阅读中利用语境的情况[②]。他发现，中国学习者和其他第二语言学习者一样，在阅读中利用上下文线索、词汇的组成、发音以及背景知识等来猜测词汇。好的阅读者比水平低的阅读者更善于使用篇章语境而不仅限于句子语境[③]。由此可见，利用语境习得词汇最好是在语篇环境中进行。学生在语篇中习得词汇不仅可以实现词汇的语义层次的深加工，还可以了解词汇的用法和搭配，进而实现词汇的产出。

综上所述，第二语言词汇习得是一个多种因素共同作用的过程，只有这些因素共同发挥作用，第二语言学习者才能习得词汇。当然，在这些影响因素中，内在机制最为重要。事实上，外在因素正是通过影响内在机制主要是加工水平和加工机制对第二语言学习者的词汇习得产生影响。

第三节　第二语言学习者产出性词汇的僵化现象研究

3.1　问题的提出

上一节我们探讨了影响第二语言词汇将写的内在机制和外在因素，本节将考察第二语言学习者产出性词汇的僵化现象。

我们在汉语作为第二语言的教学中发现，留学生产出性词汇

① 转引自孙晓明：《第二语言词汇习得研究》，中央民族大学出版社 2008 年出版，p139.

② Chern, C. 1993 Chinese students word – solving strategies in reading in English ［A］. In T. Huckin, M. Haynes, & J. Coady （Eds.）, Second language reading and vocabulary learning （pp. 67 – 82）. Norwood, NJ: Ablex.

③ 转引自孙晓明：《第二语言词汇习得研究》，中央民族大学出版社 2008 年出版，p139.

的发展与理解性词汇之间存在不平衡性，产出性词汇的发展一般要落后于理解性词汇。特别是到了中高级阶段，学生在语言产出特别是口语表达的过程中，仍然会使用最常用的高频词，这就是我们所说的产出性词汇的僵化现象。

在第二语言词汇习得领域，研究者们非常关注产出性词汇的僵化问题。一些研究（Laufer，1991；Laufer，1998）指出，学习者在一生中都会发展理解性词汇，但是在语法习得实现之后，产出性词汇只会在达到平均水平之前发展[①②]。对于高水平的学习者而言，理解性词汇与控制性产出词汇的差距在加大，但两者之间的增长存在相关，而自由产出性词汇的增长与前两种词汇的增长没有显著的相关性，书面表达中使用的低频词比例非常少。Laufer 因此提出了自由产出性词汇的高原稳定假设（Free Active Vocabulary Plateau Hypothesis），即自由产出性词汇水平在达到一定高度后就停止增长。孙晓明（2009）的研究指出，随着留学生汉语水平的提高，他们在书面表达中所使用的甲级词的比例在降低，乙级词、丙级词和丁级词的比例在增高。但总的说来，初、中、高三个水平的留学生的产出性词汇均以甲级词为主，乙级词、丙级词和丁级词发展非常缓慢[③]。上述研究表明，学习者在第二语言学习过程中会不断发展理解性词汇，相比之下，产出性词汇发展的速度会比较缓慢，当发展到一定的水平会出现停滞现象，即产出性词汇的僵化现象。当然，这种僵化现象并不是学习者词汇数量增长上的僵化，而是个体词汇的词汇知识增长的僵化。

---

① Laufer, B. 1991The Development of L2 Lexis in the Expression of the Advanced Learner [J]. The Modern Language Journal, 75, 440 - 448.

② Laufer, B. 1998The Development of Passive and Active Vocabulary in a Second Language: Same or different? [J] Applied Linguistics, 19, 255 - 271.

③ 孙晓明：《留学生产出性词汇的发展模式研究》[J]，载《民族教育研究》2009 年第 4 期。

3.2 产出性词汇僵化现象产生的原因

Ellis & Beaton（1993）从知识类型、练习机会、通达机制、动机等四个方面探讨了学习者的一些词汇仅达到理解的水平而非产出的水平的原因[1]。Laufer（1998）在探讨学习者自由的产出性词汇水平达到一定高度后就停止增长的现象时将原因归于三个方面：一是动机缺乏：学习者缺乏使用“不常用并可能会用错”的词汇的动机；二是教师运用交际法进行教学，学生只要可以清楚地表达自己的观点即可；三是教学强调词汇运用的正确性而不是多样性[2]。我们将在 Ellis & Beaton（1993）和 Laufer（1998）研究的基础上从加工机制、知识类型、动机因素等三个方面探讨留学生产出性词汇僵化的原因。

3.2.1 加工机制

在探讨产出性词汇僵化的原因时，最重要的因素应该就是加工机制的问题。Ellis & Beaton（1993）指出，学习者在最初学习阶段，仅能够建立目标词与母语翻译的联结，而这正是理解性词汇知识的范畴[3]。孙晓明（2009）指出，理解词汇时只需具备母语的语义知识，建立第二语言形式和母语语义的映射关系就可以实现。但产出词汇时必须具备第二语言的语义知识，此时学习者可能仅仅具备第二语言的词汇知识，也可能已经建立了第二语言形式和第二语言语义之间的映射关系。一般来说，第二语言词汇的产出

---

① Ellis, N. & Beaton, A. 1993 Factors affecting the learning of foreign language vocabulary imagery keyword mediators and phonological short – term memory ［J］. Quarterly Journal of Experimental Psychology, 46A, 533 – 558.

② Laufer, B. 1998The Development of Passive and Active Vocabulary in a Second Language: Same or different? ［J］ Applied Linguistics, 19, 255 – 271.

③ Ellis, N. & Beaton, A. 1993 Factors affecting the learning of foreign language vocabulary imagery keyword mediators and phonological short – term memory ［J］. Quarterly Journal of Experimental Psychology, 46A, 533 – 558.

自动化依赖于被整合到心理词典中的词汇能力而不是词汇知识①。上述研究表明，加工机制是影响学习者产出性词汇发展的重要因素，学习者要发展产出性词汇，必须建立第二语言形式与语义之间的映射关系。

3.2.2　知识类型

我们还可以从心理表征的知识类型的角度来考虑产出性词汇发展停滞的原因。Ellis & Beaton（1993）认为，产出性词汇需要额外学习新的口语或书面语输出模式（spoken or written output patten）②。如果第二语言的书写系统或发音系统与学习者的母语不同，就会加大产出的难度，而理解性词汇仅需识别词形的显著特征即可。这种情况对于学习汉语的欧美学生来说尤为如此。欧美学生的母语文字体系和汉字有很大差异，因此对于汉语词汇的视觉记忆能力较差。在这种情况下，识别词形对于他们来说已经非常困难，书写词汇就更是难上加难。

3.2.3　动机因素

动机因素也是影响学习者产出性词汇发展的重要因素。Ellis & Beaton（1993）将词汇分为动机词汇（motivated vocabulary）和无使用动机词汇（unmotivated vocabulary）。他认为，学习者可能具备关于目标词的产出性词汇知识，但却从未产出性地使用目标词。在这种情况下，将很难判定出目标词是学习者的产出性词汇。我们在汉语教学中也发现，学习者在运用汉语进行表达时，倾向于使用甲级词等高频词。究其原因，主要是学生认为既然运用甲级词这样的高频词即能达到交际目的，就根本没有必要冒险使用不

---

① 孙晓明：《第二语言学习者产出性词汇机制研究》［J］，载《汉语学习》2009年第2期。

② Ellis, N. & Beaton, A. 1993 Factors affecting the learning of foreign language vocabulary imagery keyword mediators and phonological short－term memory［J］. Quarterly Journal of Experimental Psychology, 46A, 533－558.

熟悉的低频词。学生对高频词的过分依赖阻碍了其产出性词汇能力的进一步发展。同时，由于汉语作为第二语言教学的目的是培养学生运用汉语进行交际的能力，因此教师往往比较关注学生在表达过程中的流利度和准确度，很少关注学生语言表达的词汇多样性和语法复杂度，这也是造成学生倾向于使用高频词的原因。

3.3 产出性词汇僵化现象的解决方案

3.3.1 产出性词汇的特征分析

众多研究者通过考察产出性词汇的特征，寻求途径来提高学习者的产出性词汇的数量和质量。Hasselgren（1994）在考察挪威学习者习得英语的情况时指出，学习者即使已经达到相当高的语言水平，仍然会过度使用核心词汇，这些词汇一般具有早习得、应用广泛、无语用错误的特点①。Cobb（2003）也指出，学习者在书面表达中倾向于使用义项丰富的高频词，尽管这些词并不一定适用于该语境②。随着语言水平的提高，他们会逐渐用更准确的其他词汇代替高频词。

上述研究表明，产出性词汇一般属于高频词。从这个角度上说，提高生词的重现率就显得非常重要。要提高生词重现率，可以从教材编写和词汇教学两方面入手。在教材的编写上，生词出现的频率越高，学生词汇习得的效果越好。柳燕梅（2002）探讨了双字词在教材生词表中出现的次数对欧美学生学习生词效果的

---

① Hasselgren，A. 1994 Lexical teddy bears and advanced learners：A study into the ways Norwegian students cope with English vocabulary［J］. International Journal of Applied Linguistics，4（2），237－260.

② Cobb，T. 2003. Analyzing late interlanguage with learner corpora：Quebec replications of three European studies［J］. The Canadian Modern Language Review/La Revue canadienne des langues vivantes，59，3，393－423.

影响[①]。结果发现，出现3次的词的拼音成绩显著好于出现2次的词，出现2次的词的成绩比出现1次的好。另一方面，词汇教学也可以通过提高生词的重现率，帮助学生注意并习得目标词汇。就教学本身的目的而言，就是要使输入信息中原本不显著的特征变得显著，从而帮助学习者注意并吸收有关信息。因此，词汇教学的过程应该是通过提高生词重现率帮助学习者注意目标词，使其进入长时记忆，进而自由产出目标词。为了实现这一目标，教师可以设计课文复述、情景对话、写作练习等训练方式，指导学生反复操练目标词，这样就起到了提高生词重现率的作用。

然而，虽然研究者们普遍认可频率和词汇习得的效果密切相关，但关于目标词究竟出现多少次才能实现习得的问题，至今尚未获得定论。Nation（1990）认为，词汇的复现率与记忆相关，学习者一般要经过五次到十六次甚至更多的重复学习才能记住一个词[②]。由此可见，虽然词频是影响词汇习得的重要因素，但生词出现五次到十六次的机会毕竟非常有限，因此除了考虑提高生词重现率的问题，我们还要采取其他的手段。

3.3.2　推动产出性词汇发展的“词汇产出课程”

Laufer（2005）提出了计划性词汇教学（Planned Lexical Instruction），其目的主要是针对词汇教学认知过程中“有意注意”的介入和计划性元素的参与而言，体现了教学过程中对目标形式的聚焦和注意[③]。Laufer的观点说明，旨在发展词汇的教学非常重要。具体就产出性词汇而言，Engber（1995）在探讨中高级被试

① 柳燕梅：《重现率对欧美学生汉语词汇学习的影响》［J］，载《语言教学与研究》2002年第5期。

② Nation, I. S. P. 1990Teaching and Learning vocabulary［M］. New York. Newburry house Publishers.

③ Laufer, B. 2005. Instructed second language vocabulary learning: the fault in the ‘default hypothesis’［A］. In Investigations in Instructed Second Language Acquisition, eds. A. Housen & M. Pierrard. Mouton de Gruyter. pp. 286 – 303.

的产出性词汇始终保持显著增长的现象时也曾指出，增长的原因在于他们仍处于积极的语言学习的过程之中①。因此，我们应该有意识地为学生开设一些课程或在教学中设计一些环节，帮助学生发展产出性词汇。

Jullian（2000）针对母语为西班牙语的中高级英语学习者在词汇习得过程中出现的产出性词汇知识发展的停滞状态，开设了旨在帮助他们深化词汇语义加工的词汇产出课程②。该课程分六个步骤：第一，收集与中心词相关的词，以构成词汇集合；第二，按学习者区分的语义特征进行词汇分类；第三，围绕中心词建立纵向或横向关系语义网络；第四，词汇语境化：识别目标词的使用语境，并寻找与目标词相关的搭配；第五，使用新词：要求学生写出体现目标词语义内容的例句；第六，学生做进一步的词汇研究，并在班上介绍研究成果③。他发现，词汇产出课程不仅有助于学习者了解不同语言在表达方式上的差异，而且使他们意识到母语语义迁移是造成他们在使用第二语言时产生偏误的重要原因。

我们认为，词汇产出课程不仅帮助学习者建立了第二语言词汇形式与第二语言意义之间的映射关系，还帮助他们逐步建立了一个与母语语义系统不同的第二语言词汇的语义网络，为他们发展第二语言产出性词汇知识奠定基础。Jullian 的词汇产出课程提示我们，要使词汇知识的发展从“停滞状态”变为“发展状态”，旨在提高学生词汇产出能力的专门训练是必不可少的。具体而言，Jullian 的词汇产出课程对我们的汉语词汇教学有两点启示：第一，词汇习得的过程并不是孤立的，学习者在加深对目标词的语义理

① Engber, C. A. 1995 The relationship of lexical proficiency to the quality of ESL compositions［J］. Journal of Second Language Writing, 4, 139 – 155.

② Jullian, P. Creating Word – meaning Awareness［J］. ELT Journal, 2000（1）: 37 – 46.

③ 转引自孙晓明：《第二语言词汇习得研究》，中央民族大学出版社 2008 年出版，p45.

解的同时，还要建立该词与其它词汇的横向和纵向的语义关系。要建立目标词与其他词汇的横向语义关系，可以采取词汇法帮助学生了解词汇的搭配信息；要建立目标词与其他词汇的纵向语义关系，可以采取语义场策略帮助学生了解词汇的深层语义信息。第二，使用新词非常重要，因此在词汇教学中可以设计完成句子、回答问题、情景对话、自由表达等交际任务诱导学生运用目标词汇。此外，在汉语作为第二语言的教学中，留学生产出性词汇发展的停滞现象一般会出现在中高级阶段。从词汇教学的角度上看，主要是因为进入中高级阶段后，课文的容量比较大，因此教师会更注重显性知识的讲授而忽视隐性知识；更注重词汇的语法结构和意义，而忽视了词汇使用的功能问题。在这种情况下，有针对性的词汇产出教学有助于帮助学生扩大产出性词汇量，避免出现产出性词汇发展停滞的现象。

综上所述，留学生的产出性词汇发展到一定阶段就会出现停滞现象，这种情况很难避免。同时，这种停滞现象并不是产出性词汇所特有的，学习者的语言僵化现象存在于语音、词汇、语法等各个层面。Selinker（1972）就曾指出，第二语言学习者也许只有5%的人最终能够达到目的语母语者的水平，即绝大多数第二语言学习者的中介语不能达到其连续体的终点①。但是，如果我们在分析产出性词汇僵化现象产生的原因的基础上采取一些措施，将有助于帮助留学生发展产出性词汇，在一定程度上避免或缓解产出性词汇僵化现象的出现。

① Selinker, L. 1972 Interlanguage［J］. International Review of Applied Linguistics, 10, 209-241.

第四章　第二语言学习者的词汇学习策略研究

第一节　第二语言学习者词汇学习策略的调查研究

——形式操练策略和功能操练策略的比较

1.1　问题的提出

词汇学习是留学生汉语学习的重要环节，留学生的词汇量是衡量其语言水平的重要标志。留学生的词汇量的大小直接影响到学习者听、读等语言输入活动以及说、写等语言输出活动的质量。然而，词汇学习并不是一蹴而就的，而是一个不断积累的过程。Sokmen（1997：225）就曾指出，学生不可能在课堂上学会他们所需要的所有词汇，教师要帮助学生建立自己的词汇学习策略①。Oxford & Scarcella（1994）也指出，教给学生明确的词汇学习策略十分关键，语言学习者要利用学习策略来提高词汇量②。因此，第二语言词汇习得领域的研究者们对学习策略的研究越来越感兴趣。目前已有的词汇学习策略研究，主要专注词汇学习策略的分类、词汇学习策略的有效性、优秀学习者与非优秀学习者在使用词汇学习策略时的差异、词汇学习策略与学习效果的关系等方面的问题。

---

① Sokmen, A. 1997 Current trends in teaching second language vocabulary. In N. Schmitt & M. McCarthy（eds.）, Vocabulary: Description, acquisition and pedagogy.（pp. 237－257）. Cambridge: Cambridge University Press.

② Oxford, R. L., & Scarcella, R. C. 1994 Second language vocabulary learning among adults: State of the art in vocabulary instruction. System, 22（2）, 231－243.

由于第二语言学习者所使用的词汇学习策略的种类较多，大多数研究者会比较关注某一策略或某几个策略，例如词表策略、关键词法、词典策略、语境策略等。事实上，我们可以从形式操练策略和功能操练策略的角度将诸多的策略分类，前者包括词表策略、词典策略、重复策略等，而后者则包括语境策略、猜测策略、运用策略等。这种词汇策略的划分理念是与目前词汇教学的理念相一致的。Laufer（2005）提出“计划性词汇教学”方案，主张运用“形式聚焦教学”原则进行词汇教学，与听说法所强调的重复操练的理念相一致①。另一方面，目前最新的国际外语教学理念认为词汇是交际的工具，强调将词汇运用到语言交际中的能力。为了培养学习者运用词汇进行交际的能力，交际性词汇教学主张在交际中运用词汇以达到词汇操练的目的，也与目前汉语教学界的交际教学理念相一致。本节主要探讨形式操练策略和功能操练策略在词汇习得和词汇教学中的应用问题，以期为对外汉语词汇教学提供一些借鉴。

1.1.1　已有的研究成果

国内外对于词汇学习策略的研究已经取得了较为丰厚的研究成果。已有的研究（O'Malley&Chamot，1990；Gu&Johnson，1996；Oxford ，1990；Nation，1990；Schmitt，2002）主要关注词汇策略的分类，另一些研究（GuYongqi，1996）则进一步探讨词汇学习策略与学习效果的关系。

在词汇策略的分类中，O'Malley&Chamot（1990）被学界认为是最全面、合理的分类。他们根据信息处理的理论，将策略分为

---

① Laufer, B. Instructed Second Language Vocabulary Learning: the fault in the ‘default hypothesis’［A］. in A Housen& M Pierrard.（ed）, Investigations in Instructed SecondLanguage Acquisition［C］. Mouton de Gruyter, 2005.

三个层次：元认知策略、认知策略和社会情感策略[①]。在这三类词汇学习策略中，认知策略会直接影响学习者的词汇习得效果。认知策略主要是指学习者在解决学习中所遇到的问题时采取的步骤或者操作方式，这一策略和具体的学习任务有直接的关系，具体包括重复、利用资料（resourcing）、利用身体动作（directed physical response）、翻译、归类、记笔记、演绎、重组（recombination）、利用意象（imagery）、利用声音表象（auditory representation）、关键词（keyword）、上下文、拓展（elaboration）、迁移、推测等策略。Gu&Johnson（1996）则将词汇学习策略分为 8 个大类：词汇学习观念、元认知管理、猜测策略、查字典策略、记笔记策略、复述策略、精加工策略和活用策略[②]。Oxford（1990）将学习策略分为直接策略和间接策略，其中直接策略是指直接参与目的语学习的策略，包括记忆策略、认知策略和补偿策略；间接策略是指为语言学习提供间接支持的策略，包括元认知策略、情感策略和社会策略[③]。和 O' Malley&Chamot（1990）的分类不同，Oxford 将记忆策略从认知策略中独立出来，确立为一个单独的策略，即补偿策略。Nation（1990）将词汇学习策略分为计划、来源（sources）和步骤（processes）。计划策略主要用于选择重点学习的内容和何时学习，包括选择词汇、选择学习词汇知识的不同方面、选择策略和计划练习。来源策略是寻找词汇信息来源的策略，包括分析词汇、运用上下文、利用母语或第二语言的对应词。步骤策略是建立词汇知识的策略，包括注意、回忆（retrieving）和生

---

① O，MalleyJ. &ChamotA. Learning strategies in second language acquisition. Cmabridge：Cambridge University Press，1990.

② Gu，Y. &Johson，R. Vocabulary Learning Strategies and Language Learning outcomes. LanguageLearning，1996.

③ Oxofrd，R. Language Learning Strategjes：What Every Teaeher Should Know. NewburyHouse，1990.

成（generating）[1]。Schmitt（2002）的分类是建立在Oxford（1990）基础之上的，将社会策略、记忆策略、认知策略和元认知策略归入发现策略（discovery strategies）和巩固策略（consolidation strategies）这两大类词汇学习策略之下，主张区分学习者首次遇到生词时采取的策略和之后为了巩固所学生词而采用的策略。发现策略是指学习者首次遇到生词时为了确定生词的意思而采用的策略，包括决定策略和社会策略。巩固策略是指学习者用于巩固词汇而采取的策略，包括记忆策略、认知策略、元认知策略以及社会策略[2]。

研究者们除了关注词汇学习策略的分类，还关注词汇学习策略与学习效果的关系。Gu Yongqi（1996）对北京师范大学850名二年级的大学生进行了问卷调查，考察学习者使用的词汇学习策略与学习者词汇量测试的成绩以及大学英语考试成绩之间的关系[3]。结果表明，上下文猜测、词典策略、记笔记、注重词汇结构、上下文编码、新学词汇激活等策略和这两个测试的成绩呈显著性相关关系。

1.1.2　形式操练策略和功能操练策略

形式操练策略是指学习者将其注意力集中在词汇形式上，为获得词汇知识所进行的学习活动和练习，如背词汇表、查词典、词汇练习等。功能操练策略是指学习者的注意力集中在语言交际所传递的信息上，在完成交际任务的同时学习词汇。功能操练策略包括运用策略、语境策略等，学习者可以通过利用真实语境或模拟真实语境来造句、讲故事、写信及与他人交流沟通等方式练习词汇。

在诸多的词汇学习策略中，形式操练策略虽然是低水平的、

---

① Nation，P. Teaehing and Learning Vocabulary. New York：Newbury House Publishers，1990.

② Schimitt，N. Vocabulary in Language Teaching. Cambrige：Cambrige Universitv，2000.

③ Gu Yongqi. 1996 Vocabulary Learning Strategies and Language Learning Outcomes. Language Learning，46（4）：643－679.

机械的策略，却是第二语言学习者经常使用的、有效的学习策略。第二语言学习者使用词表策略，可以在短时间内学会大量词汇，而且很多词汇可以进入长时记忆。但是，形式操练策略的弊病也非常明显，主要有二：一是两种语言中语义完全对等的词汇数量非常有限；二是形式操练策略虽然可以提供词汇的义项以及词汇的形式和母语翻译，但无法提供词汇的句法知识、目的语语义知识以及搭配。第三，通过形式操练策略记忆词汇会阻碍学习者对所记词汇进行充分地处理和系统地组织，因此就失去了进入长时记忆的基础。总的来说，学习者虽然可以通过形式操练策略记忆词汇，但很难在自由产出活动中灵活地使用词汇。因此，第二语言学习者要发展产出性词汇，仅仅依靠形式操练策略是远远不够的，功能操练策略的意义也就因此凸显出来。

功能操练策略可以帮助学习者在会话、写作等语言输出活动中有意识地运用刚学过的单词，一方面可以巩固这些词在大脑中的记忆，另一方面也可以深化对这些词的含义和用法的理解。只有通过对词汇的运用，学习者才能真正地掌握一个词。然而在第二语言词汇教学设计中，这一环节往往被忽视。因此，学生对于词汇的掌握可能仅仅处于可以看懂、听懂的理解阶段，却无法达到自由运用这些词汇的产出阶段。运用功能操练策略，可以在一定程度上帮助学习者主动产出和复练词汇。

1.1.3 形式操练策略和功能操练策略与理解性词汇和产出性词汇习得

Palmberg（1987）将词汇知识界定为理解词语意义的能力与为交际目的而自动激活词语的能力之间的连续[①]。Nation（1990）从理解性和产出性的二维角度论述了词汇知识的八大方面，包括词

① Palmberg, R. 1987Patterns of vocabulary development in foreign language learners. Studies in Second Language Acquisition, 9, 201 -220.

的口头形式、书面形式、语法形式以及搭配、频率、语域、概念意义和联想①。从个体词汇的八种知识类型和接受能力、产出能力等两种能力的角度来界定词汇知识，是词汇习得研究的一大进步。我们认为，学习者的词汇知识可以分为理解性词汇知识（receptive word knowledge）和产出性词汇知识（productive word knowledge）。理解性词汇知识是从语言理解的角度考察词汇知识，产出性词汇知识是从语言运用的角度考察词汇知识。理解性词汇知识是指被动的、认知的词汇知识，学习者能回忆和识别目标词的含义。产出性词汇知识是指主动的、交际的词汇知识，学习者不仅能理解目标词，还能在适当的时候正确地说出和写出目标词。第二语言教学的目的是培养学生运用汉语进行交际的能力，从这一点上说，产出性词汇知识的获得就显得格外重要。而第二语言学习者常常会有这样的感觉：自己可以运用于交际活动的词汇似乎要比可以理解的词汇少得多。目前词汇学习和教学的现状让我们思考这样的问题：和理解性词汇知识相比，产出性词汇知识是否更难获得？

Craik &Lockhart（1972）提出了加工深度的假说。这一假说认为，新的信息是否可以进入长时记忆的关键并不在于其在短时记忆中所储存的时间，而在于其加工的深度②。例如，在加工词的过程中，意义层面的加工要比语音层面的加工深，记忆保存的时间也相应要长。Weltens（1987）在分析 Craik & Lockhart 所提出的"加工深度假说"的基础上指出，词汇长时记忆的效果主要取决于加工深度③。Weltens（1989）根据记忆研究的信息加工理论（the information - processing approach）提出，在理解性的言语活动中，目

① Nation, I. S. P. 1990Teaching and Learning vocabulary. New York. Newburry house Publishers.

② Craik, F. I. M & R. S. Lockhart. 1972 Levels of processing: A framework for memory research. Journal of Verbal Learning and Verbal Behavior 11, 671 - 684.

③ Weltens, B. 1987The attrition of foreign - language skills: A literature review. Applied Linguistics 8, 22 - 37.

标词本身就是一个提取线索，而产出活动中则不存在这样的线索。因此，被动地理解词汇要比主动地产出词汇容易。Laufer（1998）也指出，对于理解性词汇，学习者只需掌握其最基本和最常用的意义即可。然而对于产出性词汇，仅仅具备这些是不够的①。词汇产出要求学习者全面掌握目标词，对词汇的掌握达到自动化激活的程度。因此，从这个角度上讲，功能操练策略应该更有助于产出性词汇的获得。然而，形式操练策略显然更简便、易行，同时也是更具操作性的策略。在这种情况下，学习者应该如何选择词汇学习策略呢?

我们的研究将通过调查研究的方法来探讨形式操练策略和功能操练策略对第二语言学习者理解性词汇和产出性词汇习得的作用，以期为汉语词汇习得和词汇教学提供依据。

1.2　调查研究

1.2.1　调查对象

被试包括中央民族大学和北京语言大学的留学生，以及普北班（美国普林斯顿大学与北京师范大学合作的暑期中文教学项目）、密西西比大学项目、美国各大学联合汉语中心（ACC 项目，Associate College in China）海外项目等短期项目的学生共 65 人，来自美国、英国、加拿大等英语国家，主要来自美国。我们并不严格区分被试是属于来华留学生还是短期项目的学生，事实上，来华留学生大部分也是美国各大学的在读大学生。所有被试均是全日制学习汉语一年到一年半、获得新旧 HSK 初级证书（新 HSK4 级、旧 HSK3、4、5 级）或相当于同级别汉语水平的学生。

1.2.2　研究工具

本研究分两部分进行。

---

① Laufer，B. 1998 The Development of Passive and Active Vocabulary in a Second Language：Same or different? Applied Linguistics，19，255－271.

第一部分是问卷调查。问卷包括40个问题，每个问题均描述学习者在学习汉语词汇时可能运用的一种学习策略，其中形式操练策略和功能操练策略各20个问题（完整的调查问卷见附表）。研究要求被试按照自己词汇学习的经验来回答问题。为了考察被试使用词汇学习策略的频率，我们采用五点量表收集数据，提供5个备选答案：

A. 我从来不这样做　B. 我偶尔这样做　C. 我有时这样做　D. 我经常这样做　E. 我总是这样做

第二部分是理解性词汇量和产出性词汇量的测试。

实验材料：用于测试的词汇均选自《汉语国际教育用音节汉字词汇等级划分》。我们随机选择100个目标词，其中一级（普及化等级）词汇33个，二级（中级）词汇34个，三级（高级）词汇33个目标词。

实验程序：纸笔测试。

理解性词汇量的测试方法：多项选择测试。例如：

他是我的老朋友，我们已经认识10年了。

A. separate

B. forget

C. accompany

D. know

评分标准：没有选出来或选择错误的得零分；选择正确的得1分。

控制性产出词汇量的测试方法：要求被试用适当的词填空来完成句子，我们会给出被测词的英文对应词。为避免没有目标词填入，还会给出目标词中第一个字的拼音。例如：

我们明天要去 cān ____（Visit）美术馆。

评分标准：没有写出来或写错的得零分，写对的得1分。需要说明的是，如果可以看出目标词的轮廓，仅是笔画有一些问题，我们算作被试回答正确。

1.2.3　数据收集和分析

实验结束后，我们对所有的问卷进行了整理，并把同一个被试的两张问卷放在一起。同时剔除了无效的问卷（未完成其中任何一份问卷或其中任何一份问卷空白太多的），最后我们得到了有效问卷共64份。我们对这些数据进行了整理。

表1列出了形式操练策略和功能操练策略的问卷内容、题目数量以及内部一致性的Alpha值。从总体上看，两种策略的Alpha值均达到了统计上的要求。

表1　形式操练和功能操练策略的问卷内容、题目数量及Alpha值

变量名称	问卷内容	问卷题数	Alpha
形式操练策略	1、我会根据教材的生词表学习和记忆生词。 2、阅读课文时，我努力弄明白课文里的每一个生词。 3、我在课外反复朗读生词。 4、我每天背诵课堂上学习的生词。 5、当上听力课时，我努力听懂每一个词的意思。 6、在课堂上，如果我听到老师用一个生词，我会问老师、同学这个词的意思或是查字典。 7、当查字典时，我看一个词的各个意思及所给的例句。 8、我反复读、写和练习来记忆单词，不会觉得麻烦，认为这是记住单词的方法。 9、学完生词，我希望老师给我一些练习题，因为他们能帮助我更好地学会这些词。 10、我会把书写、发音、意思相近的词放在一起对比着记。 11、我在背生词时，会边听（课文录音）、边读、边写来背，而不是不出声的看。 12、我在听讲或自学时，会把词的读音、词义、搭配在笔记上记下来，方便以后复习、总结用。 13、在阅读文章时遇到不认识的词，我会去查字典了解它的意思，以便可以继续阅读了解我要知道的信息，但不会专门学习那个词的用法。 14、在学习重点生词时，我会查词典弄清楚词的用法，而不是只看课文注释或老师讲解。 15、我为了取得好成绩，会认真地按照老师的要求学习和练习生词。 16、我认为反复背单词是最好的学习汉语词汇的办法。 17、在课堂上，如果老师讲解词汇，我会把例句记下来，课外会反复读这些例句，直到把这些例句都背下来。 18、我希望在练习本上反复写生词。 19、我很喜欢运用词汇造句这种练习词汇的方法。 20、我很愿意做词汇搭配的练习。	20	.61

续表

变量名称	问卷内容	问卷题数	Alpha
功能操练策略	1、我会创造机会，尽可能多地和中国人聊天儿。 2、我喜欢在真实的生活中练习生词，而不是做练习题。 3、我用汉语写邮件、短信、留言。 4、在日常生活中，我尽量用汉语，包括课外去商店、旅行或者和说同样母语的同学聊天时。 5、在日常交流中，我更喜欢用新学的词来说话，即使会错，也不会选择早就学会、肯定能用对的词。 6、我更喜欢老师用汉语给我解释一个词的意思，告诉我在什么情况怎么用这个词，而不是简单的告诉我母语翻译。 7、我会创造机会使用新学的词，如用它造句，用它写文章，或者去问老师自己这样用这个词对不对。 8、在看到一个我不认识的词时，我会根据组成词的汉字、汉字的字形来猜测词的意思。如爱心、爱人、爱情都与“爱”有关。 9、在阅读文章或与人交流时遇到不认识的词，我会根据上下文猜测这个词的意思，再通过上下文或者询问对方来验证我的猜测。 10、学习生词时，除了词义，我还非常重视学习这个词的词性，和什么词一起用，在什么情况可以用知识。 11、我不仅学习课本里对词的解释，也会观察生活中中国人怎样使用这些词，并且和自己使用的情况比较，改正用得不对的地方。 12、我会通过听汉语歌学汉语。我会认真地看歌词，如果有生词，我会去学习它们。 13、我会通过看汉语电影或电视剧学汉语，我注意听对话，并且会学习里面的生词。 14、我会看用汉语写的新闻、论坛、博客等网站，如果有生词，我会去学习它们。 15、除了课本，我还会看汉语读物（报纸、小说、诗歌），如果有生词，我会去学习它们。 16、我会收听汉语广播或播客（podcast），如果有生词，我会去学习它们。 17、我主要从课文或课堂里学习汉语生词，而不是从生活或娱乐活动中。 18、我在与中国人聊天、交流中学到新的汉语词。 19、在日常生活中，如果有人用到我不知道的词，我会请他们教我。 20、我会注意去学习生活中遇到的汉语生词，如广告、路牌、商品说明等。	20	.74

1.2.4　结果

我们使用 SPSS 软件，对被试使用形式操练策略和功能操练策略的情况进行了方差分析。学生使用策略的情况如表2所示。

表2　第二语言学习者使用形式操练策略和功能操练策略的情况

策略名称	平均数	标准差
形式操练策略	3.78	1.11
功能操练策略	3.36	1.15

表2的结果表明，学习者使用形式操练策略的频次比较高，使用功能操练策略的频次比较低。我们进一步运用t检验考察两者在统计上是否存在显著差异，结果表明两者之间存在显著差异，$t=2.895$，$p=.005$。这一结果说明，学习者比较倾向于使用形式操练策略，使用功能操练策略不如使用形式操练策略的频次高。

表3　第二语言学习者的理解性词汇量和产出性词汇量

词汇量	平均数	标准差
理解性词汇量	48.14	22.82
产出性词汇量	36.64	13.41

表3的结果表明，第二语言学习者的理解性词汇量要大于产出性词汇量。我们进一步运用t检验考察两者在统计上是否存在显著差异，结果表明，两者之间存在显著差异，$t=3.993$，$p=.000$。这一结果说明，学习者的理解性词汇量显著大于产出性词汇量。

表4　两种词汇学习策略与两种词汇量的相关研究

变量名称	理解性词汇量		产出性词汇量	
	相关系数	显著性水平	相关系数	显著性水平
功能操练策略	.33	.008	.56	.000
形式操练策略	.58	.000	.37	.002

表4的结果表明，学习者的理解性词汇量与形式操练策略呈中度相关，与功能操练策略呈低度相关，同时这种相关在.05和.01

水平上均呈显著水平；学习者的产出性词汇量与功能操练策略呈中度相关，与形式操练策略呈低度相关，同时这种相关在 .05 和 .01 水平上均呈显著水平。

1.2.5　讨论

我们的研究说明，第一，形式操练策略和功能操练策略都是第二语言学习者经常使用的词汇学习策略。形式操练策略和功能操练策略并非互相排斥，因此，教师应该鼓励学生同时使用这两种策略来提高汉语词汇水平。相对而言，形式操练策略耗时少，比较容易操作，可以较多使用。

第二，形式操练策略和理解性词汇量以及功能操练策略和产出性词汇量均呈中度相关，这说明，形式操练策略更有助于理解性词汇的获得；而功能操练策略更有助于产出性词汇的获得。但另一方面，形式操练策略和产出性词汇量以及功能操练策略和理解性词汇量均呈低度相关，这说明，形式操练策略也有助于产出性词汇的获得；而功能操练策略也有助于理解性词汇的获得。

第三，第二语言学习者的理解性词汇量和产出性词汇量存在显著差异，理解性词汇量显著大于产出性词汇量。这主要是因为，理解性词汇知识更易获得同时不易磨损。因此，如何将理解性词汇知识发展为产出性词汇知识是一个非常值得我们探讨的问题。既然功能操练策略更有助于学习者产出性词汇的获得，我们可以将词汇放入特定的情境中帮助学生进一步加工目标词。这样，在获得可理解输入的基础上，学习者对词汇知识的掌握可以实现从理解性词汇知识向产出性词汇知识的转化。

1.3　结论与启示

我们的研究说明，形式操练策略和功能操练策略均是第二语言学习者经常使用并且非常有效的汉语词汇学习策略。从学习策略与词汇量的相关性上看，形式操练策略更有助于理解性词汇的获得，而功能操练策略更有助于产出性词汇的获得。这个结果提示我们，在教学中可以采取措施帮助学生有效地运用词汇学习策略来发展汉语词汇。

Gu&Johnson（1996）就曾指出，学习者通常不会只采用一种策略来学习单词，他们在词汇习得水平上的差异也许正是由于他们所选择的策略组合不同造成的[①]。因此，我们可以鼓励学习者根据词汇的类型来选择不同词汇学习策略。Palmberg（1987）将词汇知识界定为理解词语意义的能力与为交际目的而自动激活词语的能力之间的连续[②]。根据 Palmberg 对于词汇的界定，第二语言词汇分为认知性词汇和交际性词汇。结合我们的研究，我们可以指导学习者根据词汇的使用频率和性质选择不同的词汇学习策略来学习这些词汇。对于使用频率较高的交际性词汇，学习者可以采取课文复述、情景对话、写作练习、词汇填空练习、用所给词汇完成句子等功能操练方式来学习这类生词。在运用中学习汉语词汇，可以使词在记忆中以语义形式储存，帮助学生提高记忆该词时的投入水平并建立有关该词的语义网络，从而增强词汇记忆效果，使词汇进入长时记忆。对于频率较高的认知性词汇和使用频率不太高的交际性词汇，学习者可以设计词表策略等形式操练策略和运用策略等功能操练策略相结合的方式来学习。对于使用频率较低的认知性词汇，学习者可以采取词表策略等形式操练策略来学习。这样，学习者运用功能操练策略学习使用频率较高的交际性词汇，运用形式操练策略来学习使用频率较低的理解性词汇和认知性词汇。我们相信，教师对学生进行词汇策略的训练，可以帮助学生了解不同词汇学习策略的有效度，鼓励学生采取不同的学

---

① Gu, Y. &R. K. Johnson. Vocabulary learning strategies and language learning outcomes［J］. Language Learning, 1996, 46（4）: 643 - 679.

② Palmberg, R. 1987Patterns of vocabulary development in foreign language learners. Studies in Second Language Acquisition, 9, 201 - 220.

习策略学习不同类别的词汇，以提高学习效率。

第二节　直接词汇学习策略和伴随性词汇学习策略对第二语言学习者汉语词汇学习的影响

2.1　问题的提出

上一节我们探讨了形式操练策略和功能操练策略对第二语言学习者词汇学习的影响。本节我们将从词汇学习策略的另外一种最重要的分类方式，直接词汇学习策略和伴随性词汇学习策略的分类角度来考察词汇学习策略对于学习者汉语词汇学习的影响。

在对外汉语词汇教学研究领域，学者们普遍认为，“直接学习和间接学习是词汇习得的两种主要途径”①。直接学习是指学习者做一些能将他们的注意力集中在词汇上的活动和练习，包括背词汇表等，其学习的主要目的就是获得词汇知识。间接学习又称伴随性词汇学习，是指学习者的注意力集中在某些其他的方面，尤其是言语所传递的信息上，学习的目的不是为了增加词汇知识，词汇知识是学习者学习活动的副产品。伴随性词汇学习一般是通过大量的阅读或语言输入实现的。我们在教学中发现，学习者的词汇知识主要是依靠直接词汇学习获得的。然而，在研究领域，许多第二语言习得的研究者主张学习者采取通过语境线索猜测词义获得词汇知识的策略。Paribakht & Wesche（1999）认为，语境是词汇成功习得的重要因素，语义和语言知识线索可以帮助学习

① 江新：《词汇习得研究及其在教学上的意义》，载《语言教学与研究》1997 年第 3 期。

者推断生词的意义①。在实际教学中，教师经常鼓励学生利用语境猜测生词的意义。我们的研究就是要考察以词表策略为代表的直接词汇学习策略和以语境策略为代表的伴随性词汇学习策略对词汇学习的影响，以期为对外汉语词汇教学提供依据。

在诸多的词汇学习策略中，词表策略虽然是一种低水平的、机械的策略，却是第二语言学习者经常使用的、有效的学习策略。第二语言学习者使用词表策略，可以在短时间内学会大量词汇。词表策略一般包括两个部分：一部分是按字母顺序排列的单词，另一部分是这些单词的母语对应词或是目的语的同义词或近义词。词表法的优势在能够使学习者迅速有效地学会大量词汇，而且很多词汇可以进入长时记忆（Carter&McCarthy，1988）②。但是，词表法的弊病也非常明显。孙晓明（2008）在分析归纳前人研究的基础上，提出了词表法的三大弊端③。第一，两种语言中语义完全对等的词汇数量非常有限。第二，词表法可以提供的词汇的义项非常有限，而且只能提供词汇的形式和母语翻译，无法提供词汇的句法知识、目的语的语义知识以及搭配。第三，通过词汇表记忆词汇会阻碍学习者对所记词汇进行充分地处理和系统地组织，因此就失去了有效的长时记忆的基础（Gairns & Redman，1986）④。总的来说，学习者虽然可以通过母语对译词机械地记忆单词表上的词汇，但很难在自由产出活动中灵活地使用词汇⑤。因此，第二语言学习者要发展产出性词汇，仅仅依靠词表策略是远远不够的，

① Paribakht, T. & Wesche, M. 1999Reading and incidental L2 vocabulary acquisition: An introspective study of lexical inferencing. Studies in Second Language Acquisition, 21, 195 - 224.

② Carter, R & M. McCarthy (Eds). 1988Vocabulary and Language Teaching. Essex: Longman.

③ 孙晓明：《第二语言词汇习得研究》，中央民族大学出版社 2008 年出版，P137。

④ Gaims, R. & S. Redman. 1986 Working with Words. Cambridge: CUP.

⑤ 转引自孙晓明：《第二语言词汇习得研究》，中央民族大学出版社 2008 年出版，p137.

我们必须探讨其他有效的词汇学习策略。

语境策略指学习者根据上下文语境所提供的信息猜测目标词的意义，从而习得目标词。通过语境习得词汇，可以帮助学习者在了解目的语信息的基础上扩大词汇量。语境策略是一种非常有效的词汇习得策略，正如 Krashen（1985）所指出的，第二语言词汇习得和词汇量的扩大都是通过大量的阅读，在上下文语境中猜测词义实现的①。然而，语境策略也存在问题，Sokmen（2002）归纳总结出语境策略的五大弊端。首先，语境法习得词汇的速度非常慢。第二语言学习者用来学习词汇的时间有限，仅仅依靠词汇的多次重现来自然习得词汇不能满足他们在有限的时间内迅速发展词汇量的需要②。其次，仅仅通过上下文来推测词义可能引起对于词义的理解错误。已有的研究表明，学生推断词义的正确率很低。尤其是那些目标语言水平较低的学生，猜测目标词的词义是非常困难的。词义猜测的错误会给学习者的词汇学习带来负面的影响。第三，即使训练学生根据上下文来推测词义，由于词汇量的不足，他们的阅读水平还是会比较低。第四，在教学中过分强调词汇猜测能力忽略了这样一个事实，即个体学习者有着不同的学习风格，他们可以用不同的适合自己的方式习得词汇。Hulstijn（1993）发现，荷兰的英语学习者中善于推断词义的学生掌握生词比不善于推断词义的学生容易，但这并不意味着他们的词汇量一定大于那些不善于推断词义的学生③。同时，词汇量大的学生并不一定善于推断词义，他们的词汇量可以通过其他学习方法获得。

---

① Krashen, S. 1985The Input Hypothesis: Issues and implications. New York: Longman.

② Sternberg, R. J. 1987Most vocabulary is learned from context. In M. G. McKeown, and M. E. Curtis (Eds.), The nature of vocabulary acquisition. Hillsdale, N. J.: Erlbaum, 89 - 106. Carter, R & M. McCarthy (Eds). 1988Vocabulary and Language Teaching. Essex: Longman.

③ Hulstijn, J. 1993 When do foreign language - readers look up the meaning of unfamiliar words? The influence of task and learner variables. Mordern Language Journal 77: 139 - 47.

第五，通过上下文来猜测词义并不能保证该词进入长时记忆。Parry（1993）考察了一名被试通过阅读所习得的词汇进入长时记忆情况。结果表明，该被试虽然在阅读时猜出了某些词汇的语义，但以后的测试表明他并没有学会这些词[①]。Mondria & Wit de - Boer（1991）发现，学习法语的荷兰学习者虽然在有明显暗示的上下文中正确地猜出词义，但该词还是未能进入长时记忆。从这一方面来看，运用语境法学习词汇不能算是一个很好的方法[②]。Liu & Nation（1985）指出，语境法受学习者语言水平的影响。他们以人造词为目标词，选用两篇长短不同的文章来考察影响猜词的因素。结果表明，学习者只有在认识文本中95 - 98%的词汇时才能成功地运用猜词策略[③]。他们还发现，动词最容易被猜测，其次是名词、副词，最后是形容词（孙晓明，2008）[④]。综上所述，语境法会受到学习者的语言水平和词汇知识、阅读文本的背景知识、学习者的阅读能力以及上下文本身等因素的影响。

已有的研究还提示我们，第二语言学习者在运用语境法时，同时使用查字典法会更有助于词汇习得。Fraser（1999）的研究发现，通过查字典来验证猜测是词汇习得中一种非常有价值的元认知策略[⑤]。推测和查字典相结合可以产生50%的词汇习得，而单独使用这两种策略公能实现31%和30%的词汇习得。虽然研究已经

---

① Parry, K. 1993Too many words: learning the vocabulary of an academic subject. In T. Huckin, M. Haynese, and J. Coady (Eds) Second Language Reading and Vocabulary Learning: 109 - 29. Norwood, N. J.: Ablex Publishing Corporation.

② Mondria & Boer. 1991The Effects of Contextual Richness on the guessability and retention of words in foreign language. Applied Linguistics, 12, 249 - 267.

③ Liu Na and Nation, I. S. P. (1985) Factors affecting guessing vocabulary in context. RELC Journal 16, 1: 33 - 42.

④ 转引自孙晓明：《第二语言词汇习得研究》，中央民族大学出版社2008年出版，p137.

⑤ Fraser, C. A. 1999. Lexical processing strategy use and vocabulary learning through reading. Studies in Second Language Acquisition, 21, 225 - 241.

证明了词典法配合语境法的意义，但研究还表明，学习者很少会使用这种方式习得词汇。Wesche & Paribakht（1999）通过内省和有声思维相结合的研究方法发现，学习者阅读相关主题的文章可以促进伴随性词汇习得①。学习者会忽略大量生词，但当他们注意到生词时，他们多数会采用词汇猜测策略，词汇的形式和语法信息会帮助他们猜测目标词的意义，而查字典策略却很少被使用。

2.2　实验研究

2.2.1　实验方法

实验目的：考察三种词汇学习策略对留学生词汇学习的影响。

实验设计：采用单因素被试间设计，自变量为词汇学习策略，分为三个水平：词表策略、语境策略以及语境策略与查字典策略相结合的策略。

实验假设：我们的基本假设是，不同词汇学习策略的词汇学习效果存在差异。

被试：中央民族大学和北京语言大学的60名留学生，分别来自美国、英国、澳大利亚、新西兰等欧美国家，学习汉语的时间均在一年左右，具备HSK3、4级证书。我们将被试分为三组，每组20人。

实验材料（目标词）：我们从选好的阅读材料中选择10个低频词，并确保被试对这些词都不熟悉。

作业：我们不告知被试实验的目的，被试在完成不同的语言训练作业后参加词汇测试。每种作业均由不同的被试完成。作业一给被试一张包含10个目标词的词表，要求被试学习词汇。

作业二要求被试在阅读文章之后，猜测文章中的十个目标词

① Wesche, M. and T. Paribakht. 1996 Assessing vocabulary knowledge: depth vs. breadth. Canadian Modern Language Review, 53, 13–40.

的意思，然后把意思写出来。在这一过程中，被试不能查字典。

作业三同样是要求被试在阅读文章之后，猜测文章中的十个目标词的意思，然后把意思写出来。在这一过程中，被试可以查字典。

需要说明的是，以上三项作业的目标词完全相同。

实验步骤：被试首先要完成三项语言训练作业，所需的时间基本相同，为二十分钟。因为我们的研究是为了考察被试在不同的作业中学习目标词的情况，所以我们并不严格控制作业的时间。三项作业完成以后，我们收回训练试卷并发给被试另一张试卷，要求他们写出目标词的英文对应词或中文解释。同时，他们要标出在这项作业以前是否认识目标词。

作业完成以后，我们收集试卷。试卷收齐以后，不再归还被试。两个星期后，我们再进行一次同样的词汇测试。

我们的评分标准如下：没有翻译出来或翻译错的得零分；全部答对的得满分；差不多正确的得一半分数。如果被试答对了并且标明他以前学过这个词，则该词得零分。当然，这种机率很小，大多数被试都不认识目标词。

2.2.2　实验结果

实验结束后，我们对所有的问卷进行了整理，并把同一个被试的两张问卷放在一起。同时剔除了无效的问卷（未完成其中任何一份问卷或其中任何一份问卷空白太多的），最后我们得到了有效问卷共58份。我们对这些数据进行了整理。

表1　即时测试中被试在三种训练作业中词汇记忆的正确率（满分=10）

方法	平均值	标准差
词表策略	6.12	1.26
语境策略	3.25	2.31
语境策略、查字典策略	5.13	3.15

表1表明，被试运用三种策略学习词汇的效果是有差别的，运用词表策略的学习效果最好，同时运用语境策略和查字典策略的学习效果次之，而运用语境策略的学习效果较差。为了了解被试这种差异在统计上是否具有显著性，我们运用方差分析对被试的词汇测验结果进行检验。结果显示，被试在三种训练作业中词汇学习的成绩从总体上说有明显的差异，F = 30.656，p = .000。这表明，在词汇的学习记忆方面，词表策略的效果最好，同时运用语境策略和查字典策略的学习效果次之，而语境策略的学习效果较差。

表2　两个星期以后被试在四种训练作业中词汇记忆的正确率（满分 = 10）

方法	平均值	标准差
词表策略	4.98	0.83
语境策略	2.40	0.68
语境策略、查字典策略	4.02	0.54

表2表明，在两个星期以后的测试中，被试运用三种策略学习词汇的效果仍是有差别的，和即时测试相同，仍然是运用词表策略的学习效果最好，同时运用语境策略和查字典策略的学习效果次之，而运用语境策略的学习效果较差。为了进一步了解此时被试学习词汇的效果在统计上是否具有显著性，我们同样运用方差分析对被试的词汇测验结果进行检验。结果显示，被试在三种训练作业中学习词汇的成绩在两个星期后仍然有明显的差异，F = 28.260，p = .000。这表明，在词汇的长时记忆中，仍是词表策略的效果最好，同时运用语境策略和查字典策略的学习效果次之，而语境策略的学习效果较差。从总体上说，后测与即时测试的结果是相同的，只是被试在即时词汇测试中的成绩都要好于两个星期以后的成绩。

2.2.3 讨论

实验报告的结果表明，词表法是一种非常有效的词汇学习策略，学习者可以在较短的时间里，迅速有效地习得大量词汇，并使它们进入长时记忆。当然，词表法的弊端也非常清楚：首先，母语词和第二语言词汇的意义一般并不是完全对等的。第二，很多汉语词都是多义词，而词表一般仅能提供一个或是两个义项。第三，掌握一个词不仅要掌握它的词形、词性和词义，还要掌握目的语语义知识、句法知识、搭配、用法、语体色彩、感情色彩等，而词表法显然无法帮助学生获得这些方面的知识。但无论如何，我们的研究进一步验证了词表法是一种非常有效的词汇学习策略的观点。

我们的研究还表明，语境策略虽然可以带来词汇的深加工，但并不能帮助学习者在较短的时间内积累词汇。学习者运用语境策略习得的词汇较少，而且效率也不高。造成这种情况的原因有三：第一，学习者运用语境策略猜测目标词经常会出现猜错的情况。这主要因为，学习者要想猜测正确，首先要具备相当大的词汇量，同时，还要具备关于阅读文本的背景知识。学习者需要依靠背景知识猜测词汇的意义。此外，学习者还需具备相当强的阅读能力，学习者必须具备从语境中提取信息的能力。当然，语境策略虽然有上述局限，但仍然是一种非常有效的词汇学习策略，而语境策略如果与查字典策略相结合，则可以在一定程度上弥补语境策略的弊端，有助于学习者更好地掌握汉语词汇。查字典策略可以帮助学习者验证或证伪猜测，避免猜测错误对词汇学习的影响。

2.3 结论与启示

我们的实验说明，以词表策略为代表的直接词汇学习策略和语境策略为代表的伴随性词汇学习策略均是非常有效的策略，这就提示我们在教学中可以帮助学生合理有效地运用这两种策略。我们认为，由于以词表策略为代表的直接词汇学习策略可以帮助学习者在较短时间内掌握大量词汇，因此非常适合初级阶段的学习者使用。而语境策略的运用则需要一些条件，既包括学习者的主观条件，也包括阅读文本本身的客观因素。Mondria & Boer（1991）就曾指出，学习者能够正确猜测出目标词的意义，是上下文、学习者和生词本身等三个因素共同作用的结果。只有这三个因素相互作用，才能使成功猜测生词词义成为可能[①]。一般来说，语篇中都存在着一定的上下文线索，上下文线索越多，学习者就越容易猜测出生词的意思；而学习者因素是指学习者猜测生词的能力和技巧；词汇本身的因素是指词性、词形等。我们在教学中可以对学习者进行猜词策略的训练，帮助学习者更好地运用这一策略。另外，我们要指导学生同时运用语境策略和查字典策略，这样既可以提高词汇加工水平，又可以弥补学习者猜词错误的问题。总体而言，既然学习者不可能在课堂学会他们所需要的所有词汇，教师就要采取措施帮助他们建立自己的词汇学习策略。正如 Oxford & Scarcella（1994）所指出的，教给学生明确的词汇学习策略十分关键，语言学习者要利用学习策略来提高词汇量[②]。因此，对学习者进行词汇策略的训练有助于他们更好地运用这些策略来发展理解性词汇量和产出性词汇量。

---

① Mondria, Jan - Arjen & Boer, M. Wit - de. 1991. The effects of contextual richness on the guessability and retention of words in a foreign language [J]. Applied Linguistics, (12): 249—263.

② Oxford, R. L., & Scarcella, R. C. 1994. Second language vocabulary learning among adults: State of the art in vocabulary instruction. System, 22 (2), 231 - 243.

第三节 任务为导向的留学生伴随性词汇学习研究[①]

上一节我们讨论了直接词汇学习和伴随性词汇学习两种策略对第二语言学习者词汇学习的影响。研究表明，虽然诸多研究者均主张学习者通过伴随性词汇的方式来获取词汇知识，但伴随性词汇习得的效率却有待于提高。本文将主要探讨如何提高伴随性词汇习得效率的问题。

3.1 问题的提出

3.1.1 伴随性词汇学习在第二语言词汇学习中的意义和局限性

词汇学习是留学生汉语学习的重要环节，因为词汇学习贯穿整个语言学习的全过程。词汇学习可分为直接词汇学习和伴随性词汇学习。直接词汇学习是指学习者将他们的注意力集中在背词汇表等活动上，其学习的主要目的就是获取词汇知识。伴随性词汇学习是指学习者的注意力集中在言语所传递的信息上，学习的目的不是为了增加词汇知识，词汇知识是学习者学习活动的副产品。伴随性学习一般是通过大量的阅读实现的。和直接词汇学习相比，伴随性词汇学习有很多优势：一方面可以使学习者通过语境充分了解单词的用法和语义，另一方面阅读和词汇习得的同时进行也帮助学习者节省了很多时间。Krashen（1989）指出，大量的第二语言词汇并不是通过生词表和查词典习得的，而是通过阅

---

① 本节原以《任务为导向的留学生伴随性词汇学习研究》为题，发表在《汉语学习》2012 年第 4 期。

读来获得的[①]。由此可见，伴随性词汇学习是一种非常有效的词汇学习方式，其意义要远远大于直接词汇学习。

虽然伴随性词汇学习是第二语言学习者获得词汇的一种主要方式，但总的来说，效率并不高。Horst，Cobb & Meara（1998）的研究表明，阿曼的英语学习者在十天内阅读完一本英语简写本小说后，能从每五个词中习得一个词，习得率达到20%[②]。另一些研究（Swanbom & de Glopper[③]，2002，钱旭菁[④]，2003）表明，伴随性词汇学习的比率为6%左右。对于伴随性词汇学习的这一比率，研究者们并不十分满意。因此，虽然伴随性词汇学习是一种非常好的词汇学习方式，但其学习的效率有待于提高。

如何提高伴随性词汇学习的效率呢？一些研究发现，与主题相关的词汇更容易被习得。Swanborn & de Glopper（2002）的研究表明，伴随性词汇学习受到学习者的阅读目的和语言水平的影响[⑤]。Pulido（2003）的研究讨论了学习者在视听课上的伴随性词汇学习。他发现，与主题相关的词以及教师重点讲解的词最容易被学习者掌握[⑥]。另一些研究发现，词汇出现的频率越高，就越容易被习得。目标词究竟出现多少次才能实现习得？众多研究者

① Krashen, S. 1989. We acquire vocabulary and spelling by reading: Additional evidence for the input hypothesis. Modern Language Journal, 73, 440 - 464.

② Horst, M., Cobb, T., & Meara, P. 1998. Beyond A Clockwork Orange: Acquiring second language vocabulary through reading. Reading in a Foreign Language, 11 (2), 207 - 223.

③ Swanborn & de Glopper 2002. Impact of reading purpose on incidental word learning from context. Language Learning, 52, 95 - 117.

④ 钱旭菁：《汉语阅读中的伴随性词汇学习研究》，载《北京大学学报（哲学社会科学版）》2003年第4期。

⑤ 同③

⑥ Pulido, D. 2003. Modelling the Role of Second language Proficiency and Topic Familiity in Second Language Incidental Vocabulary Acquisition Through Reading. Language Learning, 53, 233 - 284.

（Swanbom & de Glopper，2002；Hulstijn et al.，1996①；Nagy，Herman & Anderson，1985②；Nation③，1990）指出，仅仅接触目标词一次不能保证词汇习得并进入长时记忆，对词汇反复接触才能保证词汇习得的效果。至于词汇出现几次才能实现习得，研究者们就这一问题尚未达成共识，一般的观点认为，词汇的重现率要到达6次至20次不等。

上述研究成果表明，伴随性词汇习得的比率比较低，同时会受到很多因素的影响。事实上，词汇出现的次数超过六次的机率并不大，也不是所有的词汇均与主题相关。在这种情况下，如何采取一些任务强化措施帮助学生提高伴随性词汇学习的效果就显得格外重要。

3.1.2 任务强化对于伴随性词汇学习的影响

Laufer（2001，2003，2005）的研究表明，与单纯的阅读相比，以词汇为中心的阅读活动中词汇学习的效果要好得多④。这就提示我们，任务强化在伴随性词汇学习中具有非常重要的意义。

国外第二语言学习领域关于任务强化手段与词汇学习的研究成果已相当丰厚。以往的研究认为，阅读前是否宣布阅读后将伴

---

① Hulstijn，J. h.，Hollander，M.，& Greidanus，T. 1996. Incidental Vocabulary learning by advanced foreign students：The influence of marginal glosses，dictionary use，and reoccurrence of unknown words. Modern Language Journal，80，327－339.

② Nagy，W. E.，Herman，P. A.，& Anderson，R. C. 1985. Learning words from context. Reading Research Quarterly，20，233 － 253.

③ Nation，I. S. P. 1990. Teaching and Learning vocabulary. New York. Newburry house Publishers.

④ Laufer，B. 2001. Reading，word－focused activities and incidental vocabulary acquisition in a second language. Prospect 16/3：44 － 54. Laufer，B.，& Levitzky － Aviad，T. 2003. Look up behaviour andword retention as a function of task type and word relevance. AsiaLEX Proceedings，Tokyo，Japan. Laufer，B. 2005. Focus on Form in second language vocabulary acquisition. In EUROSLA Yearbook 5，eds. S. H. Foster － Cohen，M. P. Garcia － Mayo and J. Cenoz. Benjamins（pp. 223－250）. Amsterdam：Benjamins.

随词汇测试会影响学习者在阅读文本时对待生词的态度。研究（Peters[①]，2007；Peters et al.[②]，2009）发现，阅读前的指导语中如果包括宣布读后的词汇测试，学习者会在阅读中更加多地运用查字典策略。除此之外，研究者们还考察了词汇与任务的相关度对于词汇习得的影响。相关词指的是在回答阅读理解问题时需要运用的词，即与回答阅读理解问题相关的词；而非相关词指的是与阅读理解问题无关的词。一些研究（Hulstijn[③]，1993；Laufer & Levitzky - Aviad[④]，2003）指出，词汇相关度会影响第二语言学习者阅读文本时查字典的行为。遇到与阅读任务相关的词时，第二语言学习者会更多地运用在线词典。另一些研究（Peters，2007[⑤]；Peters et al.[⑥]，2009）表明，词汇是否与阅读任务相关会对词义的即时和延时记忆产生影响。无论是在即时测试或者是在延时测试中，学习者学习相关词的效果均会好于非相关词。遗憾的是，国内还未见到相关的汉语研究报告。鉴于上述原因，本文试图探讨不同的任务强化手段对汉语第二语言词汇学习的不同影响，以期为对外汉语词汇教学提供一些借鉴。

---

① Peters, Elke. 2007. Manipulating L2 learners´online dictionary use and its effect on L2 word retention. Language, Learning & Technology, June 01.

② Peters, E. , J. Hulstijn, L. Sercu & M. Lutjeharms 2009. Learning L2 German vocabulary through reading: The effect of three enhancement techniques compared. Language Learning, 59, 113 - 151.

③ Hulstijn, J. H. 1993. When do foreign - language readers look up the meaning of unfamiliar words? The influence of task and learner variables. The Modern Language Journal, 77, 139 - 147.

④ Laufer, B. , & Levitzky - Aviad, T. 2003. Look up behaviour and word retention as a function of task type and word relevance. AsiaLEX Proceedings, Tokyo, Japan.

⑤ Peters, Elke. 2007. Manipulating L2 learners´online dictionary use and its effect on L2 word retention. Language, Learning & Technology, June 01.

⑥ Peters, E. , J. Hulstijn, L. Sercu & M. Lutjeharms 2009. Learning L2 German vocabulary through reading: The effect of three enhancement techniques compared. Language Learning, 59, 113 - 151.

3.2 实验研究

3.2.1 实验方法

实验目的：考察任务强化对留学生伴随性词汇学习的影响。通过任务引导学生注意词汇主要有三种方式：第一，设计一些阅读问题，回答这些问题需要用到目标词，这种方法可以使一些词汇成为与阅读任务相关的词汇。第二，在阅读活动前宣布阅读完成后会进行词汇测试。第三，阅读完成后进行词汇训练作业，将阅读文本中的一些目标词以词汇练习的方式出现。我们希望证明，三种任务强化手段会有助于留学生的伴随性词汇学习。

实验设计：采用单因素实验设计，自变量为任务强化水平，分为四个水平：零任务强化，任务强化水平为［－宣布词汇测试］［－词汇训练作业］［－相关词］；宣布词汇测试，任务强化水平为［＋宣布词汇测试］［－词汇训练作业］［－相关词］；提供词汇训练，任务强化水平为［－宣布词汇测试］［＋词汇训练作业］［－相关词］；设计与目标词相关的阅读问题，任务强化水平为［－宣布词汇测试］［－词汇训练作业］［＋相关词］。因变量为被试的词汇测试成绩。

实验假设：我们的基本假设是，任务强化有助于留学生伴随性词汇学习。学习者在学习词汇过程中任务强化水平越高，则学习效果越好。

被试：中央民族大学和北京语言大学的60名留学生，分别来自美国、英国、澳大利亚、新西兰等欧美国家，学习汉语的时间均在一年左右，具备HSK3、4级证书。我们随机将被试分为四组，每组15人。

实验材料（目标词）：我们从选好的阅读材料中选择10个低频词，并确保被试对这些词都不熟悉。

作业：我们不告知被试实验的目的，被试在完成不同的阅读训练作业后参加词汇测试。每种作业均由不同的被试完成。作业一要求被试阅读文章之后，回答十道阅读理解题。文章中包括10个目标词，我们把目标词加黑。这10个目标词与被试要回答的问题无关，我们并未告诉被试在阅读理解作业后要完成词汇测试。作业二要求被试在阅读文章之后，回答十道阅读理解题。文章中同样包括10个目标词，我们把目标词加黑。这10个目标词与被试要回答的问题无关，与作业一不同的是，我们告诉被试在阅读理解作业后要完成词汇测试。作业三要求被试在阅读文章之后，回答十道阅读理解题。文章中同样包括10个目标词，目标词被加黑。这10个目标词与被试要回答的问题无关，与前两个作业不同的是，我们虽然没有告诉被试在阅读理解作业后要完成词汇测试，但我们在阅读作业完成后让学生参加一个词汇训练作业。作业四要求被试在阅读文章之后，回答十道阅读理解题。文章中同样包括10个目标词，目标词被加黑。与以往作业不同的是，这10个目标词与被试要回答的问题无关。需要说明的是，以上四项作业不仅测试文章相同，目标词也完全相同。

实验步骤：被试首先要完成四种阅读训练作业，这四种作业是以测试的形式出现的，但我们允许被试在参加测试时自由查字典。四项作业所需的时间相同，基本在40分钟左右。因为我们的研究是为了考察被试在不同的作业中学习目标词的情况，所以我们并不严格控制作业的时间。四项作业完成以后，我们收回测试试卷，同时对需要参加词汇训练作业组进行词汇训练。之后，我们发给被试另一张试卷，要求他们从四个答案中选出目标词词义的正确答案。同时，他们要标出在这项作业以前是否认识目标词。我们的评分标准是：没有选出来或选择错误的得零分；选择正确的得1分。

3.2.2 实验结果

实验结束后，我们对所有的数据进行了整理。

表1　被试在四种阅读作业中词汇记忆的正确率（满分 = 10）

方法	词汇测试成绩平均值
无任务强化[- 宣布词汇测试] [- 词汇训练作业] [- 相关词]	2.53(SD = 1.25)
宣布词汇测试任务[+ 宣布词汇测试] [- 词汇训练作业] [- 相关词]	3.60(SD = 1.24)
提供词汇训练[- 宣布词汇测试] [+ 词汇训练作业] [- 相关词]	4.47(SD = .74)
与目标词相关的阅读任务[- 宣布词汇测试] [- 词汇训练作业] [+ 相关词]	6.27(SD = 1.39)

表1表明，被试在四种训练作业中学习词汇的效果是有差别的，无任何任务强化手段时，词汇习得的效果最差；宣布词汇测试任务时的词汇习得效果好于无任何任务强化手段时的词汇习得效果；提供词汇训练时的词汇习得效果好于宣布词汇测试任务时的词汇习得效果；与阅读任务相关词汇的习得效果最好。

为了了解被试这种差异在统计上是否具有显著性，我们运用方差分析对被试的词汇测验结果进行检验。方差分析表明，任务强化水平的主效应显著，F = 26.847，P = .000，即任务强化水平不同的阅读训练作业中词汇习得的效果不同。为了进一步了解这几种阅读训练作业中词汇习得效果之间的差别，我们采取了多重比较的方法。多重比较的结果表明，无任何任务强化手段时，词汇习得的效果最差；宣布词汇测试任务时的词汇习得效果好于无任何任务强化手段时的词汇习得效果，两者之间存在显著差异，t = 1.07，P = .016；提供词汇训练时的词汇习得效果好于宣布词汇测试任务时的词汇习得效果，两者之间存在显著差异，t = .87，P = .49；与阅读任务相关词汇的习得效果最好，同时与提供词汇训练时的词汇习得效果之间存在显著差异，t = 1.80，P = .000。

3.2.3　讨论

上述结论表明，三种任务强化手段都会对留学生的伴随性词汇学习产生影响。在三种强化手段中，词汇与阅读任务的相关度对词汇习得的影响最大。如果目标词与阅读理解问题相关，为了回答问题，学生会有意识地通过查找等方式获得目标词的语义信息，并进一步在此基础上建立词汇形式与语义之间的映射关系，实现词汇的精加工。事实上，学生对于相关度高的词汇的精加工过程与 Laufer & Hulstijn（2001）所提出的投入负担假说（the involvement load hypothesis）中所谈到的第二语言词汇习得的动机—认知过程在本质上是一致的。Laufer & Hulstijn 把加工过程分为两个认知因素，即查找（search）因素和评价（evaluation）因素以及一个动机因素，即需要（need）因素，这就构成了投入负担（involvement load）的三个组成因素①。在阅读作业中，被试需要理解相关词后回答问题，这就涉及了需要因素。被试要在理解相关词的基础上更好地理解阅读文章，因此更愿意查找目标词的意思，这就涉及了查找因素。应该说，是阅读并回答问题这一任务促使学生查找目标词的语义进而学习目标词汇。同时，为了回答问题，被试必须关注与阅读任务相关词汇的语义信息，这属于精加工的范畴。根据 Craik & Lockhart（1972）提出的加工深度的假说，新的信息是否可以进入长时记忆的关键并不在于其在短时记忆中所储存的时间，而在于其加工的深度②。在加工词的过程中，意义层面的加工要比语音层面的加工深，记忆保存的时间也相应要长。事实上，加工水平并不是学生主观决定的，而是由加工任务决定的。因此，从这个意义上说，词汇相关度是影响词汇习得的更为重要的因素。

除了词汇与阅读任务的相关度会影响留学生的伴随性词汇学习以外，宣布词汇测试和词汇训练作业这两种外部任务强化方式

---

① Laufer, B. 2001 Reading, word - focused activities and incidental vocabulary acquisition in a second language. Prospect 16/3：44 - 54.

② Laufer, B. & Jan Hulstijn. 2001Incidental Vocabulary Acquisition in a Second Language：The Construct of Task - induced Involvement. Applied Linguistics, 22, 539 - 558.

也会影响留学生的伴随性词汇学习。提供词汇训练也是一种非常有效的任务强化手段。这主要是因为，词汇训练在一定程度上将阅读活动中的伴随性词汇学习变为以词汇为中心的学习活动。正如Paribakht&Wesche（1997）和Laufer（2003）所指出的，与单纯的阅读活动相比，阅读文本后伴随以词汇为中心的活动会带来更好的词汇学习效果①②。当然，词汇训练作业对于与阅读任务无关词汇和相关词汇习得的作用是不同的，对于无关词习得的作用更大。这主要是因为，如果学生在阅读活动中没有关注到那些与阅读任务无关的词汇，词汇训练作业会帮助学生注意并查找这些词汇，这样其实增加了无关词汇的相关度，使这些与阅读任务无关的词汇通过词汇作业转变为相关词。词汇训练作业可以帮助学生建立并且巩固与阅读任务无关词汇的形式与意义之间的联系。就相关词而言，学生在回答阅读理解问题时已经注意到这些词汇，词汇训练作业起到了词汇重复的作用，帮助学生巩固他们词汇的形式和意义之间的语义映射，推动词汇的深加工。同时，根据词汇记忆的“遗忘曲线”，从记忆的角度看，学习者在学习的最初阶段遗忘率最高，因此词汇训练作业可以帮助学生记住目标词汇。

宣布词汇测试作为另一种有效的任务强化手段，从某种程度上说是在伴随性词汇学习这一无意识的词汇学习行为中增加了有意识的要素。主试在阅读前宣布阅读活动后会伴有词汇测试，学生会有意识地注意到不认识的词汇并通过查字典等方式获得词汇的语义。然而，宣布词汇测试的作用不如词汇本身与阅读相关的作用大。这主要是因为，阅读活动的时间毕竟是有限的，在相对

---

① Paribakht, T. S. & Wesche, M. 1997 Vocabulary enhancement activities and reading for meaning in second language vocabulary acquisition. In J. Coady & T. Huckin (Eds.), Second language vocabulary acquisition: A rationale for pedagogy. Cambridge: Cambridge University, 174 -200.

② Laufer, B. 2003 Vocabulary acquisition in a second language: do learners really acquire most vocabulary by reading? Canadian Modern Language Review 59, 4: 565 -585.

有限的时间里，学生会把注意力放在回答阅读问题上，因此会跳过一些与阅读问题无关的词汇。同时，虽然主试宣布词汇测试，但并没有告诉学生测试哪些词，因此学生的有意识词汇学习并没有具体的侧重点。从这个角度上说，宣布词汇测试这项一般任务与具体任务相比，有效性会比较有限。因此，宣布词汇测试这项任务只能产生有限的有意识词汇学习行为。同时，即使有意识的词汇加工存在，可能也仅仅会帮助学生记忆词形，而有效的词汇学习还需要对词汇进行精加工，但词汇的精加工可能更多地是由词汇加工活动本身决定的，而不是由学生的主观意志决定的。

3.3　结论与启示

我们的实验说明，词汇相关度、宣布词汇测试以及词汇训练作业是影响学生伴随性词汇学习的关键变量。这个结果提示我们，阅读中的伴随性词汇学习可以通过一些手段加以强化，这些手段会督促学生实现词汇的精加工，进而在精加工的基础上建立词汇的形式和意义之间的映射关系。

词汇学习需要掌握目标词的词形信息、句法信息、语义信息、构词法信息等，Seidenbeng（1985）认为词汇习得经过三阶段：第一阶段是词汇前加工阶段，学习者获得词汇的输入并确定其为一个词。第二阶段是词汇提取阶段，学习者激活与词汇有关的语音信息、语义信息等。第三阶段是词汇后加工阶段，学习者选择和整合词的整体信息，这些信息可以在理解句子和语篇时使用[①]。从Seidenbeng（1985）的研究我们可以看出，词汇学习的过程包括：注意到目标词的阶段，建立目标词的形式和意义之间的映射关系的阶段，以及通过重复等方式巩固这种映射关系进而运用目标词

① Seidenberg, M. S. 1985. The time course of phonological activation in two writing systems. Cognition, 19, 1 – 30.

的阶段。如果我们希望学生通过阅读活动达到扩大词汇量的目的，必须采取一些任务强化手段帮助学生建立以词汇为中心的活动。在三种词汇强化手段中，与目标词相关的阅读任务会促使学生注意到目标词，进而查找目标词的语义；提供词汇训练会让学生注意到与阅读任务无关的目标词并进行词汇的初次加工，或让学生再次加工与阅读任务相关的目标词，建立或强化词汇形式与意义之间的对应关系。宣布词汇测试任务会让学生关注词汇形式，在伴随性词汇习得中增加直接词汇习得的因素。相对而言，如果目标词与阅读作业相关，同时与词汇训练作业相结合，会带来更好的词汇学习效果。这是因为，这两种方法能够带来更直接、具体的词汇加工，而仅仅宣布词汇测试任务只会对某些词汇以及某些学生起作用。总之，成功的第二语言伴随性词汇习得应该是一系列任务强化手段的结合，任务强化手段可以帮助学生注意目标词，建立词汇形式与意义之间的映射关系，进而强化这种映射关系并应用目标词汇。

第五章　汉语国际推广背景下的词汇等级大纲

第一节　国内外词汇等级大纲的比较研究

1.1　引言

在汉语国际推广的进程中，一个非常重要的环节就是汉语教学与国际语言教学标准接轨的问题。在诸多国外的外语教学标准中，美国1996年正式公布的《21世纪外语学习标准》和欧盟2001年正式公布的《欧洲语言学习、教学、评估共同参考框架》反映了在全球化背景下外语教学的新潮流，代表了新型外语教育的理念。总体而言，这两个标准改变了以往以语言知识为核心的教学理念，并不强调语言结构和功能项目，他们所强调的是交际和综合运用语言的能力。这种新的外语教学理念完全颠覆了以往对于语言结构的认识。

欧盟和美国的外语教学新理念有许多值得我们借鉴之处。在交际化的教学理念指导下，语法和词汇是交际的基本工具。在这种情况下，如何在现有的汉语水平词汇等级大纲的基础上建立与交际活动和交际任务相结合的词汇等级标准，从而较好地解决综合交际能力培养问题，是一个非常值得探讨的问题。我们所要建立的词汇等级大纲，不仅涵盖理解性词汇，更重要的是要划分产出性词汇的等级。同时，这种等级标准的建立，都是与交际功能类密切相关的。

在第二章和第三章中，我们通过实验研究考察了初、中、高三个水平的汉语第二语言学习者理解性词汇和产出性词汇上的分布情况，这种分布情况是建立在交际功能类的基础上的。在本章中，我们将在第二章和第三章实验研究的基础上，结合《汉语国际教育用音节汉字词汇等级划分》提出汉语词汇等级建设的标准，建立词汇等级大纲。

1.2 已有的词汇等级标准

1.2.1 国外的词汇等级大纲

英语教学领域很早就将词汇按照等级加以划分。West 提出了最常用的包括 2000 词的英语通用词表（General Service List）[①]。Xue&Nation 编制了大学词汇表（The University Word List），这是目前英美大学普遍采用的学术词汇表[②]。Coxhead 在构建学术英语语料库的基础上，编制完成了包括 570 个词汇，准确地说是 570 个语义域（Semantic Field）的学术词汇表（The Academic Word List）[③]。该词表是在除去最常用 2000 词汇（General Service List）的基础上，通过语料库筛选在学术文章中出现频率最高的词条编制完成。事实上，无论是英语通用词表、大学词汇表还是学术词汇表，均是按照词汇频率来划分词汇等级的，这一点与汉语词汇等级划分的基本原则相同。除此之外，英语词汇等级的建设是具有层级性特点的。在英语教学界最为通用的三个词表中，英语通用词表是英语中最基础的 2000 词汇，而大学词汇表是在掌握英语通用词汇的基础上，提出进入高等教育阶段所需掌握的词汇。学术词汇表也是在掌握英语最基础词汇的基础上所需掌握的专业学术词汇，与大学词汇表有一定的重合。英语词汇等级建设的成果提示我们，

---

① West，Michael. A General Service List of English Words ［M］. London：Longman，Green & Co，1953.

② Xue，G. & Nation，P. 1984. A university word list ［J］. Language Learning Communication，3，215－229.

③ Coxhead，A. 2000. A new academic word list ［J］. TESOL Quarterly，34，213－238.

在建立汉语词汇等级标准的过程中要考层级问题。

当然，虽然目前国外在词汇等级标准研究方面已取得较为丰厚的研究成果，但这些研究都是基于英语的词汇等级研究，其他语种的研究比较少。从这个角度上讲，汉语作为第二语言的词汇等级研究前景广阔。

1.3　目前汉语的词汇等级标准

1.3.1　《汉语水平词汇与汉字等级大纲》

《汉语水平词汇与汉字等级大纲》是1992年编制的，是以词频为依据进行词汇的筛选和确定词汇的等级①。《汉语水平词汇与汉字等级大纲》将词汇分为四级：甲级词（1033个）、乙级词（2018个）、丙级词（2202个）和丁级词（3569个），共8822个。同时，《汉语水平词汇与汉字等级大纲》的汉字库系统是在词汇大纲的基础上生成的，甲、乙、丙、丁四级词中共含2864个字。其中，除了34个汉字以外，都属于3500常用字范围内。《汉语水平词汇与汉字等级大纲》研制10多年间，许多学者也从不同角度提出了对于大纲的一些修订意见，其中包括词频问题、口语词问题、多义词及兼类词的分级问题②、词汇量的问题③以及收词量的问题④。这些问题的提出，推动了国家汉办修订《汉语水平词汇与汉字等级大纲》的进程。

2001年《汉语水平词汇与汉字等级大纲》曾经进行过一次简

---

① 国家对外汉语教学领导小组办公室：《汉语水平词汇与汉字等级大纲》（第1版）[M]，北京语言学院出版社1992年出版。

② 赵金铭、张博、程娟：《关于修订〈（汉语水平）词汇等级大纲〉的若干意见》[J]，载《世界汉语教学》2003年第3期73－83.

③ 李英：《关于〈汉语水平词汇与汉字等级大纲〉的几个问题》[J]，载《中山大学学报论丛》1997年第4期32－37.

④ 李清华：《〈汉语水平词汇与汉字等级大纲〉的词汇量问题》[J]，载《语言教学与研究》1999年第1期50－59.

单修订[①]，但基本没有大的改动。首先，在词目上有所变动：去掉三个方言词“哩”、“啥”、“咋”，增加了“力所能及”、“厦”、“雨伞”；去掉重“扒”，增加了同级常用词“尊称”；去掉失去时代意义和常用性价值的两个词“粮票”、“万元户”，增加了“良心”、“万水千山”；去掉“饮水”，增加了“饮水思源”。一共删掉七条词目，同时增补七条词目，数量保持不变。其次，对词性的标注做了一些修订。总体而言，此次修订仅仅是从词目和词性上进行修订，修订效果并不是很理想。“为了使《词汇大纲》更科学、更规范、更具有实用性，我们认为，有必要进行一次比较全面的修订”（修订说明，2001）。事实上，我们从修订说明也可以看出，这次修订并未根据专家的意见做出比较大的改动。

1.3.2 《汉语国际教育用音节汉字词汇等级划分》

《汉语国际教育用音节汉字词汇等级划分》是2010年编制的，是以词频和字频为依据进行词汇的筛选和确定词汇的等级[②]。《汉语国际教育用音节汉字词汇等级划分》将词汇分为一级（普及化等级）、二级（中级）、三级（高级）等三级词汇。在普及化等级中，设定了最低入门等级常用词505个。这种设计符合汉语国际推广的理念，正如刘英林所指出的，加速了汉语的国际化、大众化、普及化、规模化进程[③]。

与《汉语水平词汇与汉字等级大纲》相比，《汉语国际教育用音节汉字词汇等级划分》在词汇量和选词两大方面均做出了相当大的改进，这些改进与专家们所提出的《汉语水平词汇与汉字等级大纲》的修订意见是非常一致的。

---

① 国家汉语水平考试委员会办公室考试中心：《汉语水平词汇与汉字等级大纲（修订本）》[Z]，经济科学出版社2001年出版。

② 国家汉办、教育部社科司：《汉语国际教育用音节汉字词汇等级划分》[Z]，北京语言大学出版社2010年出版。

③ 国家汉办、教育部社科司：《汉语国际教育用音节汉字词汇等级划分》[Z]，北京语言大学出版社2010年出版。

1.3.3　新汉语水平考试大纲 HSK 一级到六级词汇大纲

《新汉语水平考试大纲 HSK 一级》到《新汉语水平考试大纲 HSK 六级》由商务印书馆在 2009 年 12 月到 2010 年 1 月陆续出版①。新汉语水平考试是在吸收原有 HSK 的优点、借鉴近年来国际语言测试研究最新成果的基础上，以《国际汉语能力标准》为依据，借鉴《欧洲语言共同参考框架》推出的一项国际汉语能力标准化考试。新 HSK 共设六级，其中新 HSK 一、二、三级为汉语入门测试，通过新 HSK 三级的考生可以用汉语完成生活、学习、工作等方面的基本交际任务，应对在中国旅游时遇到的大部分交际任务。新 HSK 降低了考试难度，正如杨承青、张晋军（2007）在探讨 HSK 改革时所指出的：即使是研发人员认为最容易的 HSK（基础），也令某些国家和地区的考生望而生畏，说明现有 HSK 的水平覆盖面不够，与实际的水平分布不一致，令一批水平较低的汉语学习者找不到对应其水平的汉语考试。对市场需求的不敏感，不仅使一些考生考后产生受挫感、畏难情绪，也使 HSK 在一些国家和地区丢失了市场。正确的对策或许应该是调整、增加考试等级，降低考试门槛，使 HSK 水平跨度与汉语学习者实际水平跨度实现一致，强化 HSK 激励汉语学习者学习热情的性质。②《新汉语水平考试大纲 HSK 一级》到《新汉语水平考试大纲 HSK 六级》均包括词汇大纲，新 HSK 词汇大纲的特点是：

第一，与《汉语水平词汇与汉字等级大纲》（旧 HSK 词汇大

---

① 国家汉办/孔子学院总部：《新汉语水平考试大纲 HSK 一级》[Z]，商务印书馆 2009 年出版。国家汉办/孔子学院总部：《新汉语水平考试大纲 HSK 二级》[Z]，商务印书馆 2009 年出版。国家汉办/孔子学院总部：《新汉语水平考试大纲 HSK 三级》[Z]，商务印书馆 2009 年出版。国家汉办/孔子学院总部：《新汉语水平考试大纲 HSK 四级》[Z]，商务印书馆 2009 年出版。国家汉办/孔子学院总部：《新汉语水平考试大纲 HSK 五级》[Z]，商务印书馆 2010 年出版。国家汉办/孔子学院总部：《新汉语水平考试大纲 HSK 六级》[Z]，商务印书馆 2010 年出版。

② 杨承青、张晋军：《汉语水平考试（HSK）改革设想》，《语言文字应用》2007 年第 3 期。

纲）相比较，新 HSK 大纲最明显的改变就是增加了汉语水平考试的等级，扩大了考试的覆盖面，同时非常明确地提出了每个等级所需要具备的具体词汇量。这种变化适应了目前汉语国际推广背景下词汇教学和习得的新需求。

与旧 HSK 不同，新 HSK 明确规定：掌握 150 词就可以通过 HSK 一级，掌握 300 词就可以通过 HSK 二级，掌握 600 词就可以通过 HSK 三级，掌握 1200 词就可以通过 HSK 四级，掌握 2500 词就可以通过 HSK 五级，掌握 5000 词就可以通过 HSK 六级。这种规定使考生有更为明确的目标，便于考生有计划、有成效地提高汉语应用能力，六级的考试任务考生可以分段完成，更容易激励考生坚定学习汉语的决心。

第二，新 HSK 降低词汇标准，尤其是在入门级一级、二级、三级均使用比较低的标准。新 HSK 大纲共收入 5000 词汇，其中一级词汇 150 个，二级词汇 150 个，三级词汇 300 个，四级词汇 600 个，五级词汇 1300 个，六级词汇 2500 个。降低词汇标准的原因有二：一是外国学生觉得汉语难，主要是因为汉字难，汉字不同于英语及欧洲其他语言的文字体系，属于表义文字。由于词汇与汉字密切相关，因此降低词汇标准在一定程度上可以起到吸引、鼓励考生的作用。二是降低标准在一定程度上反映了语言测试观念的变化。从这个角度上说，正如张晋军所指出的：在第二语言教学及测评领域，人们进一步反思近似母语者（native - speaker - like）的语言教学目标，质疑“标准规范观（Normal - bound perspective）”，提出“沟通理解观（communication - bound perspective）”[①]。新 HSK 在相关标准的设计上遵循的是“沟通理解观”，以在国际交流场合双方的相互理解为标准。新 HSK 在中低等级考

① 张晋军的博客文章：关于新 HSK 与《欧洲语言共同参考框架》关系的说明，详见 http：//blog. sina. com. cn/s/blog_ 53e7c11d0100kzfl. html

试中，不苛求标准与规范，而是以对不规范、不标准的一定程度上的容忍，来换取考生能用汉语完成交际任务所获得的成就感与自信心，换取汉语考试考生数量、汉语学习者数量的增加。

第三，借鉴了国外开发的汉语作为外语教学的词汇标准。新 HSK 的研发借鉴了英国剑桥考试委员会下属牛津剑桥皇家艺术学会（Oxford Cambridge and RSA Examinations，OCR）开发的汉语测试（Asset Languages – Chinese）的相关标准。Asset Languages – Chinese 分 6 个等级：基础级（Breakthrough）、初级（Preliminary）、中级（Intermediate）、高级（Advanced）、熟练级（Proficiency）、精通级（Mastery），与《欧洲语言共同参考框架》存在对应关系。在词汇量方面，新 HSK 词汇与 Asset Languages – Chinese 的词汇量也存在对应关系，具体如表 1 所示：

表 1

欧洲语言框架	Asset Languages – Chinese	Asset Languages – Chinese	新 HSK
精通级（C2）	精通级（Mastery）	/	5000 及以上
高级（C1）	熟练级（Proficiency）	/	2500
中高级（B2）	高级（Advanced）	1539	1200
中级（B1）	中级（Intermediate）	638	600
初级（A2）	初级（Preliminary）	325	300
基础级（A1）	基础级（Breakthrough）	124	150

总之，《新汉语水平考试大纲 HSK 一级到六级词汇大纲》作为新 HSK 考试的重要依据，符合新形势下汉语国际推广的需要，与国外汉语教学的标准相一致，对汉语国际推广具有非常重大的意义。

1.4 目前已有的词汇等级标准存在的问题

1.4.1 词汇等级划分未与交际功能结合

目前代表全球化背景下外语教学新理念的教学标准是美国的《21世纪外语学习标准》和欧盟的《欧洲语言学习、教学、评估共同参考框架》。这两个标准并不强调语言结构和功能项目，它们所强调的是交际能力。在这种新型的国际外语教学理念下，词汇仅仅是交际的工具，只有被用于交际中才能够真正发挥作用。而现有的词汇大纲仅仅是立足于语言要素，并未与功能大纲相结合。如果将词汇等级与交际功能相结合，可以更好地发挥其在总体设计、教材编写、课堂教学和成绩测试中的作用。因此，词汇等级划分未与交际功能相结合是目前已有词汇等级标准存在的最大问题。

事实上，目前最新的两大词汇标准《新汉语水平考试大纲HSK一级到六级词汇大纲》和《汉语国际教育用音节汉字词汇等级划分》均是在汉语国际推广背景下制定的最新标准。《汉语国际教育用音节汉字词汇等级划分》在普及化等级中，设定了最低入门等级常用词505个，这种设计符合汉语国际推广的理念。新HSK词汇大纲更是与《欧洲语言共同参考框架》存在对应关系，借鉴了英国剑桥考试委员会下属牛津剑桥皇家艺术学会开发的汉语测试（Asset Languages - Chinese）的标准，试图建立与国际外语教学标准兼容的词汇标准。然而，总体而言，这两个词汇大纲仍然是把词汇作为语言结构单位，并未考虑语言功能的问题。然而，国外的外语教学理念非常重视语言功能的问题。欧洲语言测试学会（ALTE）曾于2001年11月将“欧洲语言能力等级共同量表”作为划分语言能力等级的标准。按照目前最新的“欧洲语言能力等级共同量表”，在描写语言能力等级时应该从三个方面入手：语言交际所需要的语言能力、相关的知识和技能以及交际语境和范畴。按照这一理念，词汇是学习者进行语言交际时语言结构方面的知识。在制定词汇等级大纲时必须从交际功能的角度出发，与交际语境相结合，这就涉及功能类的问题，而现有的词汇等级标准并未考虑功能类的问题。

1.4.2　词汇等级划分未考虑理解性词汇和产出性词汇的不同标准问题

已有的词汇等级标准并未考虑理解性词汇和产出性词汇的区分问题，在没有区分的情况下，一般主要是从理解性词汇的角度划分词汇等级。事实上，在第二语言词汇习得和教学领域，理解性词汇和产出性词汇的研究一直备受关注。这一方面是因为，词汇的理解和产出是词汇习得的两个基本过程，同时也是第二语言学习者必须掌握的两个基本技能。因此，可以说，词汇习得的过程就是词汇理解与产出能力的获得过程；另一方面，词汇习得研究表明，第二语言学习者在词汇理解和产出这两种知识和技能之间存在着巨大的差异。大部分第二语言学习者的产出性词汇习得停滞不前，难以跨越理解性词汇和产出性词汇之间的鸿沟。汉语作为第二语言教学的目的是为了培养学生运用汉语进行交际的能力，基于这种理念，词汇教学的目的应该是使学习者能够将词汇知识运用到交际之中。交际包括口头交际和书面语交际。无论是口头交际还是书面语交际，产出性词汇都是至关重要的。而已有的研究，主要是探讨理解性词汇的问题，虽然产出性词汇因与交际关系密切而备受关注，但已有的研究成果还是非常有限的。目前的词汇等级标准在确定不同级别学习者的词汇量时，并未明确这些词汇量是要求学习者理解性掌握还是产出性掌握。事实上，学习者能够理解的词汇量和能够产出的词汇量之间存在着巨大的鸿沟。因此，词汇等级划分要考虑理解性词汇和产出性词汇的区分问题，而现有的词汇等级划分均未考虑理解性词汇和产出性词汇的不同标准问题。

1.4.3 已有的词汇等级标准在词汇量上的差异比较大

第一，目前最新的两大词汇标准《新汉语水平考试大纲 HSK 一级到六级词汇大纲》和《汉语国际教育用音节汉字词汇等级划分》在收词量方面存在着巨大的差距。新 HSK 大纲共收入 5000 词汇，其中一级词汇 150 个，二级词汇 150 个，三级词汇 300 个，四级词汇 600 个，五级词汇 1300 个，六级词汇 2500 个。《汉语国际教育用音节汉字词汇等级划分》共收入词汇 9631 个，加上附录中的词汇 1461 个，共 11092 个，将词汇分为一级（普及化等级）、二级（中级）、三级（高级）等三级词汇。同时，《汉语国际教育用音节汉字词汇等级划分》在普及化等级中还设定了最低入门等级常用词 505 个。由此可见，这两大词汇标准均符合汉语国际推广的理念，有助于加速汉语的国际化、大众化、普及化、规模化进程，但这两大标准在收词量上的差距非常大。造成这种收词量差异的原因，主要是两个大纲的出发点有所不同。新 HSK 大纲主要是从推广汉语的角度出发，鼓励国外学习者学习汉语，了解中国文化；而《汉语国际教育用音节汉字词汇等级划分》是在老 HSK 大纲的基础上制订的，面向的主要是国内的汉语专业学习者。

第二，收词的标准不同。《汉语国际教育用音节汉字词汇等级划分》是以词频和字频为标准进行词汇的筛选和确定词汇的等级，除了以词频为依据外，另一个重要依据就是字频。而新 HSK 大纲划分词汇等级的主要依据是词频，即词汇的常用性。当然，两个大纲所收录的词汇，特别是初级阶段的词汇，还是存在比较大的重合之处，而两者的差别主要表现在高级阶段所收录的词汇上。

具体而言，在新 HSK 大纲所收入的 5000 词汇中，一级至六级词汇的分配情况与《汉语国际教育用音节汉字词汇等级划分》（简称《等级划分》）收入词汇的比较见表 2。

表2

	一级	二级	三级	共收入	未收入《等级划分》的词汇
1级	141	7个	0	148	不客气 火车站
2级	137 玩（在《等级划分》中为“玩儿”）	8	0	145	5 打篮球、第一、服务员、踢足球、羊肉
3级	241 面条（在《等级划分》中为“面条儿”）	49 熊猫（在《等级划分》中为“大熊猫”）眼镜（在《等级划分》中为“眼镜儿”）	3	293	7 数学、行李箱、照相机；春、冬、秋、夏（在《等级划分》中为“春天”、“冬天”、“秋天”、“夏天”）
4级	349	217	22	588	12 长江、尝、弹钢琴、放暑假、分之、猴子、垃圾桶、老虎、填空、亚洲、预习
5级	418	607	213	1238	62
6级	83	677	1096	1856	644

表2的结果表明，新HSK大纲中一级至五级级词汇与《等级划分》中的词汇的匹配度非常高，一级词汇的匹配度为98.7%，二级词汇的匹配度为96.7%，三级词汇的匹配度为97.7%，四级词汇的匹配度为98%，五级词汇的匹配度为95.2%。六级词汇的匹配度比较低，为74.2%。需要说明的问题有两点：第一，关于儿化的问题。我们在比较两个词汇大纲时，将同一词语的儿化韵和非儿化韵列为同一词条，例如面条/面条儿、眼镜/眼镜儿、玩/玩儿等。第二，对于同一词语的不同形式，我们也将其列在同一词条上，例如熊猫/大熊猫等。我们的这种处理方法，与苏新春（2006）的做法相同。苏新春使用了“同类词”的说法，列举了伯父/伯伯、德语/德文、老大妈/大妈、吸烟/抽烟、那里/那儿、法

语/法文、日语/日文、外语/外文、英语/英文、星期日/星期天、这里/这儿、那里/那儿、京剧/京戏、礼拜天/礼拜日、热水瓶/暖水瓶、手绢/手帕、照片/相片、的确良/涤纶、……来看/……来讲、薪金/薪水①。

我们在考察上述两个词表的基础上发现，新 HSK 一级至五级大纲未被收入《等级划分》中的词汇一般具有以下特点：一是未收入词汇属于词组，不属于词。这主要是因为，《等级划分》未收入词组，而《新汉语水平考试大纲 HSK 一级到六级词汇大纲》为了教学上的便利把它们当成一个单位来处理，例如不客气、火车站、打篮球、第一、服务员、踢足球、羊肉、行李箱、照相机、弹钢琴、放暑假、垃圾桶等。二是未收入词汇属于课堂用语，《等级划分》未将课堂用语列入词表中，例如填空、预习等。三是未收入词汇属于地名，《等级划分》未列入词表中，例如长江、亚洲等。

两个大纲的比较研究提示我们：第一，国内汉语专业的词汇大纲与面向海外的非汉语专业的词汇大纲不同，对学生词汇量的要求也有所不同；第二，短期词汇大纲和长期词汇大纲不同。若作为学习者入系攻读学士、硕士、博士学位的词汇标准，新 HSK 词汇大纲的词汇量标准较低，而《汉语国际教育用音节汉字词汇等级划分》的词汇量标准则较为合适。另一方面，从汉语国际推广的角度看，新 HSK 词汇等级大纲非常适用于海外汉语教学。

第二节　制定词汇等级标准的原则和方法

在汉语国际推广的背景下，交际能力的地位越来越重要，因

① 苏新春：《对外汉语词汇大纲与两种教材词汇状况的对比研究》[J]，载《语言文字应用》2006 年第 5 期。

此交际中词汇的运用问题也随之受到关注，而现有的词汇等级大纲并未考虑词汇的交际功能类问题以及理解性词汇和产出性词汇的区分问题。本节将探讨在汉语国际推广背景下建立新的词汇等级标准所需遵循的原则。

2.1 词汇等级与交际功能相结合的原则

词汇等级的划分要与交际功能类密切相关，这样做既具有一定的理论意义，又具有实践意义。

根据《高等学校外国留学生汉语教学大纲》①，交际任务是从语言教学与语言学习的角度对现实生活中的言语交际活动进行的提炼和概括，由交际目的、语言功能、语境、话题和语言要素等几方面的因素构成。我们根据《高等学校外国留学生汉语教学大纲》所涉及的交际任务并结合汉语教学的交际功能划分，将词汇分为五类：基本交际类、生存类、社会活动类、个人信息类以及综合信息类。基本交际类词汇主要包括与人打招呼、相互介绍、表示感谢、歉意、祝贺、受邀参加宴会、基本社交礼仪、书信用语等与日常交际相关的基本词汇。生存类词汇主要包括饮食、购物、寻医问药、寻求帮助、基本生活服务（如去银行存取钱、理发、照相、洗衣、办护照）等日常生活所必需的相关词汇。社会活动类主要包括旅行交通、邮电通讯、参观访问、娱乐休闲、体育运动、获取媒体信息等参与社会集体活动的相关词汇。个人信息类主要包括个人基本情况、婚姻和家庭、学习和工作、爱好和特长、看法和态度、打算和愿望、做某事的原因和目的等与个人信息紧密相关的词汇。综合信息类囊括了除上述四类词汇以外的其余词汇，主要包括环境自然、行政外交、经济贸易、文化艺术、

---

① 国家对外汉语教学领导小组办公室：《高等学校外国留学生汉语言专业教学大纲》[Z]，北京语言大学出版社 2002 年出版。

法律道德、科普等相关词汇。仅以《汉语国际教育用音节汉字词汇等级划分》中最低入门等级505个常用词为例，其中包括基本交际类词汇77个，生存类词汇220个，社会活动类词汇79个，个人信息类词汇71个，综合信息类词汇58个。在这五类词汇中，基本交际类词汇和生存类词汇占最低入门等级常用词总量的59%，这说明《汉语国际教育用音节汉字词汇等级划分》反映了词汇的功能类问题，在此基础上对学习者所使用词汇的功能类进行分析是非常有意义的，可以为词汇等级的划分提供参考，具体情况如表3所示。

表3

	总数	入门	一级(包括入门级)	二级	三级
基本交际类	544	77（15.2%）	317（14.1%）	123（3.8%）	104（2.5%）
生存类	3449	234（46.3%）	1023（45.6%）	1277（39.8%）	1149（27.5%）
社会活动类	2178	84（16.6%）	362（16.1%）	691（21.5%）	1125（26.9%）
个人信息类	1909	75（14.9%）	381（17.0%）	661（20.6%）	867（20.8%）
综合信息类	1551	35（6.9%）	162（7.2%）	459（14.3%）	930（22.3%）
	9631	505	2245	3211	4175

从表3可以看出，随着词汇等级从入门级、一级、二级、三级的提高，基本交际类词汇、生存类词汇的比例在降低，而社会活动类词汇、个人信息类词汇、综合信息类词汇的比例在增加。这在一定程度上说明，基本交际类词汇和生存类词汇对于初级阶段的学生非常重要，因为这两类词汇在一级词汇中所占的比例非常高，达到了59.7%。而对于中、高级阶段的汉语学习者来说，社会活动类词汇、个人信息类词汇、综合信息类词汇的地位越来越重要，因为这二类词汇的比例在不断提高。

从词汇的分布来看，一级词汇以生存类词汇为主，其次是个人信息类词汇、社会活动类词汇、基本交际类词汇，综合信息类词汇的比例最小。二级词汇仍然是以生存类词汇为主，其次是社会活动类词汇、个人信息类词汇和综合信息类词汇，基本交际类词汇的比例最小。三级词汇仍然是生存类词汇的比例最多，但具体比例已经下降，其次是社会活动类词汇、综合信息类词汇、个人信息类词汇，基本交际类词汇的比例最小。从上述分布可以看出，基本交际类词汇是学习者在汉语作为第二语言的词汇习得中首先要掌握的词汇。这主要是因为，生存类词汇包括天气情况、饮食、购物、换钱取钱、看病买药、基本生活服务等词汇，这些词汇均是日常学习生活中所不可缺少的词汇。同时，生存能力在人类诸项能力中至关重要，而掌握生存类的词汇对于生存能力也是意义重大。第二，基本交际类词汇的比例随着词汇等级的增加在逐渐减少。这主要是因为，初级阶段的学习者在刚接触汉语时，需要掌握一些基本交际的词汇，例如与人打招呼、相互介绍、表示感谢、歉意等与日常交际相关的基本词汇，但随着语言水平的提高，学习者交际的范围将不局限于上述领域。第三，综合信息类词汇的比例随着词汇等级的提高在不断增加。这主要是因为，综合信息类词汇涵盖的主要是环境自然、历史地理、政治外交、经济贸易、文化艺术、科学技术、法律道德、宗教哲学、语体程式等9类词汇，这些词汇大部分属于专业词汇，学生在日常交际表达中很少讨论与这些词汇相关的话题，但是随着学习者语言水平的提高，特别是进入专业领域学习之后，对此类词汇的需求将有所提高。第四，社会活动类词汇和个人信息类词汇的比例随着词汇等级的提高均有所提高，但从总体上说增幅不大，一直处于相对稳定的状态。

除了《汉语国际教育用音节汉字词汇等级划分》以外，新HSK词汇大纲也很好地反映了词汇的功能类问题，具体情况如表4所示。

表 4

	总数	一级	二级	三级	四级	五级	六级
基本交际类	351	50 (33.3%)	39 (36%)	47 (15.7%)	71 (11.8%)	75 (5.8%)	69 (2.8%)
生存类	1675	77 (51.3%)	78 (52%)	155 (51.7%)	244 (40.7%)	485 (37.3%)	636 (25.4%)
社会活动类	953	6 (4%)	13 (8.7%)	27 (9%)	87 (14.5%)	239 (18.4%)	581 (23.2%)
个人信息类	1211	15 (10%)	20 (13.3%)	62 (36%)	147 (24.5%)	306 (23.5%)	661 (26.4%)
综合信息类	810	2 (1.3%)	0 (0%)	9 (20.7%)	51 (8.5%)	195 (1.5%)	553 (22.1%)
	5000	150	150	300	600	1300	2500

从表4 可以看出，一级、二级、三级词汇均以基本交际类和生存类词汇为主，其中一级和二级词汇中的基本交际类和生存类词汇的比例更是占到了 80% 以上。这主要是因为，新 HSK 一、二、三级为汉语人门级，通过新 HSK（三级）的考生可以用汉语完成生活、学习、工作等方面的基本交际任务，在中国旅游时可以应对遇到的大部分交际任务。因此，学习者需要具备大量的基本交际类和生存类词汇，完成基本交际和一般生存交际任务。生存类词汇包括天气情况、饮食、购物、换钱取钱、看病买药、基本生活服务等词汇，这些词汇均是日常学习生活中所不可缺少的词汇。同时，生存能力在人类诸项能力中至关重要，而掌握生存类的词汇对于生存能力也是意义重大。在新 HSK 四级、五级、六级词汇中，基本交际类词汇、生存类词汇的比例在降低，而社会活动类词汇的比例在增加，个人信息类词汇一直比较均衡地保持较高水平。与其他四类词汇不同，只有在六级词汇中综合信息类词汇才达到较高的水平。表4 词汇分布的比例表明，基本交际类词汇和生存类词汇是学习者在初级阶段所必须习得的词汇，而社会活动类词汇、个人信息类词汇、综合信息类词汇是进入中高级阶段所需

习得的词汇，这种发展趋势与《汉语国际教育用音节汉字词汇等级划分》相同。

2.2　词汇等级应考虑理解性词汇和产出性词汇的不同标准问题

理解性词汇是指学生在听、读中可以理解的词汇，而产出性词汇是指学生在说、写中可以产出的词汇。相对而言，新HSK词汇大纲所规定的词汇量比较小，入门级1级、2级、3级分别为150词、150词和300词。但即使如此，新HSK词汇大纲也未指出这些词汇是要求学生理解性掌握还是产出性掌握。由于学习者的产出性词汇水平直接影响着其运用汉语进行交际的能力，因此从这个角度上说，探讨学习者需要掌握的产出性词汇量是非常重要的。而已有的研究，主要是探讨理解性词汇的问题，虽然产出性词汇因与交际关系密切而备受关注，但已有的研究成果还是非常有限的。我们的研究，就是要探讨理解性词汇和产出性词汇的等级划分，这对于培养第二语言学习者运用汉语进行交际的能力具有十分重要的意义。

江新等通过对十余万字的"外国学生汉语作文语料库"进行统计，分析一至三年级以汉字文化圈为主的留学生作文用词情况①。统计结果显示，初级留学生使用的词汇数量为1161个，中级留学生使用的词汇数量为2572个，中高级留学生使用的词汇数量为2403个，合计3985个。由于该研究只统计了从初级到中高级（三年级）学生的语料，所以只能与《大纲》丙级的要求进行比较。通过比较可以看到，在该研究所统计的语料中，留学生使用的词语总量（3985个）远未达到《大纲》丙级要求的词汇量

① 江新、赵果、黄慧英、柳燕梅、王又民：《外国学生汉语字词学习的影响因素—兼论〈汉语水平大纲〉字词的选择与分级》［J］，载《语言教学与研究》1997年第1期42－51.

(5253个)。虽然该研究的依据是《汉语水平词汇与汉字等级大纲》，而该大纲的选词依据主要是1990年以前的语料，在一定程度上不能反映当今社会词汇使用的真实情况，但至少说明，留学生的理解性词汇量和产出性词汇量之间存在着巨大的差异。词汇等级的划分应该考虑到理解性词汇和产出性词汇之间的这种差异。

汉语国际推广背景下的词汇等级标准有一个重要的前提，就是要从汉语教学的实际需要出发。目前，汉语教学的重心已经由国内转到了国外，面临的主要问题是与国际外语教学标准接轨的问题。因此，在当前新的形势下，词汇等级标准的确立应该从语言交际出发，考虑理解性词汇和产出性词汇区分的原则以及词汇等级与交际功能相结合的原则，这对于推广汉语具有重要的实践价值。

2.3 建立词汇层级体系的原则

我们在建立汉语词汇等级体系时，需要考虑的一个重要问题就是将通用词汇与专业词汇分开的原则，即建立通用词汇、大学词汇、学术词汇和职业目的词汇等不同层级的词汇体系，同时要明确每一层级的收词量。

事实上，在英语词汇大纲建设的过程中，已经建立了包括英语通用词表、大学词汇表和学术词汇表等级不同层级的词汇表。在英语词汇大纲中，第一级应该是《英语通用词表》2000词汇，Coxhead（2000）曾经指出，学习者如果要学习学术词汇，必须先掌握《英语通用词表》2000词[1]。第二级是《大学词汇表》，列出学术语篇中除《英语通用词表》以外的836个常见高频学术词族，覆盖了典型的学术语篇中约8%的词汇量。第三级是Coxhead

① Coxhead, A. 2000. A new academic word list [J]. TESOL Quarterly, 34, 213 - 238.

（2000）编制了包括570个词族的《学术词汇表》（Academic Word List，简称AWL），能够覆盖10%左右的学术性文本。当然，英语词汇等级的第二级和第三级之间存在重合之处，这也是英语词汇大纲的问题所在。但无论如何，这种词汇大纲建设的理念值得我们借鉴。

我们在建立汉语词汇层级体系的过程中，可以分别建立初级词汇等级大纲、中级词汇等级大纲和高级词汇等级大纲。这三个级别的词汇等级大纲均应以词汇的交际功能类为依托，确定明确的理解性词汇和产出性词汇的标准。我们认为，目前对外汉语教学界将3000词、5000词、8000词作为三个界点是比较符合对外汉语教学的实际情况的。3000词（甲级词1000、乙级词2000）作为常用词界标是多年教学经验和语料统计得出的共识；5000词（包括3000常用词和2000次常用词）是语言专业基础阶段及基础后阶段（二年级）结束时的词汇量；8000词的界点则是因为词频统计显示，频率最高的前8000词可以覆盖一般语料的95%，所以8000词成为对外汉语教学专业通用词汇的总目标。已有的研究结论与这三个词汇的界点是相一致的。刘珣（2000）就曾指出："北京语言学院根据长期的教学经验，认为要达到基本生活会话的初等水平大约需2500词。这是一学年约800多学时能掌握的词汇量；要达到看懂报刊一般新闻和听懂一般电视广播的中等水平，约需要掌握5000词"①。因此，我们在建立初级、中级、高级的词汇层级体系时，仍然以3000词、5000词、8000词作为初级、中级、高级三个级别词汇的界点。

① 刘珣：《对外汉语教育学引论》［M］，北京语言大学出版社2000年出版，P361。

2.4 应考虑国外的国际汉语教学与国内对外汉语教学的区别以及汉语专业与非汉语专业分设的原则

《汉语国际教育用音节汉字词汇等级划分》（国家标准）的最主要、最基本的用途是“世界各地的国际汉语教学和中国国内的对外汉语教学进行总体设计、教材编写、课堂教学和课程测试的重要依据”①。事实上，从《汉语国际教育用音节汉字词汇等级划分》与《汉语水平词汇与汉字等级大纲》（旧 HSK 词表）的对应关系看，《汉语国际教育用音节汉字词汇等级划分》主要是面向国内的对外汉语教学的，因此词汇标准设定的比较高。

相比之下，新 HSK 各等级词汇大纲则更加突出与国外汉语教学标准接轨的问题，借鉴了《国际汉语能力标准》以及《欧洲语言共同参考框架（CEF）》，相对来说，词汇标准设定的比较低。新 HSK 词表与《国际汉语能力标准》以及《欧洲语言共同参考框架（CEF）》的对应关系如表 5 所示。

表 5

<table>
<tr><th>新 HSK</th><th>词汇量</th><th>国际汉语能力标准</th><th>欧盟语言框架（CEF）</th></tr>
<tr><td>HSK（六级）</td><td>5000 及以上</td><td rowspan="2">五级</td><td>C2</td></tr>
<tr><td>HSK（五级）</td><td>2500</td><td>C1</td></tr>
<tr><td>HSK（四级）</td><td>1200</td><td>四级</td><td>B2</td></tr>
<tr><td>HSK（三级）</td><td>600</td><td>三级</td><td>B1</td></tr>
<tr><td>HSK（二级）</td><td>300</td><td>二级</td><td>A2</td></tr>
<tr><td>HSK（一级）</td><td>150</td><td>一级</td><td>A1</td></tr>
</table>

新 HSK 各等级词汇大纲是面向新 HSK 考试制定的，而新 HSK 考试出于普及汉语的目的，标准设定的比较低。具体而言，新 HSK 规定，通过 HSK（一级）的考生可以理解并使用一些非常简

① 国家汉办、教育部社科司：《汉语国际教育用音节汉字词汇等级划分》［M］，北京语言大学出版社 2010 年出版，VI。

单的汉语词语和句子，满足具体的交际需求，具备进一步学习汉语的能力。通过 HSK（二级）的考生可以用汉语就熟悉的日常话题进行简单而直接的交流，达到初级汉语优等水平。通过 HSK（三级）的考生可以用汉语完成生活、学习、工作等方面的基本交际任务，在中国旅游时，可应对遇到的大部分交际任务。通过 HSK（四级）的考生可以用汉语就较广泛领域的话题进行谈论，比较流利地与汉语为母语者进行交流。通过 HSK（五级）的考生可以阅读汉语报刊杂志，欣赏汉语影视节目，用汉语进行较为完整的演讲。通过 HSK（六级）的考生可以轻松地理解听到或读到的汉语信息，以口头或书面的形式用汉语流利地表达自己的见解。正是由于新 HSK 考试的标准比较低，因此新 HSK 词汇等级大纲的标准与《汉语国际教育用音节汉字词汇等级划分》和《汉语水平词汇与汉字等级大纲》（旧 HSK 词表）相比较就低得多。

2.5 考虑学习者的词汇习得需求的原则

词汇等级标准的建立要考虑学习者的词汇习得需求情况，只有了解学生所需要的词汇，才能确定汉语词汇教学中要教的词汇，使词汇教学更有针对性。充分调动学生内在学习动机的活动将为学生提供更多的学习机会，同样，能满足学生内在需求的词汇大纲也为提高学生的学习效率提供了保障。

学习者的需求有短期和长期之分。短期需求包括完成基本交际的需求、完成学业的需求、满足个人兴趣的需求等，例如学生刚来中国时会希望习得一些基本交际类词汇和生存类词汇以满足基本交际和日常基本生活的需要；长期需求是指学生将来的学习、工作和生活对汉语的需求，例如希望从事对外文化交流工作或经贸工作的学生往往会希望学习与经济、文化等领域相关的词汇。在编制词汇大纲时，既要考虑学习者的短期需求，也要考虑他们的长期需求。

学习者的需求还有主观和客观之分。主观需求具有较强的主观性，而客观需求则是学习者应该普遍具有的。Gardner 就曾指出，不同的学习者将会确定自己如何使用所学的语言以及语言水平①。从这个角度上说，在国内学习汉语的留学生往往期待在较短时间内达到较高的汉语水平，而在国外学习汉语的学生往往没有这方面的需求。

综上所述，制定词汇等级标准时只有考虑学习者的需求，才能更好地调动学生的积极性，使教学更有针对性。

2.6 综论

综上所述，建立汉语国际推广背景下的词汇等级标准，必须要在对美国和欧盟先后提出的一系列外语教学标准体系进行深入地解读和分析的基础上才能完成，应该与国外外语教学标准体系所侧重的“交际功能”相一致。目前国内的关于词汇等级的研究主要根据的是词频，并未与交际功能相结合，并未考虑理解性词汇和产出性词汇的区分问题。从这个角度上讲，汉语词汇等级标准研究具有广阔的发展空间。

在汉语国际传播的新形势下，建立新的词汇等级标准要充分吸取新 HSK 词汇大纲和《汉语国际教育用音节汉字词汇等级划分》的最新研究成果，在词汇分级时充分考虑两个维度：一是按照基本交际类、生存类、社会活动类、个人信息类以及综合信息类等词汇的交际功能类将词汇进行分类；二是考虑理解性词汇和产出性词汇在不同功能类的分布问题。

总之，在全球文化竞争背景下建立与国际外语教学标准相结合的词汇等级大纲，是一个非常有意义的研究课题。我们希望通

---

① Gardner, H. 1989 To Open Minds: Chinese Clues to the Dilemma of Contemporary Education [M]. New York: Basic.

过这项研究来建立汉语国际推广背景下与功能相结合的汉语词汇等级标准，推动汉语走向世界。

第三节　第二语言学习者汉语词汇习得的需求分析研究

上一节我们讨论了制定词汇等级标准的原则和方法，其中非常重要的一条原则是：考虑学习者的词汇习得需求的原则。本节我们主要探讨的就是第二语言学习者汉语词汇习得的需求。

3.1　问题的提出

在第二语言习得的过程中，学习者所掌握的词汇量是衡量其语言水平的重要标志。已有的研究表明，学习者的词汇知识和词汇能力是其语言能力得以发展的前提，而词汇能力的发展必须依靠词汇直接教学，有计划的词汇教学可以帮助学习者发展词汇能力进而达到有效运用词汇的阶段（Nation，2001：62－65；Laufer，2005：286－303）①②。然而，要想使有计划的词汇教学更有针对性，更符合学习者的词汇习得需求类别，我们必须首先对留学生的词汇习得需求进行分析，确定汉语词汇教学中要教的词汇，这样才能使教学更有针对性。

目前的词汇教学和学生的词汇习得，主要依据的是1992年编

---

① Nation，I. S. P. Learning vocabulary in another language ［M］. Cambridge：Cambridge University Press，2001.

② Laufer，B. Instructed Second Language Vocabulary Learning：the fault in the ‘default hypothesis’［A］. in A Housen& M Pierrard.（ed），Investigations in Instructed Second Language Acquisition［C］. Mouton de Gruyter，2005.

制的《汉语水平词汇与汉字等级大纲》[①] 以及 2010 年最新出版的《汉语国际教育用音节汉字词汇等级划分》[②]。其中，《汉语水平词汇与汉字等级大纲》是以词频为依据进行词汇的筛选和确定词汇的等级。而《汉语国际教育用音节汉字词汇等级划分》除了以词频为依据外，另一个重要依据就是字频。由此可见，目前词汇等级大纲编制的主要依据是词频和字频，那么是否可以认为高频词就是第二语言学习者在词汇习得的过程中最需要习得的词汇？两者之间是否完全等同？这是一个亟待解决的问题。

上个世纪末，美国和欧盟先后提出了一系列外语教学标准体系的新理念。美国《21 世纪外语学习标准》改变了以往以语言知识为核心的教学理念，强调交际、强调综合运用语言的能力、重视文化认知能力的培养[③]。欧盟《欧洲语言学习、教学、评估共同参考框架》则是以“行动为导向”的语言标准，强调在交际活动中实现交际任务[④]。可见，目前最新的国际外语教学理念并不强调语言结构和功能项目，他们所强调的是交际能力。词汇是交际的基本工具，因此从交际能力的角度来探讨词汇问题是非常有意义的。我们的研究就是要从交际功能类的角度，探讨第二语言学习者的汉语词汇习得需求问题，以期为功能为导向的直接词汇教学提供依据。

---

① 国家对外汉语教学领导小组办公室：《汉语水平词汇与汉字等级大纲》（第 1 版）[Z]，北京语言学院出版社 1992 年出版。

② 国家汉办、教育部社科司：《汉语国际教育用音节汉字词汇等级划分》[Z]，北京语言大学出版社 2010 年出版。

③ National Standards in Foreign Language Education Project. Standards for Foreign Language Learning in the 21st Century [Z]. KS: Allen Press Inc., 1999.

④ 欧洲理事会文化合作教育委员会：《欧洲语言共同参考框架：学习、教学、评估》[Z]，外语教学与研究出版社 2008 年出版。

3.2　需求分析理论

需求分析这一概念最初是 John Munby（1978）在《交际大纲设计》中提出的[①]，Tom Hutchinson & Alam Waters（1987）在《特殊用途英语》中将这一概念进一步明确化[②]。他们认为，在特殊用途英语教学中，教学目标的确定、内容选择、教学方法等要素都要考虑学生学习英语的目的和原因，要由他们的交际需求和学习需求来决定，其目标是要培养学生交际能力。由此可见，虽然需求分析最初的目的是为成人学习专门用途英语的课程设置提供依据，但由于需求分析理论非常强调交际的重要性，因此我们完全可以运用这一理论来探讨交际教学理念下学习者汉语词汇习得的需求问题。

Hutchinson & Alam Waters（1987）所提出的需求分析理论实际上是一种以学生为中心的理念，主要包括两个方面：目标需求（target needs）和学习需求（learning needs）。目标需求又包括需要（necessities）、差距（lacks）、愿望（wants）等三个组成因素。需要因素是指学习者在目的语环境中进行交际所必须具备的知识，差距因素是指学习者已经具备的知识和尚未具备知识之间的差距，而愿望因素是指学习者认为他所需要具备的知识。学习需求包括学习方法以及学习者的成就预期等。目前需求分析的研究已经取得了较为丰厚的研究成果，包括探讨教学课程的设置（Aebersold &Field，1997）、教材编写（Frank，2000）和教学管理（倪传斌，

---

① Munby, J. 1978 Communicative syllabus design [M]. London: Cambridge University Press.

② Hutchinson, T. & Waters, A. 1987. English for specific purposes [M]. Cambridge: Cambridge University Press.

2007）等几个方面①②③。与已有的研究不同，本研究将运用需求分析理论探讨具体问题，重点考察交际理念下学习者汉语词汇习得的主观需求，即学习者希望学习何种交际功能类词汇，因为这直接影响他们的学习动力。运用需求分析理论探讨词汇习得的问题，主要是基于以下两点原因：首先，需求分析的理论强调交际能力的培养，而词汇作为语言交际过程中重要的载体，其意义只有在交际中才能更好地体现。第二，汉语的词汇量非常大，目前词汇的教学主要是依据词汇等级大纲，大纲选词的标准主要是以词频为依据。而 Nation（2001：381）就曾指出，在制定词汇教学大纲时，需要考虑学习者的认知需求和学习环境因素。

本研究将采取问卷调查的研究方法，拟从两个方面调查留学生词汇习得的需求：一是留学生期望学习何种功能类的词汇，二是对某一功能类词汇的哪种次功能类感兴趣。除问卷调查外，本研究还将配合使用访谈等研究方法，以期获得更具说服力的结论，为汉语词汇习得和词汇教学提供借鉴。

3.3 调查方法

3.3.1 研究方法

研究目的：了解汉语第二语言学习者的词汇习得需求。

研究方法：先尽可能详细地收集与第二语言词汇习得的需求相关的调查条目，再经过初稿设计、访谈、问卷设计和翻译等几个步骤设计出调查问卷。

---

① Aebersold，J. A. & Field，M. L. From reader to reading teacher. ［M］. Cambridge：Cambridge UniversityPress. 1997.

② 倪传斌：《外国留学生汉语的学习需求分析》［J］，载《语言教学与研究》2007 年第 1 期。

③ Frank，R. A. 2000. Medical Communication：Non – native English Speaking Patients and Native English Speaking Professionals ［J］. English for Specific Purposes，19（1）：31 – 62.

问卷：我们根据《高等学校外国留学生汉语教学大纲》所涉及的交际任务并结合汉语教学的交际功能划分，将词汇按照交际功能类分为五类：基本交际类、生存类、社会活动类、个人信息类以及综合信息类。在这五大类下面，我们又进一步划分次功能类。基本交际类包括打招呼、相互介绍、感谢、道歉、祝贺、安慰、遗憾、邀请或受邀、赠送礼物、常用社会称呼、社交礼貌用语、书信用语、交际技巧（比喻、对比、夸张、反语、强调）等13类；生存类包括天气情况、饮食、购物、换钱取钱、看病买药、基本生活服务、时间和日期、地点处所、数字和数量、性状和质量、距离和范围等11类；社会活动类包括交通情况 、邮电通讯、参观旅行、娱乐休闲、体育运动、媒体信息等6类；个人信息类包括个人基本情况、婚姻和家庭、爱好和特长、学习和教育、工作和职业、看法和态度、打算和愿望做事的目的、原因和结果等8类；综合信息类包括环境自然、历史地理、政治外交、经济贸易、文化艺术、科学技术、法律道德、宗教哲学、语体程式（议论语体、说明语体、科技语体）等9类。我们的研究将采取问卷调查的方式，以这五大交际功能类和下属的次功能类为基础对第二语言学习者的汉语词汇习得进行需求分析。

调查对象：包括初级水平、中级水平和高级水平的汉语第二语言学习者，其中初级水平的学生30人，基本为零起点，学习汉语的时间为两个月左右；中级水平的学生24人，学习汉语的时间为一年以上；高级水平的学生23人，学习汉语的时间为两年以上。

3.3.2　调查结果

我们使用SPSS软件，对三组被试的词汇习得需求进行了分析。

表1 初、中、高三个水平的被试词汇习得需求情况的比较（满分为1）

	基本交际类	生存类	社会活动类	个人信息类	综合信息类
初级水平学生（n=30）	.5795	.6606	.6445	.6748	.5407
中级水平学生（n=24）	.4808	.5000	.5139	.5417	.3982
高级水平学生（n=23）	.6286	.6719	.6015	.5272	.5024

方差分析的结果显示，需求功能类的主效应显著，F〔1，74〕=7.814，P=.007，即三组被试的词汇需求在功能类上存在差异。被试汉语水平的主效应显著，F〔2，72〕=5.552，P=.006。多重比较的结果表明，初级被试和中级被试的词汇需求在功能类上存在显著差异（P=.002），中级被试和高级被试的词汇需求在功能类上存在显著差异（P=.026）。这表明，语言水平不同的学习者的词汇习得需求存在差异。初级水平学习者的词汇习得需求比较高，中级水平学习者的词汇习得需求有所降低，高级水平学习者的词汇习得需求又有所提高。

结果还表明，不同水平的语言学习者对于不同功能类的需求也是不同的。初级被试认为，在五类词汇中最需要学习的词汇是个人信息类词汇，其次是生存类词汇，第三是社会活动类词汇，第四位的是基本交际类词汇，而综合信息类词汇位居最后。中级被试认为，在五类词汇中最需要学习的词汇是个人信息类词汇，其次是社会活动类词汇，再次是生存类词汇，第四位的是基本交际类词汇，综合信息类词汇位居最后。高级被试认为，在五类词汇中最需要学习的词汇是生存类词汇，其次是基本交际类词汇，再次是社会活动类词汇，第四位的是个人信息类词汇，综合信息类词汇仍然位居最后。上述结果表明，不同水平的被试对于各功能类词汇的习得需求有所不同。

学习者对五大功能类下面的次功能类的词汇需求情况

在基本交际类词汇中，包括13类：（1）打招呼（初级、中级、高级水平学习者的词汇习得需求的比例分别为 73.3%；82.4%；100%，后面的数据均按此顺序排列）；（2）相互介绍（73.3%；58.8%；100%）；（3）感谢（86.7%；64.7%；87.0%）；（4）道歉（86.7%；64.7%；87.0%）；（5）祝贺（46.7%；41.2%；39.1%）；（6）安慰（46.7%；58.8%；82.6%）；（7）遗憾（40.0%；29.4%；34.8%）；（8）邀请或受邀（66.7%；41.2%；17.4%）；（9）赠送礼物（40.0%；17.6%；30.4%）；（10）常用社会称呼（66.7%；41.1%；73.9%）；（11）社交礼貌用语（93.3%；52.9%；91.3%）；（12）书信用语（20.0%；35.3%；26.1%）（13）交际技巧（73.3%；35.3%；43.5%）。上述数据表明，无论是初级、中级、高级水平的汉语学习者，对于基本交际类词汇的习得需求均比较高。学习者认为非常重要的类别包括：打招呼、相互介绍、感谢、道歉、安慰、常用社会称呼和社交礼貌用语等项目。

生存类包括 11 类：（1）天气情况（60.0%；58.8%；69.6%）；（2）饮食（100.0%；58.8%；91.3%）；(3)购物（80.0%；82.4%；95.7%）；（4）换钱取钱（60.0%；47.1%；60.9%）；（5）看病买药（40.0%；58.8%；72.7%）；（6）基本生活服务（46.7%；52.9%；69.6%）；（7）时间和日期（73.3%；47.1%；73.9%）；（8）地点处所（80.0%；41.2%；78.3%）；（9）数字和数量（86.7%；52.9%；65.2%）；（10）性状和质量（60.0%；41.2%；34.8%）；（11）距离和范围（80.0%；35.3%；30.4%）。上述数据表明，无论是初级、中级、高级水平的汉语学习者，对于生存类词汇的习得需求均比较高。除了最后两类外，其他 9 类的需求均非常高。

社会活动类包括 6 类：（1）交通情况（73.3%；87.0%；87.0%）；（2）邮电通讯（86.7%；78.3%；78.3%）；（3）参观旅行（73.3%；65.2%；65.2%）；（4）娱乐休闲（73.3%；65.2%；

65.2%)；(5) 体育运动 (53.03%；30.4%；30.4%)；(6) 媒体信息 (40.0%；34.8%；34.8%)。上述数据表明，无论是初级、中级、高级水平的汉语学习者，对于社会活动类词汇的习得需求均比较高。学习者认为非常重要的项目包括交通情况、邮电通讯、参观旅行、娱乐休闲。相对来说，对于体育运动和媒体信息的需求比较少。这主要是因为，学习者并非都对体育运动感兴趣，同时对于媒体信息的兴趣并非都有兴趣。

个人信息类包括 8 类：(1) 个人基本情况 (86.7%；87.0%；87.0%)；(2) 婚姻和家庭 (73.3%；65.2%；65.2%)；(3) 爱好和特长 (86.7%；65.2%；65.2%)；(4) 学习和教育 (66.7%；78.3%；78.3%)；(5) 工作和职业 (66.7%；43.5%；43.5%)；(6) 看法和态度 (53.3%；26.1%；26.1%)；(7) 打算和愿望 (46.7%；17.4%；17.4%)；(8) 做事的目的、原因和结果 (73.3%；39.1%；39.1%)。上述数据表明，无论是初级、中级、高级水平的汉语学习者，对于个人信息类词汇的习得需求均比较高。学习者认为非常重要的项目包括个人基本情况、婚姻和家庭、爱好和特长、学习和教育以及工作和职业。相对来说，对于看法和态度、打算和愿望以及做事的目的、原因和结果的需求比较少。这主要是因为，后面三项属于个人问题和个人想法的描述，外国留学生普遍比较重视个人隐私，因此这三项的需求度比较低。

综合信息类包括 9 类：(1) 环境自然 (60.0%；47.8%；47.8%)；(2) 历史地理 (66.7%；26.1%；26.1%)；(3) 政治外交 (40.0%；60.9%；60.9%)；(4) 经济贸易 (40.0%；82.6%；82.6%)；(5) 文化艺术 (66.7%；91.3%；91.3%)；(6) 科学技术 (26.7%；34.8%；34.8%)；(7) 法律道德 (33.3%；34.8%；34.8%)；(8) 宗教哲学 (40.0%；43.5%；43.5%)；(9) 语体程式 (议论语体、说明语体、科技语体) (66.7%；30.4%；30.4%)。上述数据表明，无论是初级、中级、高级水平的汉语学习者，对于

综合信息类词汇的习得需求均比较低，相对高的项目是经济贸易和文化艺术。这主要是因为，综合信息类词汇涉及的项目在日常交际生活中使用较少，主要是一些专业用语。学习者对于经济贸易比较感兴趣的原因是，很多学生希望从事和中外贸易交流相关的职业；对于文化艺术词汇感兴趣的原因是，很多学生学习汉语是因为对中国文化感兴趣，希望从事中外文化交流的工作。

3.3.3　讨论

上述结果表明，初级水平学习者的词汇习得需求比较高，中级水平学习者的词汇习得需求有所降低，高级水平学习者的词汇习得需求又有所提高。这主要是因为，初级水平学习者刚接触汉语，对学习汉语充满兴趣，学习的积极性非常高。他们希望初步具备运用汉语进行交际的能力，词汇需求非常高，因为词汇是交际所不可缺少的载体。进入中级阶段，学习者所掌握的词汇已经可以满足基本交际的需要，可以用所学的基础词汇简单地表达自己的想法和意愿，但尚未达到在不同语境和情景下准确而得体地运用汉语进行表达的水平。同时，由于他们倾向于运用初级阶段所掌握的基本词汇进行表达，对于一些新词常常采取回避策略，这应该是造成这个阶段的学习者词汇习得的需求降低的最重要原因。然而，从汉语教学的角度而言，中级阶段的教学恰恰是以词汇教学为中心的。这一阶段的学习者已经掌握了基本的汉语语音和语法项目，词汇教学就成为这个阶段教学的重中之重。从这个角度上讲，对于中级水平的学生，我们应该尽量针对其词汇需求，帮助学习者跨越汉语词汇发展的门槛，有针对地解决其词汇量不足和不能准确运用词汇的问题。高级水平的学习者汉语水平已经达到了比较高的程度，学习动机比较强，希望更加准确地运用汉语进行交际，因此词汇习得的需求比较强。高级阶段的词汇教学，应该在发展学生词汇量的同时，帮助他们围绕主题对词汇进行深层认识和理性分析，这样才能从根本上提高学生的词汇水平。同时，不同水平的学习者对于五种功能类词汇的习得情况也有所不同。总体而言，初、中、高三个水平的学习者对于生存类词汇的习得需求比较高。这主要是因为，生存类包括天气情况、饮食、购物、换钱取钱、看病买药、基本生活服务等11类词汇，这些词汇是留学生在中国学习生活中常用的词汇。初、中级被试对于个人信息类词汇的习得需求比较高，主要是因为这些词汇是他们进行日常生活交际特别是自我介绍时所不可或缺的。相对来说，学习者对于综合信息类词汇的习得需求较低。出现这种情况的原因是，综合信息类词汇涵盖的主要是环境自然、历史地理、政治外交、经济贸易、文化艺术、科学技术、法律道德、宗教哲学、语体程式等9类词汇，这些词汇大部分属于专业词汇，学生在日常交际表达中很少讨论与这些词汇相关的话题，这些词汇的使用频率比较低。

结果还表明，学习者对五大功能类下面的次功能类的词汇需求情况也有所不同。由于学习者学习汉语的目的是为了具备运用汉语进行交际的能力，因此如果词汇与他们的日常学习、生活密切相关，是他们在日常交际中所必须具备的，他们就会对这一种次功能类词汇感兴趣。相对而言，学习者对于使用频率较低、书面色彩较强的次功能类词汇的需求往往会比较低。另一方面，如果某一次功能类词汇与中国文化或经济交流相关，则学习者的词汇习得需求会比较高。这是因为，很多学习者学习汉语是为了了解中国文化或希望从事与中外经济文化交流相关的工作。

3.4 教学启示

需求分析的结果提示我们，留学生的词汇习得需求会受到词汇功能类的影响。初级、中级、高级水平学习者的词汇习得需求各有不同，初级水平学习者的词汇习得需求较高，中级水平学习者的词汇习得需求有所降低，高级水平学习者的词汇习得需求再次提高。同时，同一功能类下面的次类别词汇的习得需求也有所不同。这个结果提示我们，在教学中可以采取措施，围绕学习者的词汇习得需求展开教学。

鉴于学习者对于不同功能类的词汇习得需求不同，那么我们在词汇教学时应该考虑词汇的交际功能类问题。在汉语词汇教学中考虑功能类的问题，可以利用语料库建立基于交际功能的主题词汇表，为学习者第二语言词汇知识图式的组构和重构提供支持，因为图式的建构是在反复接触同质或近似语境，并不断分析和综合的过程。国外许多学者都曾经从语言习得的心理认知基础讨论语料库对构建学习者的语言认知图式的积极作用（Aston，1997：57；Aston，1999：262）①。我们应该以话题为基础，探讨如何通过语料库促使学习者形成有关图式以及习得与其相匹配的语言形式。

我们可以根据学习者的需求创建小型专业语料库以满足特定的词汇拓展需求，具体的设想是，创建基本交际、生存、社会活动、个人信息以及综合信息等五大模块语料库，在每个模块下分设各种话题的开放型主题语料群。在对该语料库和参照语料库进行科学处理的基础上，通过 wordsmith 软件包中的 wordlist 工具生成经过词族处理的词频表以便提取该话题主题词汇的内容图式。用基于语料的任务学习法引导学习者依据频数及主题相关性原则，建构话题的基本信息框架，促使学习者全面而深入地了解话题图式的主题词汇构成。我们发现，各个功能类的词汇之间并不是孤立的线形关系，而是立体的网络的关系。这种联想关系符合留学生的思维习惯，可以帮助他们建构各个词之间的关系，避免简单

① Aston，G. 1997 Enriching the Learning Environment：Corpora in ELT ［A］. Teaching and Language Corpora ［C］. Eds. A. Wichmann，et al. England：AddisonWesley Longman L imited. Aston. G. 1999 Corpora in language pedagogy ：matching theory and p ractice ［A］. Principles and Practice in Applied L inguistics ［C］. （eds）. G Cook and B Seidlhofer. 上海外语教育出版社.

机械的记忆，快速掌握该功能类的词汇。

综上所述，在国际汉语词汇教学中，教师可以通过词汇习得的需求分析了解留学生的词汇学习需要，在此基础上建立以学生为中心的主题性词汇教学模式，指导留学生围绕主题词自主学习汉语词汇。这种做法将有助于建立基于功能类的词汇教学体系，提高留学生运用汉语词汇的能力。

第四节 汉语国际推广背景下的理解性词汇和产出性词汇等级大纲

4.1 问题的提出

在目前汉语国际推广的新形势下建立新的词汇等级大纲，是新世纪国际汉语教学发展的需要，具有重要的理论意义和实践意义。首先，大纲在教学中具有重要作用。汉语教学的全过程和全部教学活动包括总体设计、教材编写、课堂教学、语言测试四大环节，大纲的制定属于总体设计环节。因此，大纲制定的任务是对教学进行全面设计并确定教学目标，只有这一环节确定，才能把教学目标转化为实际的教学计划。大纲制定必须符合语言教学的性质和层次，并对每一级所需达到的标准进行细化处理。在对外汉语词汇教学中，词汇等级大纲无疑是处于核心地位的指导性纲领。

第二，既然词汇大纲属于汉语教学的指导性纲领，那么它应该在汉语教材的编写过程中发挥巨大的指导作用。刘珣（2000）认为：“教学计划和教学大纲是教材编写的直接依据。教材必须遵循作为总体设计成果的教学计划与教学大纲所做的规范[①]。”赵金铭（2004）也指出，收集和分析教学大纲是第二语言教材编写的基本程序的关键环节之一[②]。而且，如没有各种教学大纲的指导就不可能编出科学且实用的教材。然而，目前已有的研究表明，教材的编写与现有的词汇大纲存在脱节的现象。苏新春（2006）曾经就《北大初级教程》、《北语汉语教程》等两部教材与《汉语水平词汇与汉字等级大纲》中的词汇进行过专门的对比研究[③]。结果表明，这两部教材的共有词汇很少，同时，两部教材的词汇与《汉语水平词汇与汉字等级大纲》在选词方面的差异也非常明显。虽然苏新春的研究只是选取了两部教材，研究成果显然不具有普遍性，但至少说明，目前在教材编写方面，词汇的选取与词汇大纲之间存在较大的不一致性。当然，这其中有《汉语水平词汇与汉字等级大纲》本身的原因。毕竟《汉语水平词汇与汉字等级大纲》是在1992年编制的，而随着时代的发展，语言中词汇的更新速度是非常快的，汉语教学大纲的词汇与当代词汇的发展存在脱节现象。然而，这种教材选词与词汇大纲的不衔接现象至少应该引起学术界的关注，教材的编写要以词汇等级标准为依据，而只有相对完善的词汇等级标准才能更好地为教材编写服务。

第三，词汇和汉字是汉语的基本材料和载体，也是语言教学总体目标的重要组成部分，在汉语教学中具有重要作用。因此，词汇等级大纲和汉字等级大纲在教学大纲中都占据着重要位置。在制定汉语教学的词汇等级大纲时必须重视汉语的词汇与汉字的联系，并将这种联系落到词汇大纲制定的实处。只有这样，教材

---

① 刘珣：《对外汉语教育学引论》［M］，北京语言大学出版社2000年出版，P313。

② 赵金铭：《对外汉语教学概论》［M］，商务印书馆2004年出版，P190。

③ 苏新春：《对外汉语词汇大纲与两种教材词汇状况的对比研究》［J］，载《语言文字应用》2006年第5期。

编写、课堂教学、语言测试各个环节中的词汇和汉字部分才能真正做到有据可依，教学目标才能得以实现。

根据我们的实验研究以及上节所提出的制定词汇等级标准的原则和方法，我们编制了新的汉语词汇等级大纲。在编制的过程中，充分考虑了下面的五条原则：

第一，词汇等级与语言交际功能相结合的原则；

第二，考虑理解性词汇和产出性词汇的不同标准问题；

第三，建立词汇层级体系的原则；

第四，考虑国外的国际汉语教学与国内对外汉语教学的区别以及汉语专业与非汉语专业分设的原则；

第五，考虑学习者的词汇习得需求的原则。

除了上述五条基本原则外，我们在编制词汇等级大纲时主要遵循以下四个步骤：

第一，在以往词表的基础上确定对外汉语教学总体词汇的大致范围，主要是以《汉语国际教育用音节汉字词汇等级划分》为依据。这一方面是因为，《汉语国际教育用音节汉字词汇等级划分》所收录的词汇具有时效性。另一方面，《汉语国际教育用音节汉字词汇等级划分》的收词量更为合理，与已有学者们对于词汇等级大纲的研究成果相一致。《汉语水平词汇与汉字等级大纲》收词 8822 个，而研究者们所提出的最普遍的修改意见是在原有词汇大纲词语基础上继续扩大收词量。相比而言，《汉语国际教育用音节汉字词汇等级划分》的收词量则更为符合学者们的研究结论。

第二，在对外汉语教学总体词汇的范围内按照功能类设定意义大类、各功能类语义场，并梳理功能类词群；

第三，根据我们的实验研究结论，确定初、中、高三个水平的汉语学习者的大致词汇量以及词汇量在各个功能类的分布情况；

第四，根据汉语学习者的词汇习得需求以及词汇等级和习得的对外易度制定词汇等级大纲。

4.2　普及化汉语教学词汇量的确定

在制定词汇等级标准的过程中，我们要考虑的一项非常重要的原则就是国外的国际汉语教学与国内对外汉语教学的区别以及汉语专业与非汉语专业分设的原则。我们所要建立的词汇等级标准，虽然主要是面对汉语专业的学习者，但在这里我们也要谈一下非专业的学习者的词汇量的确定问题。

《国际汉语教学通用课程大纲》作为最新的、面向国际汉语通用课程教学的汉语教学大纲，以“大众化”、“普及型”、“应用型”为特征区别于以往的汉语教学大纲[①]。《国际汉语教学通用课程大纲》的实施对象包括成年人与未成年人、在校学习者与社会学习者、有汉语背景者与无汉语背景者等。它降低学习的难度，符合目前的非学历汉语教学的要求。它的总体目标是“使学习者在学习汉语语言知识与技能的同时，进一步强化学习目的，培养自主学习与合作学习的能力，形成有效的学习策略，最终具备语一综合运用能力”。与已有的大纲相比，《国际汉语教学通用课程大纲》更符合目前汉语教学大众化、普及化的现状。同时，与以往的大纲针对专业汉语或汉语全过程教学不同，该大纲主要针对初级阶段的汉语教学，注重各种汉语学习能力的培养，因此也更有针对性。《国际汉语教学通用课程大纲》规定了800汉字和1500词的标准，这一标准远远小于其他大纲所规定的汉字量和词汇量。

除《国际汉语教学通用课程大纲》之外，《新汉语水平考试大纲HSK一级到六级词汇大纲》也是以普及化为特征的最新词汇大纲。新HSK大纲共收入5000词汇，其中一级词汇150个，二级词汇150个，三级词汇300个，四级词汇600个，五级词汇1300个，

---

① 国家汉语国际推广领导小组办公室：《国际汉语教学通用课程大纲》[Z]，外语教学与研究出版社2008年出版。

六级词汇2500个。总体而言，《新汉语水平考试大纲HSK一级到六级词汇大纲》与《汉语国际教育用音节汉字词汇等级划分》以及《汉语水平词汇与汉字等级大纲》（旧HSK大纲）相比，更符合普及化汉语教学的需要。

综上所述，《课程大纲》的1500词和《新汉语水平考试大纲HSK一级到六级词汇大纲》的5000词可以作为普及化汉语教学的词汇标准。

4.3 汉语国际推广背景下的词汇等级大纲

确定汉语作为第二语言的学习者所需掌握的词汇量，要把握的一个最为重要的原则就是区分不同性质和层次的汉语教学，并针对不同性质、层次的教学，分别制定不同的词汇等级和汉字等级标准。这一原则的核心就是要将学历教育的词汇大纲与非学历教育的词汇大纲分开。只有做到这一点，才能让目前汉语教学的词汇等级标准和汉字等级标准更具针对性，才能更好地指导汉语教学，使汉语教学更为有的放矢，以提高不同性质和层次的汉语教学的效率。我们的研究重点，也就是我们所要建立的词汇等级标准，主要是面对汉语专业的学习者而制定的。

事实上，目前已有的大部分词汇等级大纲，主要是针对学历教育制定的，对学习者的要求比较高，符合国内对外汉语教学的实际情况。《高等学校外国留学生汉语教学大纲》共收入词汇6561个词汇，其中一年级一级词汇表包括993个复用式词语，一年级二级词汇表共1711个词语，其中763个是复用式的；二年级词汇表含有2215个词语；三、四年级词汇表共包括2635个词语。《汉语水平词汇与汉字等级大纲》共收入词汇8822个，其中甲级词1033个、乙级词2018个、丙级词2202个、丁级词3569个。《汉语国际教育用音节汉字词汇等级划分》共收入词汇11092个，比《汉语水平词汇与汉字等级大纲》的词汇量多出2270个，其中一级词

2245 个，二级词 3211 个，三级词 4175 个和附录词 1340 个。我们建立的词汇等级大纲主要是以《汉语国际教育用音节汉字词汇等级划分》为基础的，选择该大纲的原因有二：一是《汉语国际教育用音节汉字词汇等级划分》收词量较大，而已有的关于词汇等级大纲制定的研究已经表明《汉语水平词汇与汉字等级大纲》把词汇量定为 8821 有些保守①。二是《汉语国际教育用音节汉字词汇等级划分》依据的是《广播电视对话节目语料》、《有声媒体语料》、《三媒体综合语料》、《九年义务教育（新课标）语文科语料》、《国家语委现代汉语语料库（核心语料库）》等语料库 2005 年至 2009 年收入的最新语料，可以很好地反映当今社会词汇使用的真实频度。

至于初级、中级、高级三个等级词汇大纲的词汇量问题，我们认为，目前对外汉语教学界将 3000 词、5000 词、8000 词作为三个界点是比较符合对外汉语教学的实际情况的。我们的实证研究结果也表明，初级水平的汉语学习者所具备的产出性词汇量和理解性词汇量为 2900 词和 3600 词；中级水平的汉语学习者所具备的产出性词汇量和理解性词汇量为 4600 词和 5600 词；高级水平的汉语学习者所具备的产出性词汇量和理解性词汇量为 6500 词和 7100 词。我们根据实证研究的结果，初步制定了汉语学习者的初级、中级和高级的理解性词汇和产出性词汇等级大纲。

4.3.1　初级词汇等级大纲

初级词汇等级大纲包括理解性词汇 3460 词，产出性词汇 2642。具体如表 1 和表 2 所示，具体词汇详见附录 1。

表 1：产出性词汇大纲（2642 词）

① 张凯：《汉语构词基本字的统计分析》［J］，载《语言教学与研究》1997 年第 1 期 42－51。

1、基本交际类词汇

		《等级划分》一级	《等级划分》二级	《等级划分》三级	《新HSK词汇大纲》的词汇
基本交际类词汇420	打招呼	10	3		
	互相介绍	27	2		
	感谢	5	1		
	道歉	2	2		
	祝贺	7	5		
	安慰	3	4		
	遗憾	1	1		
	邀请或受邀	19	11		
	赠送礼物	10	1		
	常用社会称呼	47	29		
	社交礼貌用语	22	15		1
	书信用语	39	15		
	交际技巧	104	34		

2、生存类词汇

		《等级划分》一级	《等级划分》二级	《等级划分》三级	《新HSK词汇大纲》的词汇
生存类1284	天气情况	22	28		
	饮食	52	93		1
	购物	59	116		1
	换钱取钱	11	11		
	看病买药	35	88		
	基本生活服务	291			4
	时间与日期	119			4
	地点处所	121			1
	数字和数量	94			2
	性状和质量	180			
	距离和范围	39			

3、社会活动类词汇

		《等级划分》一级	《等级划分》二级	《等级划分》三级	《新 HSK 词汇大纲》的词汇
社会活动 367	交通情况	48			1
	邮电通讯	20			
	参观旅行	46			1
	娱乐休闲	85			1
	体育运动	55			2
	媒体信息	108			

4、个人信息类词汇

		《等级划分》一级	《等级划分》二级	《等级划分》三级	《新 HSK 词汇大纲》的词汇
个人信息 386	个人基本情况	53			
	婚姻和家庭	38			
	爱好和特长	11			
	学习和教育	106			5
	工作和职业	66			
	看法和态度	92			
	打算和愿望	9			
	做事的目的、原因和结果	6			

5、综合信息类词汇

		《等级划分》一级	《等级划分》二级	《等级划分》三级	《新 HSK 词汇大纲》的词汇
综合信息（161）	环境自然	5			
	历史地理	9			2
	政治外交	32			
	经济贸易	15			
	文化艺术	27			
	科学技术	18			
	法律道德	6			
	宗教哲学	0			
	语体程式	49			

6、不能归入上述五类的虚词（22）

表 2：理解性词汇（3460 词）

1、基本交际类词汇

		《等级划分》一级	《等级划分》二级	《等级划分》三级	《新 HSK 词汇大纲》的词汇
基本交际类词汇 420	打招呼	10	3		
	互相介绍	27	2		
	感谢	5	1		
	道歉	2	2		
	祝贺	7	5		
	安慰	3	4		
	遗憾	1	1		
	邀请或受邀	19	11		
	赠送礼物	10	1		
	常用社会称呼	47	29		
	社交礼貌用语	22	15		1
	书信用语	39	15		
	交际技巧	104	34		

2、生存类词汇

		《等级划分》一级	《等级划分》二级	《等级划分》三级	《新 HSK 词汇大纲》的词汇
生存类 1436	天气情况	22	28		
	饮食	52	93		1
	购物	59	116		1
	换钱取钱	11	11		
	看病买药	35	88		
	基本生活服务	291			4
	时间与日期	119			4
	地点处所	121			1
	数字和数量	94	64		2
	性状和质量	180			
	距离和范围	39			

3、社会活动类词汇

		《等级划分》一级	《等级划分》二级	《等级划分》三级	《新 HSK 词汇大纲》的词汇
社会活动 702	交通情况	48	48		1
	邮电通讯	20	46		
	参观旅行	46	20		1
	娱乐休闲	85	221		1
	体育运动	55			2
	媒体信息	108			

4、个人信息类词汇

		《等级划分》一级	《等级划分》二级	《等级划分》三级	《新 HSK 词汇大纲》的词汇
个人信息 717	个人基本情况	53	96		
	婚姻和家庭	38	62		
	爱好和特长	11	8		
	学习和教育	106	146		5
	工作和职业	66			
	看法和态度	92			
	打算和愿望	9	19		
	做事的目的、原因和结果	6			

5、综合信息类词汇

		《等级划分》一级	《等级划分》二级	《等级划分》三级	《新 HSK 词汇大纲》的词汇
综合信息（161）	环境自然	5			
	历史地理	9			2
	政治外交	32			
	经济贸易	15			
	文化艺术	27			
	科学技术	18			
	法律道德	6			
	宗教哲学	0			
	语体程式	49			

6、不能归入上述五类的虚词（22 词）

4.3.2 中级词汇等级大纲

中级词汇等级大纲包括理解性词汇 5462 词，产出性词汇 4260 词。具体如表 3 和表 4 所示，详见附录 2。

表3：产出性词汇（4260词）

1、基本交际类词汇

		《等级划分》一级	《等级划分》二级	《等级划分》三级	《新HSK词汇大纲》的词汇
基本交际类420	打招呼	10	3		
	互相介绍	27	2		
	感谢	5	1		
	道歉	2	2		
	祝贺	7	5		
	安慰	3	4		
	遗憾	1	1		
	邀请或受邀	19	11		
	赠送礼物	10	1		
	常用社会称呼	47	29		
	社交礼貌用语	22	15		1
	书信用语	39	15		
	交际技巧	104	34		

2、生存类词汇

		《等级划分》一级	《等级划分》二级	《等级划分》三级	《新HSK词汇大纲》的词汇
生存类1905	天气情况	22	28		
	饮食	52	93		1
	购物	59	116		1
	换钱取钱	11	11		
	看病买药	35	88		
	基本生活服务	291			4
	时间与日期	119	114		4
	地点处所	121	113		1
	数字和数量	94	64		2
	性状和质量	180	198		
	距离和范围	39	44		

3、社会活动类词汇

		《等级划分》一级	《等级划分》二级	《等级划分》三级	《新 HSK 词汇大纲》的词汇
社会活动类 702	交通情况	48	48		1
	邮电通讯	20	46		
	参观旅行	46	20		1
	娱乐休闲	85	221		1
	体育运动	55			2
	媒体信息	108			

4、个人信息类词汇

		《等级划分》一级	《等级划分》二级	《等级划分》三级	《新 HSK 词汇大纲》的词汇
个人信息 1048	个人基本情况	53	96		
	婚姻和家庭	38	62		
	爱好和特长	11	8		
	学习和教育	106	146		5
	工作和职业	66	134		
	看法和态度	92	192		
	打算和愿望	9	19		
	做事的目的、原因和结果	6	5		

5、综合信息类词汇

		《等级划分》一级	《等级划分》二级	《等级划分》三级	《新 HSK 词汇大纲》的词汇
综合信息类 161	环境自然	5			
	历史地理	9			2
	政治外交	32			
	经济贸易	15			
	文化艺术	27			
	科学技术	18			
	法律道德	6			
	宗教哲学	0			
	语体程式	49			

6、不能归入上述五类的虚词（22 词）

表 4：理解性词汇大纲（5462）

1、基本交际类词汇

		《等级划分》一级	《等级划分》二级	《等级划分》三级	《新 HSK 词汇大纲》的词汇
基本交际类 420	打招呼	10	3		
	互相介绍	27	2		
	感谢	5	1		
	道歉	2	2		
	祝贺	7	5		
	安慰	3	4		
	遗憾	1	1		
	邀请或受邀	19	11		
	赠送礼物	10	1		
	常用社会称呼	47	29		
	社交礼貌用语	22	15		1
	书信用语	39	15		
	交际技巧	104	34		

2、生存类词汇

		《等级划分》一级	《等级划分》二级	《等级划分》三级	《新 HSK 词汇大纲》的词汇
生存类2311	天气情况	22	28		
	饮食	52	93		1
	购物	59	116		1
	换钱取钱	11	11		
	看病买药	35	88		
	基本生活服务	291	406		4
	时间与日期	119	114		4
	地点处所	121	113		1
	数字和数量	94	64		2
	性状和质量	180	198		
	距离和范围	39	44		

3、社会活动类词汇

		《等级划分》一级	《等级划分》二级	《等级划分》三级	《新 HSK 词汇大纲》的词汇
社会活动类1039	交通情况	48	48		1
	邮电通讯	20	46		
	参观旅行	46	20		1
	娱乐休闲	85	221		1
	体育运动	55	80		2
	媒体信息	108	257		

4、个人信息类词汇

		《等级划分》一级	《等级划分》二级	《等级划分》三级	《新 HSK 词汇大纲》的词汇
个人信息类 1048	个人基本情况	53	96		
	婚姻和家庭	38	62		
	爱好和特长	11	8		
	学习和教育	106	146		5
	工作和职业	66	134		
	看法和态度	92	192		
	打算和愿望	9	19		
	做事的目的、原因和结果	6	5		

5、综合信息类词汇

		《等级划分》一级	《等级划分》二级	《等级划分》三级	《新 HSK 词汇大纲》的词汇
综合信息类 622	环境自然	5	13		
	历史地理	9	32		2
	政治外交	32	89		
	经济贸易	15	63		
	文化艺术	27	58		
	科学技术	18	56		
	法律道德	6	22		
	宗教哲学	0	12		
	语体程式	49	114		

6、不能归入上述五类的虚词（22 词）

4.3.3　高级词汇等级大纲

高级词汇等级大纲包括理解性词汇 8705 词，产出性词汇 6591 词，具体如表 5 和表 6 所示，详见附录 3。

表 5：产出性词汇大纲（6591 词）

1、基本交际类词汇

		《等级划分》一级	《等级划分》二级	《等级划分》三级	《新 HSK 词汇大纲》的词汇
基本交际类 524	打招呼	10	3	3	
	互相介绍	27	2	2	
	感谢	5	1	4	
	道歉	2	2	0	
	祝贺	7	5	3	
	安慰	3	4	2	
	遗憾	1	1	3	
	邀请或受邀	19	11	10	
	赠送礼物	10	1	2	
	常用社会称呼	47	29	47	
	社交礼貌用语	23	15	6	1
	书信用语	39	15	11	
	交际技巧	104	34	11	

2、生存类词汇

		《等级划分》一级	《等级划分》二级	《等级划分》三级	《新 HSK 词汇大纲》的词汇
生存类 2562	天气情况	22	28	15	
	饮食	52	93	75	1
	购物	59	116	114	1
	换钱取钱	11	11	10	
	看病买药	35	88		
	基本生活服务	291	406		4
	时间与日期	119	114		4
	地点处所	121	113		1
	数字和数量	94	64	37	2
	性状和质量	180	198		
	距离和范围	39	44		

3、社会活动类词汇

		《等级划分》一级	《等级划分》二级	《等级划分》三级	《新 HSK 词汇大纲》的词汇
社会活动类 1230	交通情况	48	48	90	1
	邮电通讯	20	46	19	
	参观旅行	46	20	82	1
	娱乐休闲	85	221		1
	体育运动	55	80		2
	媒体信息	108	257		

4、个人信息类词汇

		《等级划分》一级	《等级划分》二级	《等级划分》三级	《新 HSK 词汇大纲》的词汇
个人信息类 1631	个人基本情况	53	96	176	
	婚姻和家庭	38	62	70	
	爱好和特长	11	8	15	
	学习和教育	106	146	136	5
	工作和职业	66	134	166	
	看法和态度	92	192		
	打算和愿望	9	19	20	
	做事的目的、原因和结果	6	5		

5、综合信息类词汇

		《等级划分》一级	《等级划分》二级	《等级划分》三级	《新 HSK 词汇大纲》的词汇
综合信息类 622	环境自然	5	13		
	历史地理	9	32		2
	政治外交	32	89		
	经济贸易	15	63		
	文化艺术	27	58		
	科学技术	18	56		
	法律道德	6	22		
	宗教哲学	0	12		
	语体程式	49	114		

6、不能归入上述五类的虚词（22 词）

表 6：理解性词汇（8705 词）

1、基本交际类词汇

		《等级划分》一级	《等级划分》二级	《等级划分》三级	《新 HSK 词汇大纲》的词汇
基本交际类 524	打招呼	10	3	3	
	互相介绍	27	2	2	
	感谢	5	1	4	
	道歉	2	2	0	
	祝贺	7	5	3	
	安慰	3	4	2	
	遗憾	1	1	3	
	邀请或受邀	19	11	10	
	赠送礼物	10	1	2	
	常用社会称呼	47	29	47	
	社交礼貌用语	22	15	6	1
	书信用语	39	15	11	
	交际技巧	104	34	11	

2、生存类词汇

		《等级划分》一级	《等级划分》二级	《等级划分》三级	《新 HSK 词汇大纲》的词汇
生存类 3460	天气情况	22	28	15	
	饮食	52	93	75	1
	购物	59	116	114	1
	换钱取钱	11	11	10	
	看病买药	35	88	129	
	基本生活服务	291	406	458	4
	时间与日期	119	114	107	4
	地点处所	121	113	67	1
	数字和数量	94	64	37	2
	性状和质量	180	198	120	
	距离和范围	39	44	17	

3、社会活动类词汇

		《等级划分》一级	《等级划分》二级	《等级划分》三级	《新 HSK 词汇大纲》的词汇
社会活动类 2162	交通情况	48	48	90	1
	邮电通讯	20	46	19	
	参观旅行	46	20	82	1
	娱乐休闲	85	221	379	1
	体育运动	55	80	53	2
	媒体信息	108	257	500	

4、个人信息类词汇

		《等级划分》一级	《等级划分》二级	《等级划分》三级	《新 HSK 词汇大纲》的词汇
个人信息类 1915	个人基本情况	53	96	176	
	婚姻和家庭	38	62	70	
	爱好和特长	11	8	15	
	学习和教育	106	146	136	5
	工作和职业	66	134	166	
	看法和态度	92	192	280	
	打算和愿望	9	19	20	
	做事的目的、原因和结果	6	5	4	

5、综合信息类词汇

		《等级划分》一级	《等级划分》二级	《等级划分》三级	《新 HSK 词汇大纲》的词汇
综合信息类 622	环境自然	5	13		
	历史地理	9	32		2
	政治外交	32	89		
	经济贸易	15	63		
	文化艺术	27	58		
	科学技术	18	56		
	法律道德	6	22		
	宗教哲学	0	12		
	语体程式	49	114		

6、不能归入上述五类的虚词（22 词）

4.4 进一步研究的方向

我们的研究还有很多可以进一步深入探讨的地方。第一，我们的研究仅仅是在实验研究的基础上，建立了基于功能类的初级、中级、高级的理解性词汇大纲和产出性词汇大纲。在进一步的研究中，我们可以在此基础上建立以功能为导向的汉语词汇语料库，这样可以更好地为国际汉语词汇教学服务。

第二，除了建立词汇等级标准之外，进一步的研究还要建立汉字等级标准。我们所要建立的汉字等级标准，应该与词汇等级标准密切相关。在目前的词汇和汉字等级大纲中，《汉语水平词汇与汉字等级大纲》中收入甲级字 800 个、乙级字 804 个、丙级字 590 个、丙级字附录 11 个、丁级字 670 个、丁级附录 30 个，总共收入汉字 2905 个。《高等学校外国留学生汉语言专业教学大纲》中收入一年级一级字 795 个、二级字 696 个，二年级 545 个，三、四年级 467 个，共收入汉字 2503 个。《国际汉语教学通用课程大纲》制定的汉字教学目标是 800 字[①]。由此可见，上述大纲不仅在收词方面存在差异，在收字方面的差别也很大。赵金铭（1989）认为常用汉字是 1000 个，因为按照“汉字效用递减率”，最高频的 1000 字的覆盖率是 90%，而以后每增加 1400 字覆盖率才提高 1%[②]。王铁馄通过对《中国语言生活状况报告》的分析发现一个非常有趣的现象：无论是报纸、广播、电视、网络还是汉语作为第二语言教材，在汉字覆盖率达到 80%、90% 和 99% 时，所使用的汉字数几乎分别都是 600 字左右、1000 字左右和 2300 字左右[③]。但汉字和词汇之间的关系到底如何？这是我们以后研究需要进一步探讨的问题。

① 国家汉语国际推广领导小组办公室：《国际汉语教学通用课程大纲》［Z］，外语教学与研究出版社 2008 年出版。

② 赵金铭：《外国人基础汉语用字表》草创［A］，载《汉语研究》〔C〕，南开大学出版社 1989 年出版。

③ 王铁砚：《语言使用实态考察研究与语言规划》［J］，载《语言文字应用》2008 年第 1 期，23 页。

附录一：初级词汇等级大纲

一、产出性词汇大纲：（2642 个词）

（一）基本交际类词汇（420 个词）

1、打招呼（13）

多久 干吗 干什么 哈哈 好久 吗 呢 晚上 再见 早 早上 招手 喂（叹） 问候

2、互相介绍（29）

高兴 互相 叫 叫做 她 她们 介绍 那（代） 就是 开心 来自 那些 你 你们 认识 是 谁 他 他们 它 它们 我 我们 相互 姓 这 这些 那个 愉快

3、感谢（6）

非常 十分 太 特别 谢谢 报答

4、道歉（4）

不好意思 对不起 抱歉 道歉

5、祝贺（12）

多么 干 干杯 感谢 庆祝 希望 祝 好运 了不起 祝福 祝贺 祝愿

6、安慰（7）

没关系 没什么 没事儿 安慰 不要紧 好不容易 好好儿

7、遗憾（2）

本来 差（一）点儿

8、邀请或受邀（30）

等（动）等到 方便 分开 告诉 接待 客人 离开 留 留下 其他（其它） 请客 去 时候 时间 晚会 行 一起 有空儿 愿意 约 迟 迟到 宴会 邀请 预约 约会 招呼 做客

9、赠送礼物（11）

定　分（动）好多　类似　礼物　拿　送　送到　送给　喜欢　赠送

10、常用社会称呼（76）

别人　车主　大夫　大家　大姐　大妈　大人　大众　夫人　父母　各位　姑娘 老（老王）老百姓　老板　老人　们（朋友们）男孩儿　男人　男子　女孩儿　女人　女士　女子　朋友　青年　青少年　群众　人家　人们　人民　少年　太太　同事　同学　同志　先生　小（小李）小孩儿　小姐　学生　小朋友 员（服务员）院长　咱　咱们　主人　阿姨　宝宝　宝贝　长（秘书长）大哥　大伙儿　大师　儿童 房东　夫妇　妇女　负责人　公众　好友　老朋友 老乡 俩　民众　男性　女性　青年人　人士　师傅　市民　同胞　徒弟　小伙子　者（劳动者）诸位

11、社交礼貌用语（37）

不如　该（动）告别　欢迎 交流　您　请　请进　请问　请坐　商量　随便　随时　同意　晚安　为什么　一路平安　一路顺风　应该　迎接　有　坐　坐下　不客气　拜访　不敢当 打扰　光临　吉祥　客气　礼 礼貌 没错　没法儿 送行　随意　也好

12、书信用语（54）

比较　比如　比如说　并且　不仅　称　等　等于　待　对方　对于　方面　分别　根据　关于　较　就 据说　例如 例子　另外　另一方面　能够　其次　其中　如何　实际　实际上　事　首先　双方　随　所　通信　相当 为了 为 因此　一方面　与　毕竟　此外　此致　对比　回复　回信　敬礼　来信　信封 应　尤其　针对 至于　致　总之

13、交际技巧（138）

吧　必须　表达　表示　不　不必　不但　不得不 不管　不过 不太　才（副）　差不多　除了　但　但是　到底　得　的

的话 等（助）地 点 点头 都 对 对（介、动） 对话 多（副） 多（形）而且 更 更加 果然 好（副） 好（形）好像 和 很 话 还 还是 还有 回答 或 或者 假如 简直讲 讲话 接 开始 开玩笑 可能 可是 肯定 了 没 没有 哪些 那（连）那么 难道 其实 确实 然后 让 如果什么 什么样 实在 是不是 说 说话 虽然 所以 谈 谈话 问 问题 握手 相比 像（动） 要（动） 要是 也 也许 一定 因为 原来 再 在（副）怎么 怎么办 怎么样怎样 这儿 这么 只好 只能 只是 只要 终于 着 不成不得了 不仅仅 不能不 不然 除非 答 倒是 得 的确 反而 仿佛 否则 很难说 即使 既然 可 啦 聊 聊天儿 嘛哪 敲门 却 如同 甚至 似的 哇 呀 要不然 要么 一句话 拥抱 再说

（二）生存类（1284 个词）

1、天气情况（50）

风 空气 冷 凉 凉快 暖和 气候 气温 热 太阳天 天空 天气 天上 温度 温暖 星星 雪 阳光 雨 预报 月亮 白云 暴风雨 暴雨 北风 冰雪 潮湿 打雷 低温 风暴 高温 寒冷 降温 蓝天 零下 暖 气象 晴 晴朗晴天 闪电 乌云 下雪 下雨 阴 阴天 雨水 云

2、饮食（146）

白菜 白酒 包子 菜 菜单 茶 吃 吃饭 蛋 饿 饭饭店 方便面 好吃 喝 红茶 红酒 鸡蛋 饺子 酒 渴 苦快餐 筷子 绿茶 米（名）米饭 面（名） 面包 面条儿奶 牛奶 肉 生（形） 食品 食物 熟 水 水果 汤 糖 晚饭 碗 味道 闻 午饭 西餐 香 营养 鱼 早饭 中餐 羊肉饱 餐 餐馆 餐厅 餐饮 叉 叉子 茶叶 炒 醋 打包 大米 蛋糕 豆腐 豆制品 番茄 饭馆 瓜 锅 果酱 果实

果汁 海鲜 核桃 盒饭 花生 黄瓜 加热 酱 酱油 咖啡 开水 矿泉水 辣 粮食 零食 馒头 美食 奶茶 奶粉 能量 盘子 啤酒 苹果 葡萄 葡萄酒 汽水 巧克力 茄子 热量 热水 乳制品 勺 三明治 食堂 食欲 寿司 蔬菜 水稻 酸 酸奶 桃 酸甜苦辣 台风 套餐 甜 土豆 晚餐 微波炉 味儿 喂（动） 午餐 西瓜 西红柿 吸管 香肠儿 咸 香蕉 小吃 小费 小麦 盐 野生 饮料 饮食 玉米 月饼 早餐 粥 煮 自来水 做饭

3、购物（176）

板 包 杯子 被子 本子 笔 笔记本 便宜 不行 不要 不用 布 超市 床 大衣 刀 灯 电脑 电视 电视机 东西 服装 功能 顾客 贵 花（动）家具 价格 价钱 空调 篮球 买 卖 牌子 皮包 皮鞋 钱包 球鞋 沙发 商场 商店 商品 石油 市场 收音机 手表 书 书包 书店 玩具 洗衣机 相机 鞋 消费 衣服 邮票 油 纸 种子 照相机 百货 包装 宝石 背包 背心 冰箱 玻璃 采购 彩电 产品 衬衣 出售 纯净水 促销 打折 盗版 电池 电灯 电饭锅 电器店 订 耳机 二手 发票 付 钢笔 钢琴 高档 购买 购物 鼓 光盘 国产 贺卡 花瓶 火柴 货 家电 价 剪刀 剪子 降价 胶带 胶水 节省 精品 镜子 卡子 裤子 脸盆 凉鞋 录音机 轮子 买卖 毛巾 毛衣 帽子 煤 美金 免费 名牌儿 内衣 闹钟 牛仔裤 农产品 盆 批（动）皮球 票价 品 品（工艺品）品牌 气球 汽油 铅笔 琴 热水器 伞 扇子 商标 商城 上衣 省钱 时装 实惠 手套 售货员 水泥 说明书 台灯 图书 拖鞋 袜子 外衣 围巾 物价 物品 西装 洗衣粉 鲜花 销售 牙刷 眼镜儿 用品 优惠 雨衣 玉 预订 圆珠笔 涨价 珍珠 正版 支出 支付 珠宝

4、换钱取钱（22）

存 存款 换 美元 钱 人民币 现金 信用卡 银行 银行卡 元 汇 汇款 汇率 金额 金钱 取款 取款机 券 外币 外汇 账户

5、看病买药（35）

背（名）bèi 病 病人 出院 健康 脚 精神 看病 脸 毛病 脑子 全身 伤 身上 身体 生病 手 手指 死 头脑 腿 西医 血 眼 药 药片 药水 医生 医院 预防 照顾 治 中医 住院 嘴

6、基本生活服务（295）

安装 办 办法 帮 帮忙 帮助 保护 表 补 保留 保险 抱 背（动）bèi 背 bēi 补充 查 长 冲 出 出发 出来 出门 出去 处理 穿 吹 打（动） 打工 打开 打听 打印 大声 大象 带 带来 倒 dào 电 电视剧 调 调整 掉 动 动物 动作 读 方法 方式 防 防止 放 放下 放在 费 费用 服务 福 复印 干 干活儿 赶 赶到 赶紧 赶快 搞 搞好 给 跟 工具 挂 关（动） 关机 关上 管 光（名）光明 过 过来 过去 喊 护照 还 花（名） 环保 环境 回（动） 回到 回家 回来 会（动） 回去 活 火（名） 鸡 基础 计算 架（动）交 交费 交给 角度 接到 接受 节约 结果 解决 解开 进 进来 进去 进入 经过 举 举手 卡 开 开车 开机 看 看到 看见 靠 克 克服 刻（动）口 哭 困 拉 来 来到 浪费 劳动 乐 累 利用 练 练习 量 了解 流 楼 马 毛（名）门 面对 名称 难度 念 鸟 牛（名）弄 拍 排（动）排队 牌 跑 碰 碰到 碰见 评价 瓶子 破 骑 骑车 起 起床 起来 气（动）气（名） 前往 墙 亲 请求 求 取 沙子 上（动） 上来 上去 生（动）生存 生活 声音 省（动） 失去

石头 使 使用 试 收 收到 手续 受 受到 书架 输入 树 树林 睡 睡觉 睡着 说明 跳 听 听到 听见 听说 停 停车 停止 头（木头） 土 推 推开 退 托 托儿所 玩儿 往 围 卫生 屋子 午睡 洗 洗澡 下（动）下来 下去 线 响 向 像（名）消失 小声 笑 笑话儿 写 信（名） 休息 修 修改 需求 需要 压 烟 羊 养 样子 衣架 依靠 椅子 意思 用 由于 游泳 院 在家 站（动） 张（动） 找到 找 照 照片 整理 知道 指 重 重新 住 住房 抓 抓住 转 转变 装 追 桌子 子（刀子） 自行车 走 走过 走进 走开 租 走路 座 座位 做 做到 做法 跑步 骗 服务员 猴子 垃圾桶 老虎

6、时间与日期（119）

当初 白天 半年 半天 半夜 不久 不一会儿 长期 常常常 初 初步 初一 春天 从来 从前 当 当时 定期 冬天 短期 分钟 刚 刚才 刚刚 工夫 古代 号 后来 后天 及时 假期 将来 接下来 接着 节（名、量） 节假日 久 今后 今年 今天 近期 经常 就要 空儿 快要 老（副）老是 立刻 连忙 明年 明天 目前 那会儿 那时候 年 年初 年代 年底 平常 平时 前天 去年 全年 日 日常 日期 日子 上次 上午 上周 时 时代 时刻 时期 世纪 通常 同时 晚 往往 下次 下午 下周 夏天 先后 小时 小时候 夜 夜里 一会儿 一会儿（副） 一直 已经 以后 以来 以前 永远 有时候 月 月份 早晨 早就 早已 曾经 整天 正在 之后 这时候 之前 至今 中午 钟 周 周年 自从 总（是）最后 最近 昨天

7、地点处所（121）

办公室 北 北边 北部 北方 背后 边 表面 草 草地 厂 朝 车上 城 城市 出口 窗子 村 当地 到 到处 到达 道 道路 底下 地 地点 地方 地区 地上 地图 东

东北　东边　东部　东方　东南　对面　方向　房间　房屋　房子　各地　工厂　公路　海　河　后　后边　后面　湖　家里　角（名）教室　教学楼　街　进口　里　里边　里面　里头　楼上　楼下　路　路口　路线　门口　哪　哪儿 哪里　那边　那儿　那里　南　南边　南部　南方　农村　旁边　前　前边　前后　前面　秋天　区　山　上（名）上边　上面　室　图书馆　外　外边　外地　外面　问路　西　西北　西边　西部　西方　西南　洗手间　下（名）　下边　下面　星期　星期日　星期天　眼前　一边　邮局　右　右边　院子　这边　这里　中间　中心　左　左边

8、数字和数量（96）

分之　八　把（量）百　半　杯　本（量）遍　步　场　次（量）　大多数　大量　代（名）　第（第二）　度　段　顿　多少　多数　二份　封　分（名、量）　个　公斤　公里　回（量）级　架（量）间　件　角（量）　斤　九　刻（量）块　两（量）两（数）辆　零　毛（量）　六　米（量）面（量）面积 名　排（名、量）片　篇 瓶　七 期　千　群　人数　三　少数　十　束　数　数量 数字　双　四　算　台　套　条　头（名、量）万　位　五　下（量）　项　许多　一　一半　一部分　一点点 一点儿　一共 一下　一下儿　一些　亿　有的是　有一点儿　有一些　预计　张（量）　支（量）层　少　第一 分之

9、性状和质量（181）

安静　安全　白（副）白（形）白色　被　变　变成　变化　变为 不错　不大　不对　不够　不少　不同　彩色　差　长　长大　常见　常用　超级　成　程度　持续　大　大大 大小　当然　倒dǎo　低　短　断　丰富　改　改变 干净　高　高度　高级　各种　够　古　光（形、副）　好处 好看　好事　合格　合适　黑　黑色　红　红色　忽然　花（形）坏　坏处　黄　黄色　继

续 加 价值 假 简单 将近 接近 结实 金 紧 静 旧 具有 空 快 困难 蓝 蓝色 类 连续 亮 流行 绿 绿色 乱 麻烦 满 慢 没用 美 那样 难 皮 漂亮 平 平安 齐 轻 区别 缺 缺点 缺少 仍 仍然 容易 上升 深升 适合 适用 输 顺利 特点 特色 提 提高 铁 挺好 同样 头（形） 突然 完 完成 完美 完整 危害 危险 无法 先进 现代 现实 相似 相同 小 效果 新 形状 颜色 一块儿 一下子 一样 银 应当 优点 有效 有用 又 越 越来越 脏 增长 增加 这样 真 真的 整 整齐 整整 正（形） 正常 正好 正是 直（副） 直（形、动） 直到 直接 只 zhī 只有 种 重 重大 重点 重要 属 属于 自然 足够 最 最好 作用 花

10、距离和范围（39）

部分 超过 从 大部分 当中 范围 各 广大 规模 仅 仅仅 近 离 每（代） 每（副） 内 全 全部 全体 所有 一切 以上 以外 有的 远 整个 整体 之间 之内 之外 之下 之一 之中 只 zhǐ 至少 中 周围 主要 左右

（三）社会活动类词汇（362 个）

1、交通情况（49 词）

办理 采取 采用 车 车辆 车票 车站 出租车 船 打车 地铁 地铁站 发动 飞 飞机 飞行 高速 高速公路 公共汽车 公交车 火车 机场 机会 机票 交警 交通 快速 路上 马路 起飞 汽车 前进 桥 上班 上车 上街 事故 速度 铁路 停车场 通 通过 下车 行人 一路 运输 站（名） 状况 火车站

2、邮电通讯（20）

保 保存 打电话 电话 短信 发送 公用电话 互联网 计算机 寄 联系 上网 手机 网 网络 网上 网友 网站 显

示 信号

3、参观旅行（47）

安排 报到 参观 参加 长城 出国 代表 代表团 带领 发言 访问 公园 广场 花园 环 会（名）会谈 会议 集体 集中 景色 酒店 举办 举行 开会 开展 考察 考验 领 旅客 旅行 旅游 入口 实验 实验室 提前 团 团体 行李 游 游客 有名 有意思 照相 证 证件 行李箱

4、娱乐休闲（85）

报（名）报名 表演 场合 场所 成立 出租 带动 电影 电影院 调 放假 风险 改进 改造 歌 公共 观察 观看 管理 好听 好玩儿 合作 划船 活动 见 见到 见过 见面 建 建成 建立 建设 交往 交易 借 经营 精彩 剧场 开发 开放 开业 看来 看上去 连续剧 联合 门票 民间 票 破坏 请假 热烈 人工 人员 设计 设立 社会 收费 跳舞 推动 推广 推进 完善 舞台 下班 现场 项目 小组 形成 形式 休假 选 选举 演 演唱会 演出 音乐 音乐会 影片 影视 游戏 展开 主持 组合 行动

5、体育运动（58）

比赛 打破 打球 队 队长 队员 对手 对象 分配 功夫 纪录 加快 加强 加油 检查 结束 金牌 进行 进展 救 决赛 领先 名单 爬 爬山 排名 排球 派 配 配合 球 球场 球队 球迷 取得 取消 全场 胜 胜利 世界杯 体育 体育场 体育馆 跳高 跳远 团结 退出 网球 选手 训练 运动 争 足球 组 组成 打篮球 踢足球 玩

6、媒体信息（108）

报道（报导） 报告 报纸 播出 播放 产量 产生 出现 传 传播 传来 传说 创造 代（动）电视台 电台 调查 动人 读者 发 发表 发出 发生 发现 发展 反正

非法　公布　公开　关系　观众　广播　广告　规定　合法　后果　话题　记录　纪念　加工　节目　录　录音 某　内容　批评　批准　情况　确保　任务　深入　生产　生长　生动　生意　声明　实习　实现　实行　实验 shíyàn　事件　事情　事实 试验 shìyàn　收看　收听　谈判　讨论　提出　提到　提问　体现　条件　听众　通知　晚报　危机　伟大　文章　文字　现象　消息　新闻　信息　宣布　宣传　研究　研制　页　意义　应用　影响　杂志　造　造成　正式　证据　证明　直播　指出　指导　制定　制度　制造　制作　专题　字　组织

（四）个人信息性词汇（381 个词）

1、个人基本情况（53）

爱心　白人　成长　成熟　成为　出生　从小　个人　个性　各自　故乡　好人　黑人　华人　坏人　家乡　坚强　精神　可爱　老（形）老年 老太太 老头儿　乐观　力 力量　名字　命运　内心　男　男生　年纪　年轻　女　女生　热情　人　人生　人物　身份证　生日　岁　外国人　心里　心情　心中　信心　幸运　性格 一生　中年　自己　自身

2、婚姻和家庭（38）

爱情　爱人　爸爸　成员　弟弟　儿子　父亲　感情　哥哥　孩子　欢乐　家　家人　家庭　家属　结婚　姐姐　快乐　离婚　妈妈　美好　妹妹　母亲　奶奶　男朋友　女儿　女朋友　亲人　情感　去世　全家　生命　熟人　幸福　爷爷　友好　子女　自由

3、爱好和特长（11）

爱好　长处　唱　唱歌　短处　歌迷　歌声　画　画儿　美术　优势

4、学习和教育（111）

班　班长　标题　表现　成绩　初级　初中　词　词典　错

错误 大学 大学生 得 得出 得到 得分 电子邮件 懂 懂得 读书 放学 分数 高中 功课 汉语 汉字 黑板 华语 记 记得 记住 教 教练 教师 教学 教育 进步 句 句子 开学 考 考生 考试 科 课 课本 课程 课堂 课文 流利 留学 留学生 迷 明白 年级 努力 普通话 亲自 请教 入门 上课 上学 水平 题 听讲 听力 突出 外文 外语 忘 忘记 习惯 系 下课 小学 小学生 校长 校园 笑话 写作 学 学费 学期 学习 学校 学院 压力 英文 英语 语言 语音 掌握 招生 正确 知识 中级 中文 中学 中学生 专业 准备 字典 自主 作文 作业 数学 弹钢琴 放暑假 填空 预习

5、工作和职业（66）

把握 保安 本领 本事 部 部长 部门 才能 创业 从事 单位 导演 动力 负责 歌手 工程师 工人 工资 工作 公司 公务员 国王 护士 画家 会员 记者 加入 家（科学家）经理 经历 经验 警察 就业 军人 老师 忙 媒体 面前 明星 能力 农民 人才（人材）任（动） 日报 商人 实力 市长 事业 收入 司机 退休 行为 形象 演员 要求 义务 英雄 责任 职工 职业 志愿者 专家 资格 作家 作品 作者

6、看法和态度（92 个）

爱 保证 别 不安 不满 承认 答应 得意 对待 反对 反应 放心 否定 否认 敢 感到 感动 感觉 感受 公平 关心 关注 观点 观念 害怕 好奇 积极 急 坚持 坚决 建议 紧张 尽量 觉得 看法 可靠 可怕 客观 理解 满意 满足 明确 难过 难受 怕（动） 判断 奇怪 强调 亲切 清楚 确定 热爱 认可 认为 认真 伤心 生气 实在 适应 受伤 舒服 思想 态度 疼 体会 体验 痛（形）痛苦

相信　想　想到　想法　想起　小心　信（动）　信任 行　以为　意见　意外　印象　支持　值　值得　重视　主动　主意　主张　注意　状态　着急　自觉

7、打算和愿望（9）

打算　计划　决定　决心　理想　目标　愿望　争取　志愿

8、做事的目的、原因和结果（6）

成功　成就　故意　理由　目的　原因

（五）综合信息（161）

1、环境自然（5）

存在　大自然　共同　共有　紧急

2、历史地理（11）

北京　地球　历史　全球　人口　人类　省（名）世界　市　长江　亚洲

3、政治外交（32）

保持　复杂　公民　国　国际　国家　国内　国外　海关　和平　军队　联合国　领导　民主　民族　平等　强　强大　全国　所长　外国　外交　文件　武器　政府　政治　中国　中华民族 中央 主任　主席　总理

4、经济贸易（15）

出口　达到　大规模　富　工业　过程　进口　进一步 经济　落后　明显　农业　商业　有利　资金

5、文化艺术（27）

充满　创作　春节　概念　故事　国庆　过年　话剧　节日　京剧　京戏　龙　普遍　强烈　深刻　图　图画　文化 文明　文学　武术　小说　新年　艺术　真实　准确　总结

6、科学技术（18）

比例　成果　创新　发达　发明　化（现代化）机器　技术　结合　科技　科学　科研　理论　普及　设备　卫星　依据　占

7、法律道德（6）

标准　道理　法院　规范　合　合理

8、宗教哲学（0）

9、语体程式（49）

按　按照　必然　必要　表明　并（动）　并（副、连）不断　不光　不论　称为　反复　根本（副）根本（名、形）基本　基本上 加上 将（副）将（介）具体　绝对 连　怕（副）普通 千万　全面　任（连）任何　显然 相关 性（积极性）　挺（副）完全　万一 为 wéi　无论　显得　显然　相关 性（积极性）一般　一致 由　真正 正（副）　重复　专门　准　自动　作为

（六）不能归入上述五类的虚词（22 个词）

啊（助）啊（叹）把（介）在（动、介）别的　不一定　大概　大约　几　可以　马上　能　能不能　有没有　先 现在 待会儿　一旦　极了　比　比方 叫（介）

二、初级理解性词汇（3460 个词）

除了初级产出性词汇（2271 个词）以外，还包括以下词汇。具体如下：

（一）生存类词汇

1、看病买药（88）

保健　保养　鼻子　病毒　病房　病情　肠　刺　打针　大脑　毒　毒品　儿科　发病　发烧　发炎　肺　肝　感冒　骨头　过敏　汗　好转　呼吸　胡子　缓解 患者 恢复　肌肉　急救　疾病　肩　救命　康复　咳　疗养　流感　轮椅　门诊　内科　脑袋　皮肤　器官　抢救　舌头　手术　手指头　摔　摔倒　睡眠　死亡　头疼　吐　外科 维生素　胃　细菌　消毒　消化　心脏　心脏病　胸部　修养　血管　血液　牙　眼睛　氧气　腰　药店　药品　药物　医疗　医学　医药　晕　晕车　扎　针　症状　指甲　指头　治病　治疗　中毒　中药　肿　注射

2、数字和数量（64）

百分点　倍　册　成（量）　尺寸　次数　寸　大批　滴　顶（名、动、量）　吨　多次　多种　朵　番　幅　副（量）个别　各个　根　共　共计　估计　毫米　毫升　盒　户　伙　甲　局（量）　绝大多数　棵　颗　厘米　利　盘（名、量）批（量）　匹　平方　平方米　千克　扇 shàn　首　首次　数据　数目　趟　唯一　无数　箱　些　一代　一番　一行　一再　乙　再次　再度　再三　阵　枝　总共　总量　总数

（二）社会活动类词汇

1、交通情况（43）

安检　巴士　不通　步行　长途　畅通　车号　车牌　乘　乘车　乘客　乘坐　船只　大巴　倒车　电车　堵车　封（动）高铁　轨道　航班　号码　机动车　加速　驾照　降落　开通　客车　快车　列车　轮船　马车　慢车　摩托　让座　特快　通道　途中　卧铺　行程　行驶　一路上　直升机　来往

2、邮电通讯（21）

便条　查出　查看　查询　车展　传真　电报　发电　回国　接收　连接　联络　留言　渠道　热线　搜　搜索　通话　通知书　网页　网址

3、参观旅行（67）

报（动）　宾馆　博览会　博物馆　参展　场馆　场景　程序　大会　大厅　代理　代替　登记　登入　典礼　点名　风光　风景　峰会　跟随　沟通　观测　观光　会见　集　集合　建筑　讲座　经费　景　景点　景象　看望　旅店　旅馆　旅行社　面貌　名胜　拍照　签证　前来　申请　审查　示范　试点　手续费　塔　替　替代　外出　慰问　向导　协会　雄伟　押金　引　引导　游人　游玩　游行　园　展览　展示　召开　壮观　咨询　座谈　注册

4、娱乐休闲（219）

扮演　保卫　暴力　爆　爆发　悲剧　闭幕　闭幕式　变动　变更　辩论　布置　彩票　参与　策划　策略　拆除　拆迁　长

假 场面 唱片 潮 潮流 吵 吵架 炒作 撤离 撤销 承办 抽奖 出差 出场 出事 出行 创办 创建 创立 刺激 打断 打发 打架 打牌 打造 单调 当场 当选 登 登山 抵达 调节 调解 动画 动画片 动物园 赌 赌博 发起 罚 罚款 分享 纷纷 粉丝 风格 封闭 改善 改装 歌唱 歌曲 歌星 给予 公认 公益 构造 关闭 号召 合并 互动 护 画面 环节 回收 加班 嘉宾 建造 交际 交朋友 角色 接触 节奏 界（文艺界） 禁止 镜头 酒吧 俱乐部 剧 剧本 聚 聚会 捐 捐款 捐赠 捐助 开幕 开幕式 开设 扣 乐队 乐曲 领取 没收 面对面 面试 面向 魔术 纳税 难听 偶像 排列 排行榜 聘请 评 评论 评选 欺负 启动 签（动） 签（名） 签约 侵犯 情景 群体 热闹 人群 赏 上门 上台 上演 设施 设置 盛行 释放 收购 收回 收取 税 送礼 算了 台上 提倡 提供 提示 提醒 同行 投资 推迟 推出 推销 退票 网吧 往来 文娱 舞 舞蹈 误会 吸收 吸引 戏 戏剧 戏曲 吓 限制 相处 相声 消除 消灭 协调 协商 协助 写字楼 休闲 修建 选拔 烟花 演唱 演讲 演习 演奏 业务 仪式 引进 迎来 营业 影迷 影星 优美 游戏机 游泳池 有趣 娱乐 羽毛球 圆满 在场 暂停 赞助 站台 掌声 障碍 招 招聘 中介 重建 主办 主角儿 专辑 转让 资助 奏 租金 包围 礼堂

（三）个人信息类词汇

1、个人基本情况（96）

矮 矮小 本人 本身 残疾 残疾人 成人 诚实 诚信 丑 聪明 粗心 大胆 大方 单纯 胆 胆小 诞生 档案 调皮 独立 肚子 耳朵 风度 高大 高尚 国籍 活力 活泼 活跃 骄傲 酷 懒 老家 老实 冷静 理智 力气 脸色 脸上 盲人 美丽 美女 迷人 敏感 模样 目光 男女 年龄 胖 胖子 脾气 品质 平凡 谦虚 强壮 亲眼 勤奋 青春 弱 傻 善良 伤口 身材 身高 瘦 帅 帅哥 岁数 体重 天才 天真

头发 顽皮 心 信用 姓名 性别 一身 意志 毅力 隐私 英勇 拥有 勇敢 勇气 优秀 幽默 犹豫 有劲儿 有力 运气 真诚 终身 自我 自信

2、婚姻和家庭（62）

挨 挨打 爱护 财产 财富 长寿 道德 恩人 儿女 分手 夫妻 父女 父子 公主 孤独 孤儿 顾 关爱 关怀 婚礼 伙伴 继承 家长 姐妹 酒鬼 浪漫 老公老婆 泪 泪水 理财 恋爱 梦见 密切 母 母女 母子 妻子 亲爱 亲密 亲属 收养 叔叔 熟悉 孙女 孙子 童年 娃娃 新郎 新娘 新人 兄弟 要好 遗产 遗传 友谊 丈夫 自杀 祖父 祖母 尊敬 尊重

3、爱好和特长（8）

感兴趣 绘画 乐趣 强势 善于 吸烟 兴趣 醉

4、学习和教育（146）

班级 报考 本科 笨 笔记 笔试 必修 毕业 毕业生 博士 薄弱 补考 补课 补习 不足 猜 猜测 出名 出色 初等 词汇 词语 辞典 答案 大纲 得了 德语 等级 调研 独自 发挥 法语 翻译 放弃 放松 分析 付出 负担 复习 改正 概括 高等 高考 高手 公式 鼓励 鼓掌 光荣 寒假 好学 回顾 回忆 获 获得 获奖 积累 及格 记忆 技巧 讲课 奖学金 教材 教授 杰出 精力 卷 开夜车 考场 考题 课题 口试 口语 困扰 括号 蓝领 朗读 灵活 录取 论文 逻辑 密码 模仿 墨水 耐心 难题 培训班 培养 培育 潜力 师生 识 识字 试卷 试题 收藏 收获 收集 熟练 私人 思考 思维 素质 听取 投入 西班牙语 想象 晓得 心理 心灵 醒 虚心 选修 选择 学分 学会 学科 学历 学年 学时 学士 学术 学位 学问 学员 学者 严 严格 严厉 严肃 研究生 养成 疑问 语法 预测 阅读 扎实 证书 智慧 智力 中等 中小学 专心 仔细 字母 自学 自言自语

5、打算和愿望（19）

必 必将 减肥 戒 决不 考虑 渴望 梦想 盼望 期待 期望 企图 全力 试图 心愿 信念 意愿 愿 追求

附录二：中级词汇等级大纲

一、产出性词汇大纲（4260 个词）

除初级理解性词汇大纲的 3460 个词汇外，还包括以下词汇，具体如下：

（一）生存类词汇

1、时间和日期（114）

按时 傍晚 辈 本期 不时 不再 长久 长远 常 常年 闯 初期 春季 此次 此后 此刻 此前 此时 从此 待 当代 当年 当前 当天 到期 点钟 冬季 冻 度过 多年 赶忙 公元 古老 过后 黑夜 后年 即将 季 季度 季节 假日 将要 阶段 今日 尽快 近代 近来 近日 来不及 来得及 礼拜 立即 临时 漫长 秒 明日 末 年度 年前 偶尔 期间 期限 前年 秋季 日历 日夜 如今 上个月 时常 时而 时光 时机 时节 时时 事后 事先 随后 岁月 同期 晚点 往后 往年 为期 未来 下个月 夏季 先前 延期 业余 夜间 一辈子 一度 一贯 一时 一同 一下儿（副） 一向 已 以往 预期 原先 月底 暂时 早晨 早期 早晚 曾 中期 钟头 周末 周期 准时 最初 最终

2、地点处所（113）

岸 岸边 岸上 本地 本土 部位 仓库 草原 侧 厕所 城里 城区 城乡 城镇 池子 厨房 处 处于 处在 窗户 窗口 此处 村庄 大道 大海 大街 大楼 大门 单元 底 地板 地带 地方 地面 地名 地下 地下室 地址 电梯 洞 都会

都市　端方（名）附近 港口　隔壁　跟前　沟　海边　海底　海上　海湾　胡同儿　加油站 家园　江　郊区　街道　街上　街头　客厅　空间　空中　库 两边　两侧　楼道　路边　码头　内部　南北 旁　坡　前方　前头　墙上　区域　山坡　山区　山上　上下　社区　深处　市区　书房　宿舍　台阶　田　厅　土地　外部　外头　卫生间　位于　位置　卧室　屋　县　线路　乡　乡村　向前　向上　写字台　沿　沿海　沿着　阳台　一带　阅览室　中部　住宅

3、性状和质量（198）

棒　宝贵　必需　扁　变形　薄　不利　不良　不免 不停 不怎么 不曾 布满 差别 差距 差异 长度　长短　沉　沉重 成分（成份）臭　纯　此 次（形）从不 从没　粗　脆 大于　单 单一　淡　低于　电动 跌 定位　反 方（形）放大　肥 分类　负　刚好　高于　更新 含量 好似 和谐 黑暗　横　厚 灰色 火（形）尖 坚固 艰苦 艰难 减轻 减少 健全 渐渐 降 降低 结　紧紧 紧密 精 精美 净　巨大　靠近　空 快点儿 宽 亏　烂　牢　类型 良好 慢慢 棉 免得　明亮 难看 宁静 牛（形）浓　偶然 偏（形）　贫困 频繁　品种　平坦　齐全 气体　浅　悄悄　青　清　穷　全新 缺乏 缺陷 仍旧　如（动）如一　软　散 sǎn　色　色彩　上涨 深深 升高　剩　剩下 湿 实用 式　手工 舒适 数码 似乎　松　随着　碎　缩短　缩小　特 特大 特性 特征　体积 通红 通用　同　同一　透明 外观 外来　弯 弯曲　完了 温和 无　无关　无效 五颜六色 细 下降 鲜 鲜明 鲜艳 显著 险　小型　斜 新鲜 新型 形 型 型号 性能 袖珍 延长 严重　一次性 一流 一模一样　一齐　依旧 依然 异常 硬 用处 用途 优质　有害 圆 糟 糟糕 涨 zhǎng 珍贵 正当 正规 之类 知名 质量 终止 种　种类 种种　众多 重量 紫 足 最佳 作废

4、距离和范围（44）

包含 包括 遍地 不止 超 超出 超越 除 处处 从中 打（介）大都

大多 多半 截止 截至 距离 宽广 宽阔 阔 内外 其余 起码 全都 人间 身边 四处 四周 天下 为止 无限 小于 以及 以内 有限 远处 远方 远离 远远 在内 止 至 自 总体

（二）个人信息类词汇

1、工作和职业（134）

白领 兵 才（名） 厂长 称号 承担 承诺 承受 出路 出面 厨师 传媒 船长 船员 辞职 错过 搭档 答复 打击 呆 代价 待遇 单独 担任 当 当成 当做 导游 等候 敌人 地位 动手 奋斗 奉献 副（形） 富人 富有 岗位 个体 骨干 顾问 回报 会计 机遇 技能 举动 开支 可怜 可惜 两手 律师 秘书 面临 面子 民工 民警 民意 名片 名人 名义 名誉 模范 模特儿 能干 配备 骗子 签名 签字 前途 清洁工 穷人 求职 权利 人权 日记 日语 入学 丧失 设计师 摄影师 身份 失误 失业 师父 诗人 事务 手段 手法 暑假 双手 随手 踏实 逃 逃跑 逃走 体力 吐 牺牲 细致 先锋 闲 献 享受 响应 小偷 辛苦 薪水 凶手 艺人 邮件 邮箱 原则 遭到 遭受 遭遇 债 值班 职能 职位 职务 职责 只管 中奖 忠心 主持人 主管 助理 助手 总裁 总监 总经理 组长 遵守 作出

2、看法和态度（192）

爱国 爱护 暗示 罢了 保密 保守 抱怨 悲伤 被动 被迫 逼 避 避免 表情 不顾 不禁 不料 不耐烦 不幸 不许 不易 不在乎 不值 不至于 采纳 参考 残酷 沉默 称赞 吃惊 吃力 持有 冲动 崇拜 愁 创意 从不 大力 担心 担忧 动摇 恶心 发觉 发怒 烦 反抗 愤怒 疯 疯狂 服 服从 甘心 敢于 怪（动） 怪（形、副） 好 狠 恨 衡量 后悔 忽略 忽视 怀念 怀疑 幻想 慌 慌忙 回避 昏 激动 激情 极端 急忙 坚定 讲究 尽力 惊人 惊喜 就算 拒绝 决策 绝望 觉悟 看不起 看成 看出 看待 看得见 看得起 看好 看做 肯 恐怕 快活 狂 赖 理 厉害 立场 联想 没想到 蒙 迷信 秘密 默默 哪怕 难得

难忘 片面 平静 启发 强迫 轻松 倾向 清醒 情绪 确认 热心 忍 忍不住 忍受 认 认出 认得 认定 认同 伤害 上当 舍不得 舍得 神经 神情 失望 使劲 视为 受不了 爽 叹气 讨厌 疼痛 挺（动）同情 痛快 偷偷 顽强 微笑 为难 无聊 无奈 无所谓 无疑 误解 喜爱 嫌 想不到 想念 消极 笑脸 笑容 笑声 心态 心疼 欣赏 信仰 兴奋 眼光 眼看 眼泪 眼里 遗憾 意识 意想不到 阴谋 阴影 拥护 用心 原谅 怨 允许 在乎 赞成 赞赏 珍惜 震惊 正义 只顾 主观 注视 注重 自豪 自愿 自在

3、做事的目的、原因和结果（5）

本质 动机 特地 特意 缘故

二、中级理解性词汇（5462个词）：

除了中级产出性词汇（4260个词），还包括以下的二级词汇：

（一）生存类

1、基本生活服务（406）

安 安置 按摩 暗 拔 摆 摆动 摆脱 搬 搬家 宝 暴露 背着 奔跑 闭 编 便利 便于 表格 别（动）拨打 波浪 补贴 捕 不便 不见 擦 材料 踩 藏 测量 插 拆 尝试 抄 抄写 车子 撑 尺 尺子 充电 充电器 冲 虫子 宠物 抽 抽出 抽烟 出汗 出入 储存 穿上 串 措施 搭 搭配 打扮 打扫 打印机 大熊猫 袋 戴 弹 挡dàng 挡dǎng 倒车 灯光 低头 递 递给 点燃 电力 电源 吊 丢 堵 渡 锻炼 堆 蹲 躲 翻 繁殖 返回 防治 房租 放到 丰收 扶 浮 福利 盖 杆 割 隔 隔开 更换 公鸡 狗 故障 刮 拐 管道 光线 逛 归 柜子 跪 滚 果树 海浪 海水 含 含有 盒子 猴 壶 虎 滑 划 话费 黄金 回头 毁 混 混合 火灾 或是 或许 挤 夹 家务 驾驶 捡 减 剪 脚步 脚印 揭 节（动） 解 尽 尽可能 井 居民 居住 卷 觉 卡 开关 开花 看 看管 看起来 口袋 跨 垃圾

拉开 冷气 冷水 理发 立 凉水 料 列 裂 邻居 铃 铃声 楼房 楼梯 漏 漏洞 露 路过 绿化 轮 落 骂 埋 猫冒 梅花 煤气 美容 蒙 梦 灭 名额 摸 膜 摩擦（磨擦）磨 母鸡 木 墓 拿出 拿到 拿走 奶牛 闹 泥 扭 暖气泡 陪 陪同 赔 赔偿 配套 配置 喷 披 拼 凭 屏幕 泼扑 铺 其 起到 气氛 牵 欠 枪 墙壁 敲 桥梁 瞧 清洁 清理 清洗 去掉 圈 泉 劝 燃料 燃烧 染 绕 扔扔掉 入 洒 塞 散 sàn 散步 扫 杀 晒 闪 扇 shān 上楼烧 蛇 伸 生活费 声 拾 事物 收拾 手里 守 书柜 书桌 鼠 刷 刷牙 刷子 水分 水库 丝 松树 塑料 塑料袋 损失 锁 踏 抬 抬头 躺 掏 桃花 桃树 踢 天然气 添填 挑 挑选 贴 停留 停下 偷 图案 图片 土 兔 吞拖 脱 挖 望见 维修 尾巴 握 物业 物质 吸 系 下楼现有 现状 相片 箱子 详细 响声 消防 消耗 歇 信箱 熊修车 修复 修理 悬 旋转 寻求 寻找 询问 鸭子 言语仰 养老 样 摇 摇头 咬 野 叶子 一般来说 一口气 移 移动 以便 意味着 音量 隐藏 影子 用不着 用得着 用法 用来用于 有人 有事 幼儿园 遇 遇到 遇见 原料 运 杂 摘站住 涨 zhàng 帐 找出 照耀 折 诊断 振动 镇 挣 挣钱 支（动）支撑 织 直线 植物 指着 治安 种植 猪 竹子 柱子抓紧 转 转动 zhuàndòng 转动 zhuǎndòng 转换 转向 转移赚 赚钱 装饰 装修 撞 捉 着 子弹 钻 做梦 跑步 骗

（二）社会活动类词汇

1、体育运动（80）

败 半决赛 比分 裁判 参赛 操场 长跑 常规 场地 倡导 打败 大奖赛 大赛 单打 队伍 对付 对抗 夺 夺取 犯 犯规防守 分组 干扰 干涉 干预 赶不上 赶上 攻击 冠军 激烈 剑 健身 奖 奖金 奖励 解说 届 进攻 竞赛 竞争 口号 联赛 联

手 率领 率先 派出 判 培训 起点 抢 球拍 球星 球员 赛 赛场 射 射击 胜负 失败 双打 体操 体检 田径 挑战 跳水 铜牌 团队 违反 违规 亚军 亚运会 赢 赢得 运动会 运动员 争夺 中断 终点 重组

2、媒体信息（253）

案子 罢工 版 办公 办事 办事处 报警 报刊 爆炸 背景 被告 编辑 编制 表扬 播 博客 补偿 补助 采访 操纵 操作 测 测定 测试 冲突 出版 出动 出台 出席 处罚 处分 传出 传达 传递 传输 传言 促进 促使 达成 打动 大事 担保 导致 岛 倒闭 到来 抵抗 调动 动员 斗争 短片 对外 多媒体 发布 发放 发行 发言人 反响 反映 犯罪 方案 方针 防范 分成 分工 分解 分离 分为 辅助 改革 感人 稿子 工程 公告 供给 供应 巩固 共识 共享 贡献 构建 官司 规划 害 合同 合约 化解 划 划分 回应 汇报 获取 加盟 加以 监测 监督 检测 检验 简介 鉴定 交代 交换 焦点 教训 解除 解释 借鉴 警告 纠纷 纠正 救援 救灾 救助 就是说 局面 开创 抗议 考核 控制 栏目 列入 列为 令 流传 流动 流通 录像 落实 描述 描写 命 命令 拍摄 排除 炮 频道 评估 破产 启示 起诉 签订 强盗 强化 趋势 确立 热点 热门 人力 融合 融入 伤亡 伤员 设想 摄像 摄像机 摄影 生成 时事 实践 实施 视频 受灾 输出 水灾 说不定 说法 说服 说实话 探索 探讨 提交 提起 题材 题目 通报 通行 通讯 统计 投 投诉 透 透露 途径 推行 脱离 威胁 围绕 违法 维持 维护 委托 袭击 许可 压迫 言论 依法 依赖 依照 移民 议论 议题 音像 引起 印 印刷 应对 用户 援助 运行 运用 运作 灾 灾害 灾难 灾区 炸 占领 战场 战斗 战略 战胜 战士 战术 战友 战争 这就是说 争论 争议 征服 征求 整顿 整治 证实 支配 支援 执行 指标 指订 指定 指挥 指示 指责 制成 制约 治理 主题 追究 走私 阻碍 阻止 罪 罪恶 作战 办学 扩大 扩展 离不开

（三）综合信息

1、环境自然（13）

地震　洪水　沙漠　损害　太阳能　特定　特殊　特有　天然 污染　污水　原有　资源

2、历史地理（32）

北极　边境　边缘　大陆　地形　分布　分散　高原　广广阔　海洋　化石　皇帝　矿　来源　两岸　陆地　内地　南极 平原　森林　山峰　山谷　首都　无边　洋　园地　园林　原始 月球　占据　占有

3、政治外交（89）

部队　昌盛　出访　处长　大使　大使馆　党　对立　分裂 腐败　高层　革命　工会　公　关（名）官　官方　官员 国防 国歌　国会　国民　国旗　海军　海外　航空　会长　混乱　机构　机关　基层　基地　基金　将军　教育部 解放　境内　境外 局（名）局长 军舰　军事　空军　联盟　领袖 陆军　矛盾　前提 强度　全世界　权　权力　上级　社　深厚　深化　士兵　势力 首脑　首席　首相　司长　统一 统治　团长 外交官 外界　王　王后　王子　陷入　相等　议会　议员 宇航员 预备 增进　增强　炸弹　炸药　政策　政党　政权 中华　中外　驻　总部　总统 祖国

4、经济贸易（63）

变换　波动　产物　产业　厂商　炒股　成本　成交　成品 冲击 大队　大型 贷款　繁荣　幅度　复苏　工商　股　股东　股票　集团　金融　客户 利润 利息　利益 贸易 模式　平衡　平均 平稳　企业　前景　商务　上市　升值　收益　提升　外资　为主　稳　稳定　物资　协议　协议书　新兴　兴旺　行业　形势 形态　迅速　应急　优先　增　增产 增大 增多 增值 指数 主导 主体 资本　资产

5、文化艺术（58）

悲惨 惨　层次 层面 常识 成语 除夕 传统 典型 端午节　风俗 高潮 高峰 工艺　宫　古典 光辉 广泛 含义 吉利 经典 漫画　妙 民歌 奇妙　巧　巧妙 清明节 情节 情形 散文 深度 神 神话 神秘 圣诞节 诗 诗歌 书法 童话 文艺 细节 象征 形容 性质 延伸 延续 元旦 造型 展现 章 中秋节 主流 著名 著作 专用 族（上班族）

6、科学技术（56）

比重 标志 成效 电子版 动态 发射 飞船 飞行员 符号 复制 高科技 革新 合成 核心　宏大 火箭 机器人 机械　键 键盘　箭 节能 结构 结论 进化 模型 平台 奇迹 软件 神奇 升级　太空　天文 突破 误系列　系统　细胞　下载 循环　研发　研究所　要素　仪器　因素　硬件　元素 原理　再生　智能 专利 转化 装备　装置　资料 综合

7、法律道德（22）

法　法官　法规　法律　法庭　法制 符合 公安　公正 构成 规律　规则　机制　纪律　条约 线索 相反　效率 凶　优良　约束 真相

8、宗教哲学（12）

道教　佛　佛教　鬼　基督教　教堂 上帝　寺　天堂 哲学 真理　宗教

9、语体程式（114）

本（代、副）彼此　便　便是 表面上　彻底　充分　充足 出于 此事　大致 带有　得以　独特　对应　而　而是　凡是 非　干脆 格外　更是　固定　关键　关联　过度　过渡　过分　过于 极　极其　几乎　既　间接　兼 接连　尽管　竟然　究竟　居然 具备　据　绝　可见 力（影响力）例外 另　陆续　猛　密　明明 模糊 内在　难免　难以　能否　偏（副）迫切 恰当 恰好　恰恰 切实　轻易　却是　然而　如此　如下 若　稍　稍微　涉及　十

足 使得 是否 适当 顺 顺序 丝毫 算是 虽 所在 为此 为何 未必 无比 显 显出 相应 要 一道 一律 依次 因 因而 应 由此 有关 有利于 有着 于 于是 原 再也 在于 照样 正如 只不过 只得 只见 逐步 逐渐 总算 足以 作

附录三：高级词汇大纲

一、高级产出性词汇大纲（6591 个词）

除中级理解性词汇大纲的 5462 个词汇外，还包括以下三级词汇：

（一）基本交际类

1、打招呼（3）

哎 打招呼 嘿

2、互相介绍（2）

称呼 相识

3、感谢（4）

感激 幸好 幸亏 要不是

4、祝贺（3）

但愿 恭喜 庆贺

5、安慰（2）

虽说 要不

6、遗憾（3）

哎呀 唉 谁知道

7、邀请或受邀（10）

好客 请柬 请帖 相约 邀 应邀 用餐 招待 转达 作客

8、赠送礼物（2）

礼品 赠

9、常用社会称呼（47）

长辈 成年人 大款 大爷 当事人 公仆 雇员 雇主 管家 贵宾 贵族 候选人 家伙 警官 来宾 老汉 老人家 两口子 烈士 纳税人 男士 乞丐 前辈 亲朋好友 商贩 少女 绅士 师长 泰斗 同伴 网民 未成年人 文盲 文人 下属 乡亲 小贩 新手 选民 丫头 异性 婴儿 友人 孕妇 知识分子 众人 主妇

10、社交礼貌用语（6）

拜托 敬爱 就座 礼仪 一帆风顺 致辞

11、书信用语（11）

比起 格式 敬 敬意 无论如何 由此可见 犹如 与否 与其 致敬 总的来说

12、交际技巧（11）

比不上 比喻 哼 哦 如果说 俗话说 相比之下 相差 相当于 相同 也就是说

（二）生存类词汇

1、天气情况（15）

风力 风沙 风雨 干燥 刮风 结冰 凉爽 明媚 清凉 摄氏度 湿度 湿润 霜 雾 炎热

2、饮食（75）

拌 便饭 冰棍儿 饼 饼干 剥 餐桌 橙汁 吃不上 葱 蛋白质 地道 点心 淀粉 叼 调料 豆浆 豆子 发酵 饭碗 粉 风味 蜂蜜 罐头 火锅 饥饿 煎 姜 酒精 就餐 橘子 烤 烤肉 烤鸭 可口 啃 口感 口水 口味 口香糖 辣椒 梨 莲子 料理 萝卜 麻（形）茅台（酒） 美味 蜜 面粉 蘑菇 南瓜 品尝 砂糖 烧烤 盛 食用 柿子 薯片 薯条 素食

蒜 虾 馅儿 香味 香油 咽 饮水 饮用水 枣 炸 汁 芝麻 芝士 主食

3、购物（114）

昂贵 便利店 菜市场 畅销 车轮 车型 车轴 衬衫 驰名 窗帘 档次 灯笼 灯泡 低价 地毯 电动车 电线 钉子 订购 定价 定金 多种多样 二手车 防盗门 肥料 肥皂 服饰 付费 付款 各式各样 公道 购 过时 化肥 划算 交付 戒指 精致 卡片 开销 口哨 款式 拉锁 喇叭 老字号 连锁 连锁店 廉价 淋浴露 零花钱 零件 零钱 零售 领带 轮胎 螺丝 马桶 买不起 煤炭 棉花 墨 木板 木材 纽扣 批发 皮带 品味 平价 漆 铅 裙子 燃油 商场 奢侈 时髦 收据 手帕 首饰 售价 书籍 梳子 水产品 水壶 丝绸 私家车 毯子 糖果 掏钱 陶瓷 讨价还价 特产 特价 天线 外套 蚊帐 洗涤灵 香水儿 香烟 项链 橡皮 销 新款 新式 牙膏 样品 易拉罐 音响 硬币 羽绒服 预售 造价 折扣 制品 钻石

4、换钱取钱（10）

本钱 钞票 储蓄 存折 兑换 借条 利率 钱财 欠条 透支

9、数字和数量（37）

半数 丙 丁 栋 多余 分量 逢 罐 极少数 计 立方 立方米 粒 屡 缕 码（量）没完没了 枚 亩 圈 容量 若干 少量 适量 数额 数值 艘 桶 筒 无穷 稀少 一系列 诸多 桩 幢 总额 总计

（三）社会活动类

1、交通情况（90）

半路 便道 便捷 超车 超速 车道 车祸 车速 车位 船桨 搭乘 带路 登机 登陆 堤 地道 地段 堵塞 帆 帆船 方向盘 飞速 飞往 飞翔 公车 红灯 货车 货运 机舱 吉普 减速 轿车 接轨 警车 卡车 客机 客流 客运 缆车 立交桥 路程 路灯 路况 路面 路人 路

途 绿灯 落地 马力 牌照 跑车 跑道 碰撞 铺路 起程 全程 绕行 人行道 十字路口 时速 售票 枢纽 疏导 疏散 疏通 输送 双向 顺路 隧道 提速 天桥 停泊 停车位 通畅 通车 通往 通行证 尾气 熄火 行驶 修路 沿途 拥挤 远程 月票 运送 肇事 直达 中途 追赶

2、邮电通讯（19）

拨 拨通 查找 接听 接通 快递 来电 来访 联网 浏览 流量 论坛 漫游 驱动 帖子 邮编 邮政 在线 主页

3、参观旅行（82）

坝 碑 藏品 察看 车间 陈列 陈述 承载 出境 出土 传承 带队 殿堂 雕 雕刻 雕塑 发掘 赴 赶赴 赶往 古迹 观摩 观赏 过境 合影 宏伟 画展 汇集 汇聚 迹象 集结 纪念碑 纪念馆 纪念日 简称 见证 建筑物 讲解 交谈 结识 进出口 景观 景区 酒楼 酒水 勘探 客房 留念 旅程 旅途 埋藏 鸟巢 凝聚 瀑布 气派 清真寺 取代 缺席 认识 入境 少林寺 视察 耸立 闻名 五星级 显现 相遇 研讨 遗留 遗止 油画 游览 预定 展出 展览会 珍藏 指南 指向 指引 住宿 壮丽 座谈 日程

（四）个人信息类词汇

1、个人基本情况（176）

傲 傲慢 暴躁 卑鄙 本性 才华 长相 沉着 成年（动）诚恳 出身 出息 出众 纯洁 蠢 慈祥 粗暴 粗鲁 粗心大意 脆弱 大气 单身 胆子 低调 懂事 斗志 发型 肥胖 丰满 风采 风范 风趣 疯子 浮躁 高傲 高调 高龄 高雅 个儿 个头儿 个子 固执 乖 果断 害羞 含蓄 好心人 厚道 糊涂 华侨 华裔 机灵 机智 奸诈 健壮 娇气 狡猾 节俭 精明 倔 倔强 君子 俊 俊俏 开朗 慷慨 懒惰 理性 灵魂 聋 聋子 美人 魅力 明智 内向 叛逆 魄力 朴实 朴素 普通人 气魄 气质 谦逊 勤快 勤劳 青春期 人格 人品 仁慈 软弱 傻瓜 少儿 身躯 身心 身影 身子 生前 声望 声誉 失明

士气 手臂 手脚 寿命 衰老 衰弱 坦诚 坦率 淘气 体温 体质 天生 天性 秃 外表 外号 外籍 顽固 晚年 威信 为人 温柔 文雅 稳重 无家可归 无情 无私 细心 瞎 潇洒 小气 小人 心眼儿 新生 姓氏 性命 性情 虚弱 虚伪 嗅觉 穴位 哑 严谨 眼神 一眼 抑郁 英俊 勇于 优雅 忧郁 犹豫不决 幼稚 愚蠢 张扬 正直 知觉 肢体 脂肪 执著 忠诚 忠实 忠于 忠贞 终生 衷心 重伤 姿态 自卑 自称 自立 自私 自信心 自尊心 足迹 尊严 作风

2、婚姻和家庭（70）

伴侣 伯伯 操心 宠 宠爱 德 订婚 福气 姑姑 孤单 孤零零 古人 寡妇 惯 好感 好心 好意 呵护 和气 后代 后人 怀抱 怀里 怀孕 婚姻 寂寞 家族 嫁 娇惯 舅舅 空虚 姥姥 姥爷 美德 娘 女婿 配偶 品德 牵挂 亲近 亲戚 亲情 亲热 亲生 亲友情 情侣 情人 人性 嫂子 双胞胎 胎儿 探亲 外公 外婆 媳妇 孝敬 心爱 血缘 一家人 姨 遗嘱 友情 缘分 岳父 岳母 真情 知己 子弟 子孙

3、爱好和特长（15）

沉迷 集邮 健美 拿手 娶 弱点 善 擅长 上瘾 陶冶 陶醉 特长 吸毒 喜好 兴致

4、学习和教育（136）

阿拉伯语 榜样 背诵 本能 本色 辨别 辨认 辩 不懈 抄袭 沉思 逞能 逞强 挫折 错别字 答辩 导师 捣乱 弟子 叮嘱 督促 端正 敦促 反驳 反省 反思 放纵 分辨 谎言 回味 回想 浑身 基本功 家教 价值观 见识 教科书 就读 举止 卷子 开口 考 科目 刻苦 口才 口音 旷课 困惑 朗诵 牢记 灵感 领会 领略 马虎 迷惑 敏锐 命题 内涵 难点 脑海 脑筋 呐喊 念书 诺言 亲身 亲手 求学 认错 认知 荣获 荣誉 撒谎 擅自 深受 深思 审美 升学 失眠 师范 师资 实话 视觉 视力 视线 视野 手势 受过 暑期 束缚 说谎 硕士 思路 思索 素养 随身 遂心 贪玩 坦白 天赋

偷懒 推测 推断 退学 忘不了 忘掉 委屈 委婉 胃口 文具 文科 文凭 无知 下工夫 肖像 心得 醒来 叙述 炫耀 学堂 学业 熏陶 眼界 遗忘 疑惑 疑虑 用功 优异 智商 嘱咐 转学 状元 琢磨 自费 钻研 作弊 座右铭

5、工作和职业（166）

把柄 办不到 保姆 报酬 备受 被捕 奔波 奔赴 插嘴 常人 吃苦 吃亏 出丑 出任 出手 处境 传人 创始人 辞 辞去 从业 打量 代理人 代言人 担 担当 担负 董事长 动弹 动身 独 独身 发财 发起人 繁忙 分担 奋力 俯首 富豪 富翁 功 功臣 功劳 过错 过失 化妆 积蓄 技艺 肩负 艰辛 兼任 兼职 简历 建筑师 接班人 津贴 晋升 经受 精通 精英 敬业 就任 就职 巨人 离职 理会 立足 连任 廉洁 廉正 猎人 忙碌 冒充 迷失 名声 木匠 目睹 牧民 难堪 能耐 能人 年薪 呕吐 疲惫 疲倦 疲劳 拼搏 拼命平民 凭证 气息 千方百计 牵头 乔装 去处 去向 全能 人情 人身 人事 人体 任职 杀手 上岗 上任 设法 身价 审视 生理 生涯 声称 胜任 失踪 使命 事迹 收支 手头 手艺 受害 受苦 受骗 水手 顺手 顺心 私事 私自 苏醒 损伤 贪污 讨好 体能 头衔 投身 推辞 退休金 无辜 无力 无能 务实 下岗 现任 享 享有 心血 辛勤 行家 勋章 业绩 一把手 仪表 义工 应聘 用力 悠闲 渔民 折磨 振奋 挣扎 职权 职业病 职员 专人 专职 转运 资深 自卫

7、打算和愿望（20）

发誓 怀着 寄托 戒烟 恳求 满怀 念头 盘算 盼 期盼 祈祷 妄想 下决心 向往 野心 一心 意图 欲望 展望 指望

二、高级理解性词汇：

除了高级产出性词汇（6591 个），还包括以下词汇，共 8705 个。

（一）生存类词汇

1、看病买药（129）

癌 癌症 艾滋病 安眠药 包扎 鼻涕 病床 病症 脖子 不适 颤抖 处方 传染 传染病 喘 床位 动脉 恶化 发抖 发热 发育 发作 分泌 服用 复发 副作用 腹部 腹泻 钙 肝脏 感染 高血压 胳膊 功效 骨折 挂号 关节 管用 喉咙 后遗症 患 患病 患有 肌肤 急诊 脊梁 剂 肩膀 见效 胶囊 解剖 筋 精神病 颈部 救护车 救治 就医 就诊 抗生素 磕 咳嗽 口腔 口罩儿 口子 老化 良性 疗法 疗效 临床 流血 麻醉 脉搏 慢性 眉毛 免疫 面部 脾 气管 腔 拳 拳头 确诊 嗓子 丧生 杀毒 肾 生死 生育 尸体 逝世 手术室 手腕 手掌 输血 输液 衰竭 瘫 瘫痪 探望 糖尿病 头部 头晕 膝盖 先天 鲜血 献血 泻 血压 牙齿 炎症 养生 氧 痒 药材 药方 医务 移植 遗体 抑郁症 晕倒 胀 照料 针灸 诊所 治愈 拄 爪子 嘴巴 嘴唇

2、基本生活服务（458）

按键 熬 扒 把手 柏树 摆放 斑点 搬迁 绑 包裹 保暖 保修 报亭 爆竹 贝壳 奔 笨重 蹦 鞭炮 标 标签 憋 哺育 捕捉 布局 步伐 步入 步骤 部件 采 彩虹 彩霞 苍蝇 草坪 缠 铲 铲子 朝着 车厢 扯 撤 城墙 持 翅膀 充 冲洗 抽屉 出走 储备 触摸 触碰 穿过 穿着 锤子 凑 窜 催 催促 存放 搓 大棚 待 担 担子 耽误 弹性 倒下 道具 稻草 凳子 瞪 地下水 点火 电铃 电网 电信 垫 掉头 叠 盯 钉 定居 定做 丢掉 丢失 动静 兜 兜儿 抖 逗 度过 鹅 发光 阀门 防盗 放置 废话 废品 废物 坟 坟墓 粪 粪便 风筝 缝 féng

抚摸　抚养　斧子　覆盖　盖子　缸　港　告　鸽子　搁　格　格局　耕地　供暖　拱　钩　钩子　瓜子　挂钩　关掉　管子　灌　灌溉　归来　龟　桂花　滚动　棍　棍子　裹　过日子　害虫　汗水　耗　耗费　河流　荷花　哄　烘干　吼　后退　糊　花瓣　花纹　话费　话筒　换成　换上　晃　灰尘　挥　混浊（浑浊）活儿　火花　火焰　积　家禽　家政　驾　驾车　架子　拣　溅　浇　搅　搅拌　节水　借用　进出　浸泡　菊花　砍　扛　壳　坑　恐龙　抠　窟窿　苦难　挎　跨越　筐　框　昆虫　捆　困境　扩　蜡　蜡烛　拦　栏　栏杆　揽　狼　捞　勒　累积　累计　炼　猎犬　裂缝　淋　拎　溜　流水　柳树　笼罩　笼子　搂　露面　炉子　鹿　路子　卵　落户　落下　麻（名）码（动）　迈　迈进　忙活　茂密　茂盛　玫瑰　门槛　门铃　闷　弥漫　秘诀　蜜蜂　苗　磨损　抹　谋求　谋生　牡丹　泥土　尿　捏　拧　凝固　扭头　挪　趴　排放　攀　盘（动）抛　抛开　抛弃　刨　泡沫　喷泉　捧　漂　飘　气泡　气味　掐　迁　迁移　钳子　窍门　翘　切断　清除　清洗　求救　求助　曲线　取暖　燃放　嚷　热气　融　融化　揉　撒　散发　扫除　扫描　扫墓　纱　刹车　筛　晒太阳　删　删除　烧毁　伸手　生态　牲畜　绳子　盛开　剩余　失控　失效　狮子　实体　实物　手枪　梳　梳理　树木　树梢　树叶　耍　甩　拴　水管　水龙头　水温　水源　顺便　撕　饲料　饲养　损　损坏　他人　踏上　胎　摊　坛　谈不上　谈到　谈论　谈起　炭　探　探求　碳　淌　烫　逃避　逃生　逃亡　淘　淘汰　讨　腾　藤椅　剃　天地　天鹅　添加　填写　舔　跳动　跳跃　停电　停放　通风　徒步　涂　土壤　退回　挖掘　瓦　丸　玩耍　挽　往返　望　围墙　喂养　蚊子　吻　窝　卧　捂　物体　掀　掀起　线条　陷　响起　向着　削　小溪　携带　卸　行走　锈　悬挂　熏　寻　寻觅　压缩　芽　淹　燕子　扬　杨树　养活　养老金　养殖　窑　遥控　一卡通　倚　椅子　溢　瘾　鹰　映　渔船　遇上　钥匙　砸　栽　栽培　宰　攒　葬　噪声　噪音　增收　增

添 渣子 闸 沾粘 斩 站立 帐篷 帐子 账单 账号 照常 照明 罩 遮 枕头 镇 震 震动 睁 蒸 制服 置 竹竿 拽砖 转身 转弯 庄稼 坠 着火 姿势 滋味 走近

3、时间和日期（107）

长期以来 趁早 成年（副） 成天 迟迟 迟早 初次 次日 从来不 从早到晚 当即 当今 当日 当晚 当下 短暂 顿时 多年来 高峰期 工作日 过期 过早 何时 后期 黄昏 及早 间隔 间隙 截 今早 紧接着 空前 腊月 来年 黎明 历来 历时 连夜 临 临近 凌晨 每当 每逢 末日 年限 年终 农场 农历 平日 其后 其间 起初 迄今 前不久 前期 前夕 日后 日前 上期 上旬 上游 尚 尚未 稍后 稍候 深夜 时段 时隔 时间表 时空 世代 适时 瞬间 四季 随即 提早 晚间 晚期 往常 往日 旺季 昔日 下期 下旬 向来 夜晚 一大早 一年到头 一刹那 一天到晚 一早 一阵 永不 永恒 永久 悠久 有效期 与此同时 预先 月初 暂 眨眼 这会儿 中旬 终究 昼夜 逐年

4、地点处所（67）

挨着 背面 逼近 别墅 侧面 产地 窗台 从头 大地 大街小巷 大厦 淡季 当面 当着 反面 缝 fèng 高空 公寓 拐弯 关头 果园 何处 郊外 角落尽头 近年来 就地 居民楼 空地 空隙 炉灶 迷路 目的地 牧场 三角 山顶 山冈 山路 山寨 上方 上空 上头 实地 书橱 水面 四面八方 屋顶 下游 乡下 小路 小区 新房 沿岸 沿线 养老院 野外 一旁 一头 浴室 原地 早年 早日 正面 住处 住址 走廊 坐落

5、性状和质量（120）

安宁 安逸 凹 白白 报废 必不可少 弊端 变质 别致 不大不小 不怎么样 灿烂 陈旧 持久 尺度 醇厚 从未 匆匆 匆忙 粗糙 翠绿 动不动 陡 短缺 繁华 仿 废 高低 光滑 规格 贵重 过硬 黑白 横向 厚度 华丽 灰 急需 寂静 家用 坚实 坚硬 间断 减弱 简洁 简陋 贱 紧缺 均

衡 均匀 口头 快捷 宽度 宽松 牢固 类别 亮丽 劣质 灵 乱七八糟 名贵 名气 陌生 耐 嫩　尼龙 贫穷 频频 平淡 破旧 清脆 清新 全长 人造 日趋 日益 柔和 柔软　稍稍 时好时坏 试用　首批 首要 竖　素 随处可见 塌 突发 歪　外形 旺 温馨　稳固　现成 新颖 须需 延 艳丽　液体 一长一短 一连 一连串 一手 有毒 与众不同　愈来愈 原本 圆形 招牌 真假　整洁　正宗　直径　值钱　质地　周到 皱 朱红 尊贵

6、距离和范围（17）

长达　大面积　大体上　顶多 凡 过半 就近　距 宽敞 老远 辽阔　偏僻　偏远　遥远 直至 至此 周边

（二）社会活动类

1、娱乐休闲（379）

安抚 芭蕾 颁发 颁奖 伴 伴随 伴奏 扮　报销　爆满 逼真 表彰 并购 拨款 不准 茶馆儿 趁　趁机　趁着　筹 筹办 筹备 筹划 筹集 筹码 出道 串门儿 磁带 磁卡 搭建 打交道 大片 带头 倒计时　倒数 到位　笛子 点评 钓鱼 调侃 调试 动感 动工 动听 动用 独唱 度假 耳光 发布会　发扬 翻唱 访谈 放过 放假 放映 沸腾 氛围 丰富多彩 风气 风情 风尚 改编 改动 改良 改为 杠铃 高尔夫 高涨　搞笑 歌词 歌剧 歌颂 歌舞 隔离 公共场所 公关 共鸣　鼓舞 雇　雇佣 光碟 光顾 柜台 过节 过瘾 海报 好评 好笑 喝彩 合唱 哄 哄堂大笑 弘扬 红火　后勤 后台 呼唤 呼声 呼吁 忽悠 话语 欢呼 欢快 缓缓 缓慢 唤起 换位 会场 火暴 激发 激活 激励 激起 吉他 集会 集资　纪录片 监控 监视 交纳 交响乐 缴　缴费 缴纳　接手　接送 接替 解散 解体 介入 借助 尽情 进场 进程 巨星　剧目 剧团 剧院 剧组 聚集 捐献 爵士 竣工　卡通 开办 开采 开场 开除 开动 开发区 开发商　开工 开垦 开张　凯歌 看护 看热闹 看台 口碑 夸 夸大 狂欢 亏损 扩建 扩张 乐器 乐园 联欢 亮相 流程 流浪 隆重 露天 录制　轮流 埋伏 冒险 没意思 美观 美化 美景 谜 描绘 民办 民用 命名 摸索 模拟

默契 木偶 幕 幕后 闹着玩儿 扭转 奴隶 虐待 殴打 拍卖 拍戏 排练 陪伴 赔钱 配音 捧场 碰上 批判 片子 骗人 票房 聘 聘用 评论员 评审 评委 扑克 谱 棋 启迪 启蒙 启示 前台 倾诉 倾听 庆典 曲 趣味 圈子 劝告 劝说 劝阻 扰乱 热潮 人次 人手 容纳 入场 入场券 散步 桑拿 沙龙 沙滩 筛选 闪烁 商讨 上山 上映 设 设定 社交 社团 盛大 盛会 施工 识别 收视率 树立 搜集 诉苦 塑造 探险 堂 提名 替换 停业 图像 团聚 推荐 拖累 拖延 外行 挽回 挽救 网点 尾声 位子 温泉 舞厅 吸纳 吸取 席 戏剧 狭窄 下棋 下山 下台 下乡 夏令营 鲜活 弦 衔接 相伴 响亮 销量 小丑 小品 小提琴 协作 携手 新建 信誉 兴建 兴起 醒目 许可证 序幕 宣称 宣告 宣扬 喧闹 旋律 选用 延误 严禁 衍生 演技 演练 演示 演说 演戏 焰火 洋溢 摇滚 耀眼 野营 夜班 译 音乐 银幕 引发 引领 引入 引用 迎 迎合 营造 影像 涌 涌现 用人 有序 预告 运营 酝酿 杂技 造就 窄 占用 张贴 招待会 招募 招收 招数 召集 兆头 折射 折腾 阵容 争吵 争端 争执 征 征集 整合 秩序 滞留 周密 主演 专程 转型 庄严 装扮 壮大 捉迷藏 字幕 自行 自助 走后门儿 组建 组装 管理费

2、体育运动（53）

奥运会 半场 棒球 搏斗 冲刺 出局 东道主 斗 夺魁 滑冰 滑雪 获胜 吉祥物 奖杯 奖牌 奖品 奖项 交接 交替 较劲 较量 接力 禁区 竞技 举重 抗衡 拉拉队 力求 力争 历届 领队 乒乓球 评判 潜水 潜艇 取胜 人选 入选 赛车 赛跑 申办 胜出 失利 世界级 跳伞 太极拳 兴奋剂 训 银牌 预赛 重量级 主力 助威

3、媒体信息（500）

按理说 按说 案件 暗杀 八卦 把关 罢免 霸占 颁布 绑架 保管 保障 报社 编剧 编写 辩护 辩解 标语 表决 表述 别说 别提了 剥夺 剥削 驳回 补给 补救 部署 裁 裁决 采集 参谋 参照 舱 操控 测算 测验 查处 查明 产 产值 阐述 长征 偿还 倡议 称作 承包

惩罚 澄清 充当 抽签 丑闻 出版社 出发点 出卖 出示 出头 处置 触犯 穿越 传授 传闻 创 慈善 赐 促成 摧毁 磋商 打倒 打官司 打捞 打通 打仗 大选 歹徒 怠工 逮捕 倒卖 倒塌 悼念 盗 盗窃 得罪 抵押 抵御 抵制 递交 颠覆 奠定 吊销 调度 调控 订立 冻结 杜绝 堆砌 对策 兑现 遏制 反击 反馈 返还 贩卖 防护 防卫 防御 纺织 飞跃 废除 废墟 分割 分红 分化 分歧 吩咐 风波 风云 封面 封锁 否决 扶持 俘获 俘虏 抚恤 辅导 干戈 干旱 高压 告诫 告知 个案 跟踪 更改 工地 工序 工作量 公款 公示 公事 公务 公用 公证 攻 攻关 供 供求 勾 勾结 估算 关税 关照 管辖 贯彻 灌输 归还 归纳 规矩 过滤 海盗 海运 函授 涵盖 旱 旱灾 航行 航运 号称 浩劫 合伙 合计 和解 核对 核实 轰炸 互信 互助 护理 化验 还款 换取 回归 回扣 回馈 会面 会晤 贿赂 毁坏 毁灭 火炬 货物 挤压 记号 祭 坚守 歼灭 监察 监管 监护 监狱 减免 检察 检讨 鉴别 讲述 交涉 接见 接纳 揭发 揭露 揭示 揭晓 劫 劫持 解答 解读 解救 解脱 解围 锦旗 经商 竞选 救济 拘留 举报 举措 举例 卷入 决议 绝招 崛起 开辟 开启 开枪 开头 开拓 刊登 刊物 考量 恐吓 扣除 扣押 扩散 拉动 拉拢 来临 蓝图 滥用 劳动力 劳务 冷战 里程碑 历程 历经 列举 领军 流入 流失 垄断 履行 率 掠夺 论述 论证 弥补 免除 命（动）磨合 募捐 内幕 纳入 难处 难关 拟 拟定 酿造 纽带 排斥 派遣 判处 判决 披露 评定 迫害 破案 破解 曝光 欺骗 欺诈 乞求 乞讨 契机 洽谈 牵扯 牵涉 前线 枪毙 强行 强制 抢夺 抢劫 敲诈 侵害 侵略 侵占 倾销 情报 囚犯 驱逐 取缔 让步 人质 认证 任命 入侵 入手 骚乱 骚扰 杀害 上报 上调 上诉 申报 审 审核 审批 渗 渗透 失业率 施加 施行 施压 实话实说 实况 示威 示意 侍候 视角 试行 守候 守护 受害人 受贿 受理 授权 授予 水利 税收 税务 说白了 说不上 说到底 说道 说干就干 说起来 说闲话 说真的 搜查 搜救 搜寻 诉讼 随机 索赔 索取 锁定 提拔 提炼 提议 填补 挑起 挑衅 通告 同伙 统筹 投机 投降 投票 透过 突击 屠杀 土匪 推翻 推理 推敲 推算 推移 退役 拖

欠 拓展 歪曲 往事 危及 违背 违约 违章 伪造 问卷 问世 武装 侮辱 误导 下令 下手 吓唬 嫌疑 限 限定 限于 相传 削弱 销毁 协定 泄 泄漏 泄露 行情 修订 修正 徐徐 巡逻 押 掩盖 掩护 验 验收 验证 谣言 依 依托 移交 议 议程 异议 抑制 隐患 印证 应付 营救 诱发 诱惑 予以 舆论 预示 遇难 越过 造福 造假 贼 诈骗 债务 招标 折合 侦察 振兴 征收 拯救 证人 执法 执照 指点 指令 制 制裁 制止 致富 致力于 仲裁 重播 重返 重任 重申 重现 主编 注 注入 筑 专栏 撞击 追问 追踪 准许 准则 着力 着手 着眼 着眼于 着重 资讯 自发 自理 纵容 揍 租赁 阻挡 阻拦 阻挠 罪犯 遵循 遵照 作证 做生意

（三）个人信息

1、看法和态度（280）

哀求 爱惜 安心 包容 报仇 报复 悲哀 悲观 悲痛 背叛 鄙视 表态 不得已 不服 不服气 不解 不经意 不肯 不理 不难 不平 不慎 不惜 不屑 不知 猜想 残忍 惭愧 察觉 嘲笑 诚意 痴心 耻辱 崇高 崇尚 仇 仇恨 仇人 触动 创伤 从容 大吃一惊 大意 怠慢 胆怯 当心 倒霉 得知 点子 惦记 丢脸 丢人 东张西望 断定 对得起 多心 躲避 躲藏 堕落 恶意 恩情 发愁 发火 发脾气 发泄 烦恼 烦躁 反感 讽刺 感（成就感）感触 感恩 感慨 感叹 感想 高贵 高明 构思 构想 辜负 顾不得 顾不上 顾及 顾虑 怪不得 观望 毫不犹豫 好奇心 恨不得 横 幻觉 慌乱 慌张 灰心 悔恨 昏迷 魂 获悉 极力 急于 嫉妒 计较 忌口 假装 坚信 兼顾 见解 焦急 焦虑 叫好 竭力 介意 谨慎 禁不住 惊 惊慌 惊奇 惊叹 惊醒 惊讶 精心 警惕 敬佩 沮丧 看中 看重 克制 刻意 恐慌 恐惧 口气 哭泣 苦恼 苦笑 宽容 宽恕 懒惰 乐意 冷酷 冷漠 冷笑 愣 良心 谅解 料到 流泪 流露 留神 留心 留意 麻木 埋怨 瞒 盲目 没说的 没准儿 闷 勉强 哪知道 纳

闷儿 难怪 难为情 难以想象 宁可 宁愿 佩服 偏见 偏向 平和 歧视 气愤 气馁 谴责 强硬 瞧不起 钦佩 情结 情愿 庆幸 屈服 取笑 确信 饶 惹 忍耐 荣幸 容忍 容许 如意 扫兴 善意 伤痕 伤势 上火 深信 神气 神情 神态 慎重 生怕 失落 实事求是 试探 疏忽 舒畅 耍赖 顺从 思念 索性 贪 贪婪 提心吊胆 体谅 挑剔 听从 听话 痛心 偷看 退缩 妥协 挖苦 畏惧 无可奈何 无意 喜怒哀乐 喜悦 羡慕 小看 小心翼翼 心里话 心目 心声 心事 心思 心意 欣慰 欣喜 信赖 兴高采烈 醒悟 羞愧 宣誓 宣言 掩饰 眼红 厌烦 依依不舍 意料 毅然 隐瞒 用意 忧愁 忧虑 有幸 有意 语气 预见 预料 预言 冤 冤枉 在意 赞美 赞叹 赞同 赞许 赞扬 责备 责怪 真心 震撼 正视 郑重 知足 执意 直觉 质疑 中立 专注 着想

2、做事的目的、原因和结果（4）

初衷 借口 一事无成 之所以

附录四：附表词汇（930）

（一）综合信息类词汇

1、环境自然（31）

残 残留 超标 达标 低碳 恶 恶劣 恶性 二氧化碳 肥沃 风浪 风貌 腐化 腐烂 海啸 荒 荒凉 火山 净化 浪 裸 裸露 漫 蔓延 能源 农作物 生物 完好 温室 自然界 作物

2、历史地理（90）

板块 半岛 边疆 边界 变革 变迁 遍布 波涛 波折 丛林 导航 岛屿 地理 地域 地质 断裂 范畴 复活 概况 高山 戈壁 公顷 国土 国有 海岸 海拔 海滨 海面 海内外 海滩 海峡 海域 痕迹 环绕 皇后 皇上 记载 界限 局部 开阔 来历 来源于 两栖 邻国 领土 领域 流向 流域 轮廓 煤

矿 密度 密集 渺小 灭亡 磨难 扭曲 浓缩 庞大 起源 丘陵 曲折 热带 山川 山岭 汪洋 王国 文物 峡谷 狭小 悬崖 岩石 演变 一线 隐蔽 宇宙 渊源 源泉 源头 源于 运河 蕴藏 再现 沼泽 指南针 种族 重叠 瞩目 壮 祖先 祖宗

3、政治外交（92）

安定 暗中 堡垒 波及 大局 单边 导弹 导向 底层 帝国 帝国主义 顶级 顶尖 动荡 多边 负面 富强 改革开放 干部 干事 公安局 公函 公立 公然 孤立 官兵 官吏 官僚 国徽 国情 航天 航天员 机动 机密 级别 尖锐 建交 僵僵局 阶层 阶级 纠缠 拘束 局势 军官 理事 力度 联邦 廉政 灵通 领事 领事馆 盟友 猛烈 明朗 内阁 派别 平息 破裂 旗帜 全局 融洽 弱势 社会主义 使者 事态 事务所 首府 书记 双边 司令 私立 私有 太平 坦克 特权 同等 同盟 头号 团员 威力 委员 委员会 显赫 行政 严密 元首 院士 阵营 重心 主权 资本主义

4、经济贸易（97）

饱和 崩溃 贬值 并列 不景气 财经 财力 财务 财物 财政 惨重 赤字 出资 大幅度 低估 低谷 低迷 订单（定单）董事 董事会 动向 反弹 富裕 钢 高昂 高额 高效 搁置 工商界 公积金 股份 股市 过剩 豪华 合资 后备 互补 回落 回升 货币 金属 金子 经贸 巨额 巨头 巨型 剧烈 可观 垮跨国 内需 攀升 蓬勃 膨胀 贫富 起伏 强劲 缺口 缺失 润势头 收缩 衰退 顺差 顺畅 私营 缩水 甜头 同步 突破口 外贸 外企 萎缩 稳健 下跌 下落 橡胶 萧条 小康 效益 信贷 行列 雄厚 悬殊 严峻 盈利 优越 预算 支票 支柱 滞后 中型 中止 转机 转折 转折点 阻力

5、文化艺术（196）

拜年 备用 别扭 侧重 插图 敞开 超前 沉淀 沉浸 衬

托 呈现 充实 抽象 丑恶 丑陋 传 传记 传奇 吹了 瓷 瓷器 大名鼎鼎 代号 淡化 低下 底蕴 典范 点缀 段落 对联 多元 繁体字 泛滥 方言 非凡 芬芳 粉碎 丰厚 凤凰 浮现 腐朽 复兴 赋予 根源 工整 宫殿 宫廷 古怪 怪物 贯穿 贯通 光彩 光环 光芒 瑰宝 国宝 国画 轰 轰动 哄 红包 胡闹 花样儿 皇宫 晃 辉煌 混淆 火热 忌 佳节 简短 简化 简体字 简要 简易 交叉 焦 结晶 结局 结尾 禁忌 惊险 晶莹 精华 精髓 井底 境界 静止 苛刻 可悲 可耻 可恶 可贵 可笑 恐怖 枯燥 夸张 狂欢节 狂热 来回 雷同 离奇 立体 亮点 灵巧 流畅 龙舟 茫然 没劲 美满 美妙 萌芽 猛然 梦幻 民俗 名言 名誉 目录 年画 年夜饭 浓厚 浓郁 碰巧 匹配 媲美 片段 篇幅 破灭 破碎 凄凉 气势 千变万化 前言 抢眼 清明 全文 人气 人文 软实力 社论 深奥 生机 抒情 四合院 俗 讨人喜欢 特质 体面 甜蜜 贴近 通顺 通俗 同类 头条 团圆 完毕 完蛋 旺盛 卫视 文 文献 吻合 习俗 喜庆 喜事 细腻 吓人 祥和 像样 凶猛 序 续 悬念 学说 压抑 演播室 野蛮 野兽 一塌糊涂 异口同声 意向 庸俗 诱人 元宵节 原型 韵味 载体 崭新 直观 中国画 主人公 主宰 转播 转载 卓越 字眼

6、科学技术（79）

奥秘 宝库 编号 变异 标本 差错 定义 发电机 服务器 辐射 复合 概率 高超 功率 惯性 核 核电站 核能 核武器 黑客 还原 火药 基因 畸形 激光 极限 尖端 精确 精细 局限 科普 克隆 空白 冷门 灵敏 浏览器 敏捷 能耗 胚胎 配件 偏差 频率 平面 瓶颈 奇特 器材 器械 权威 三维 手动 首创 鼠标 数据库 刷新 探测 铜 图表 图纸 望远镜 无线 无线电 无形 误差 误区 纤维 显示器 芯片 新奇 锈 虚拟 样本 液晶 硬盘 优化 有机 原材料 真空 株 属性

7、法律道德（51）

草案 底线 定论 对照 对准 附加 附属 纲领 纲要 公约 惯例 合乎 荒谬 基准 可信 可行 可疑 括弧 理念 伦理 起草 契约 签署 生效

圣贤 事项 事宜 是非 手册 水准 顺应 顺着 司法 特制 体系 体制 条款 完备 现行　限度 宪法 详尽 效力 协同　邪 刑法 虚假 要点　疑点 照例 主义

8、宗教哲学（23）

保佑 地狱 封建 官僚主义和尚 庙 魔鬼 穆斯林 儒家 儒学 神圣 神仙 寺庙 天使 天主教 仙女 妖怪 伊斯兰教 寓言 寓意 占卜 宗 宗旨

9、语体程式（271）

本着 必定 并非 不定 不妨 不见得 不堪 不可避免 不利于 不容 不算 不像话 不宜 不已 不用说 不由得 不予 成问题 出自 除此之外 除去 除外 垂 纯粹 凑合 凑巧 大肆 大意 单方面 得益于 地步 颠倒 顶（副） 定为　独家 度（知名度）断断续续 对称 多方面 多亏 额外 而已 翻来覆去 繁重 反差 反倒 反过来 妨碍 非（非金属）非得 费劲 分明 分外 附　该（代）　跟不上　跟上 共性 固然 故 广义 归结 果真 过不去 过关 过头 罕见 毫不 毫无 好比 好歹　好坏 好在 何必　何苦 何况 宏观 后头 后续 后者 坏事 缓　缓和 或多或少　基于 激化 及　及其 即　即便 即可 极度 极为　急剧 继　继而 加紧 加剧 加深 加重 假定 假冒 假设　假使 艰巨　鉴于 降临 皆 结　结果 届时 仅次于 紧迫 紧缩　尽　进度 进而 经　竟 据此 据悉 堪称 看得出 看样子 可不是　可谓 口径 况且 牢牢 利害 连绵 良 劣势 率（成功率）略 罗 蛮 免 免不了 莫非 莫过于 乃 乃至 譬如 譬如说 偏偏 凭借 凭着 颇 迫使 恰巧 前者 潜在 巧合 且（副）且（连）轻微 倾斜 区分 趋于 取决于 全方位　确切 人均 人为　任意 如（连）如实 上述 少不了 少见　少有 深切 深远　甚至于　省略 省事 实质 势必 适度 适宜 受益 书面 书写　双重 私下 俗话 缩　所谓 所属 倘若 通通 统统 痛（副）凸 凸显 脱落 妥当 妥善 万分 危急 微观 微妙 微弱 唯　唯独　未 未经 未免　稳妥 无不 无偿 无非 无力 无条件　勿 务必　稀　稀奇　显眼　相对 相继 相连 消　虚

（副）虚（形）许 玄 寻常 鸦雀无声 眼下 要紧 要命 业（服务业）一动不动 一个劲儿 一回事 一经 一举 一面 一体 一味 一一 以 以免 以至于 以致 亦 优 有待 有所 有望 有益 有助于 余 余地 越发 则 这样一来 之（代）之（助）旨在 至关重要 致命 致使 主 注定 转眼 着实 自如 自由自在

参 考 文 献

Adolphs, S. and Schmitt, N. 2003 Lexical coverage of spoken discourse [J] . Applied Linguistics 24, 4: 425 – 438.

Aebersold , J. A. & Field, M. L. 1997 From reader to reading teacher. [M] . Cambridge : Cambridge University Press.

Alexander, R. 1984 Fixed expressions in English: reference books and the teacher [J] . ELTJ 38/2: 127 – 134.

Anderson, R. C. and Freebody, P. 1983 Reading comprehension and the assessment and acquisition of word knowledge [J] . Advances in Reading Language Research 2, 231 – 56.

Aston, G. 1997 Enriching the Learning Environment: Corpora in ELT [A] . Teaching and Language Corpora [C] . Eds. A. Wichmann, et al. England: AddisonWesley Longman L imited.

Aston. G. 1999 Corpora in language pedagogy : matching theoryand p ractice [A] . Principles and Practice in Applied L inguistics [C] . (eds) . G Cook and B Seidlhofer. 上海外语教育出版社.

Bachman, L. F. 1990 Fundamental Considerations in Language Testing [M] . Shanghai: Shanghai Foreign Language and Education Press.

Campion, M. E. , & Elley, W. B. 1971 An academic vocabulary list [M] . Wellington, NewZealand: New Zealand Council for Educational Research.

Canale. M. andSwain. M. 1980 Theoretical bases of communicative approaches to second language teaching and testing [J] . Applied Linguistics, 1.

Carroll, J. B., Davies, P., and Richman, B. 1971 The American Heritage Word Frequency Book [M]. Houghton Mifflin, Boston.

Carter, R & M. McCarthy (Eds). 1988 Vocabulary and Language Teaching [M]. Essex: Longman.

Chamberlain, A. 1965 Learning a Passive Vocabulary [J]. International Conference of Modern Foreign Language Teaching. November, Part I.

Chern, C. 1993 Chinese students' word - solving strategies in reading in English [A]. In T. Huckin, M. Haynes, & J. Coady (Eds.), Second language reading and vocabulary learning (pp. 67 - 82). Norwood, NJ: Ablex.

Alberta Education. 2005 Chinese Language and Culture 10 - 3Y, 20 - 3Y, 30 - 3Y [Z]. Alberta, Canada.

Alberta Education. 2005 Chinese Language and Culture 10 - 6Y, 20 - 6Y, 30 - 6Y [Z]. Alberta, Canada.

Alberta Learning. 2004 Chinese Language and Culture Nine - Year program, Grade4 To Grade12 [Z]. Alberta, Canada.

Chomsky, N. 1965 Aspects of the Theory of Syntax [M]. Cambridge, Mass: The MIT Press.

Cobb, T. 2003 Analyzing late interlanguage with learner corpora: Quebec replications of three European studies [M]. The Canadian Modern Language Review/La Revue canadienne des langues vivantes, 59, 3, 393 - 423.

Corson D J. 1995 Using English Words [M]. Dordrecht: Kluwer Academic Publishers.

Cowie, A. (ed.) 1998 Phraseology. Theory, Analysis, and Applications [M]. Oxford: Oxford University Press.

Coxhead, A. 2000. A new academic word list [M]. TESOL Quarterly, 34, 213 – 238.

Craik, F. I. M. & Tulving, E. 1975 Depth of processing and the retention of words in episodic memory [M]. Journal of Experimental Psychology: General, 104, 268 – 294.

Craik, F. I. M & R. S. Lockhart. 1972 Levels of processing: A framework for memory research [M]. Journal of Verbal Learning and Verbal Behavior 11, 671 – 684.

Ellis, N. C. 2002 Frequency effects in language processing: a review with implications for theories of explicit and implicit language acquisition [M]. Studies in Second Language Acquisition 24, 143 – 188.

Ellis, N. & Beaton, A. 1993 Factors affecting the learning of foreign language vocabulary imagery keyword mediators and phonological short – term memory [J] Quarterly Journal of Experimental Psychology, 46A, 533 – 558.

Engber, C. A. 1995 The relationship of lexical proficiency to the quality of ESL compositions. Journal of Second Language Writing [J], 4, 139 – 155.

Eringa, D. 1974 Enseigner, c'est choisir: vocabulaire – verwering [J]. Levende Talen, 260 – 267.

Faerch, K. Haastrup and R. Phillipson. 1984 Learner Language and Language Learning [M]. Copenhagen: Multilingual Matters.

Francis, W., and Kucera, H. 1982 Frequency Analysis of English Usage [M]. Houghton Mifflin Company, Boston.

Frank, R. A. 2000 Medical Communication: Non – native English Speaking Patients and Native English Speaking Professionals [J]. English for Specific Purposes, 19 (1): 31 – 62.

Fraser, C. A. 1999 Lexical processing strategy use and vocabulary learning through reading [J]. Studies in Second Language Acquisition,

21, 225 - 241.

Gaims, R. &S. Redman. 1986 Working with Words [M]. Cambridge: CUP.

Gardner, H. 1989 To Open Minds: Chinese Clues to the Dilemma of Contemporary Education [M]. New York: Basic.

Gass, S. 1999 Discussion: Incidental vocabulary acquisition [J]. Studies in Second. Language Acquisition 21: 319 - 333.

Goulden, R., Nation P, & Read J. 1990 How large can a receptive vocabulary be? [J] Applied Linguistics, 11, 341 - 363.

Gu, Y. &R. K. Johnson. 1996 Vocabulary learning strategies and language learning outcomes [J]. Language Learning, 46 (4): 643 - 679.

Hasselgren, A. 1994 Lexical teddy bears and advanced learners: A study into the ways Norwegian students cope with English vocabulary. [J] International Journal of Applied Linguistics, 4 (2), 237 - 260.

Henriksen, B. 1999 Three dimensions of Vocabulary Development [J]. Studies in Second Language Acquisition, 21, 303 - 317.

Herman, P. A., Anderson, R. C., Pearson, P. D., & Nagy, W. E. 1987 Incidental acquisition of word meanings from expositions with varied text features [J]. Reading Research Quarterly, 23, 263 - 284.

Horst, M., Cobb, T., & Meara, P. 1998 Beyond A Clockwork Orange: Acquiring second language vocabulary through reading [J]. Reading in a Foreign Language, 11 (2), 207 - 223.

Huckin, T., & Bloch, J. 1993 Strategies for inferring word - meanings in context: A cognitive model [A]. In T. Huckin, M. Haynes, & J. Coady (Eds.), Second language reading and vocabulary learning (pp. 153 - 176). Norwood, NJ: Ablex.

Hulstijn, J. H. 1993 When do foreign - language readers look up the meaning of unfamiliar words? The influence of task and learner variables [J]. The Modern Language Journal, 77, 139 – 147.

Hulstijn, J. H. 1992 Retention of inferred and given word meanings: Experiments in incidental vocabulary leaning [A]. In P. J. Arnaud (Eds), Vocabulary and applied linguistics. (pp. 113 – 125). London: Macmilan.

Hulstijn, J. h., Hollander, M., &Greidanus, T. 1996 Incidental Vocabulary learning by advanced foreign students: The influence of marginal glosses, dictionary use, and reoccurrence of unknown words [J]. Modern Language Journal, 80, 327 – 339.

Hutchinson, T. & Waters, A. 1987 English for specific purposes [M]. Cambridge: Cambridge University Press.

Hymes, D. 1972 On communicative competence [A]. J. B. Pride; J. Holmes (eds). Sociolinguistics. Harmondsworth: Penguin.

Jiang, Nan. 2000 Lexical Representation and Development in a Second Language [J]. Applied Linguistics, 21, 47 – 77.

Jullian, P. 2000 Creating Word – meaning Awareness [J]. ELT Journal, (1): 37 – 46.

Krashen, S. 1985 The Input Hypothesis: Issues and implications [M]. New York: Longman.

Krashen, S. 1989 We acquire vocabulary and spelling by reading: Additional evidence for the input hypothesis [M]. Modern Language Journal, 73, 440 – 464.

Laufer & Nation. 1995 Vocabulary Size and Use. [J] Applied Linguistics, 16, 307 – 322.

Laufer, B. & Nation P. 1999 A Vocabulary Size Test of Controlled Productive Ability [J]. Language Testing, 16, 36 – 45.

Laufer, B. 1994 The lexical profile of second language writing: Does it change over time? [J] RELC Journal, 25 (2), 21 – 33.

Laufer, B. 2001 Reading, word – focused activities and incidental vocabulary acquisition in a second language [J]. Prospect 16/3: 44 – 54.

Laufer, B. 2003 Vocabulary acquisition in a second language: do learners really acquire most vocabulary by reading? [J] Canadian Modern Language Review 59, 4: 565 – 585.

Laufer, B. 2005 Instructed second language vocabulary learning: the fault in the 'default hypothesis'. [A] In Investigations in Instructed Second Language Acquisition, eds. A. Housen & M. Pierrard. Mouton de Gruyter. pp. 286 – 303.

Laufer, B. 2005 Focus on Form in second language vocabulary acquisition [A]. In EUROSLA Yearbook 5, eds. S. H. Foster – Cohen, M. P. Garcia – Mayo and J. Cenoz. Benjamins. Pp. 223 – 250.

Laufer, B. 2005 Instructed Second Language Vocabulary Learning: the fault in the 'default hypothesis' [A]. in A Housen& M Pierrard. (ed), Investigations in Instructed Second Language Acquisition [C]. Mouton de Gruyter.

Laufer, B. and T. S. Paribakht. 1998 Relationship between passive and active vocabularies: effects of language learning context [J]. Language Learning 48: 365 – 391

Laufer, B., & Levitzky – Aviad, T. 2003 Look up behaviour and word retention as a function of task type and word relevance [M]. AsiaLEX Proceedings, Tokyo, Japan.

Laufer, B., Paribakht, T. S., 1998 The relationship between passive and active vocabularies: effects of language learning context [J]. Language Learning 48 (3), 365 – 391.

Laufer, B. & Jan Hulstijn. 2001 Incidental Vocabulary Acquisition in a Second Language: The Construct of Task – induced Involvement

[J]. Applied Linguistics, 22, 539 - 558.

Laufer, B. 1991 The Development of L2 Lexis in the Expression of the Advanced Learner [J]. The Modern Language Journal, 75, 440 - 448.

Laufer, B. 1998 The Development of Passive and Active Vocabularyin a Second Language: Same or different? [J] Applied Linguistics, 19, 255 - 271.

Laufer, B. 2010 Lexical threshold revisited: Lexical text coverage, learners' vocabulary size and reading comprehension [J]. Reading in a Foreign Language, 1, 15 - 30.

Lewis M. 1993 The Lexical Approach: The State of ELT and aWay Forward [M]. England: Language Teaching Publications.

Liu Na and Nation, I. S. P. 1985 Factors affecting guessing vocabulary in context [J]. RELC Journal 16, 1: 33 - 42.

Long, M. and Richards, J C. 1997 Series editors' preface [A]. In Second language vocabulary acquisition, ed. James Coady and Thomas Huckin, ix - x. Cambridge: Cambridge University Press.

McCarthy M. 1990 Vocabulary [M]. Oxford: Oxford University Press.

Meara, P. M. 1980 Vocabulary acquisition: A neglected aspect of language learning. Language Teaching and Linguistics [M]: Abstracts 13. 4, 221 - 246.

Melka, F. 1997 Receptive v's productive aspects of vocabulary [A]. In Schmitt, N. and M. McCarthy (Eds.): Vocabulary: Description, Acquisition and Pedagogy. Cambridge: Cambridge University Press. 84 - 102.

Mondria & Boer. 1991 The Effects of Contextual Richness on the guessability and retention of words in foreign language [J]. Applied Linguistics, 12, 249 - 267.

Mondria, Jan – Arjen & Boer, M. Wit – de. 1991 The effects of contextual richness on the guessability and retention of words in a foreign language [J] . Applied Linguistics, (12): 249—263.

Morton, J. 1979 Word recognition [A] . In: Morton, J. & Marshall, J. C. (Eds.), Psycholinguistic Series II. London: Elek Scientific Books.

Munby, J. 1978 Communicative syllabus design [M] . London: Cambridge University Press.

Nagy, W. E. , Herman, P. A. , & Anderson, R. C. 1985. Learning words from context [J] . Reading Research Quarterly, 20, 233 – 253.

Nation, I. S. P. 1982 Beginning to learn foreign vocabulary: A review of the research [J] . RELC Journal, 13, 14 – 36.

Nation, I. S. P. 2001 Learning vocabulary in another language [M]. Cambridge: Cambridge University Press.

Nation, I. S. P. 1990 Teaching and Learning vocabulary [M]. New York. Newburry house Publishers.

Nation, I. S. P. 1993 Using dictionaries to estimate vocabulary size: Essential, but rarely followed procedures [J] . Language Testing, 10, 27 – 40.

Nation, P. & Coady, J. 1988 Vocabulary and reading [A] . In R. Carter & M. McCarthy (Eds.), Vocabulary and language teaching (pp. 97 – 110) . New York: Longman.

Nation, P. , & Meara, P. 2002 Vocabulary [A] . In N. Schmitt (Ed.) . And introduction to applied linguistics. Madison Avenue, NY: Oxford University.

Nation, P. , 1984 Vocabulary Lists: Words, Affixes, and Stems [M] . Victoria University of Wellington, New Zealand.

National Standards in Foreign Language Education Project. 1999

Standards for Foreign Language Learning in the 21st Century [Z] . KS: Allen Press Inc.

O' Malley, J, & A. Chamot 2001 Learning strategies in second language acquisition [M]. Shanghai: Shanghai Foreign Language Education Press.

OpKeeffe, A, M. McCarthy and R. Carter 2007 From Corpus to Classroom: Language and language teaching [M] . Cambridge: Cambridge University Press.

Oxford, R. 1990 Language Learning Strategies: What every teacher should know [M] . Newbury House.

Oxford, R. L. , & Scarcella, R. C. 1994 Second language vocabulary learning among adults: State of the art in vocabulary instruction [J]. System, 22 (2), 231 -243.

Palmberg, R. 1987 Patterns of vocabulary development in foreign language learners. Studies in Second Language Acquisition, 9, 201 -220.

Paribakht, T. & Wesche, M. 1999 Reading and incidental L2 vocabulary acquisition: An introspective study of lexical inferencing [J]. Studies in Second Language Acquisition, 21, 195 -224.

Paribakht, T. and Wesche, M. 1993 Reading comprehension and second language development in a comprehension - based ESL program [J] . TESL Canada Journal, 11, 9 -29.

Paribakht, T. S. & Wesche, M. 1997 Vocabulary enhancement activities and reading for meaning in second language vocabulary acquisition [A] . In J. Coady & T. Huckin (Eds.), Second language vocabulary acquisition: A rationale for pedagogy. Cambridge: Cambridge University, 174 -200.

Parry, K. 1993 Too many words: learning the vocabulary of an academic subject [A] . In T. Huckin, M. Haynese, and J. Coady (Eds)

Second Language Reading and Vocabulary Learning: 109 - 29. Norwood, N. J. : Ablex Publishing Corporation.

Peters, E. , J. Hulstijn, L. Sercu & M. Lutjeharms 2009 Learning L2 German vocabulary through reading: The effect of three enhancement techniques compared [J] . Language Learning, 59, 113 - 151.

Peters, Elke. 2007 Manipulating L2 learners′online dictionary use and its effect on L2 word retention [J] . Language, Learning & Technology, June 01.

Piggott, P. 1981 Vocabulary growth in EFL beginners [D] . MA project, Birkbeck College, London.

Praninskas, J. 1972 American university word list [M] . London: Longman.

Pulido, D. 2003 Modelling the Role of Second language Proficiency and Topic Famility in Second Language Incidental Vocabulary Acquisition Through Reading [J] . Language Learning, 53, 233 - 284.

Read, J. 1998 Measuring the Vocabulary knowledge of second language learners [J] . RELC Journal, 19, 12 - 25.

Richards, J. C. , Platt, J. & Platt, H (Eds.) . 2000 Longman dictionary of language teaching & applied linguistics [M] . Beijing: Foreign Languages Teaching and Research Press, 102.

Richards.·1976 The Role of Vocabulary [J] . TESOL Quarterly, 10, 77 - 89.

Ringbim, H. 1985 On the distinctions of item learning vs system learning, and receptive competence vs productive competence in relation to the role of L1 in foreign language learning [A] . In; H. Ringbim (Ed.) Psycholinguistics and Foreign Language Learning. ibo: ibo Akademi.

Robin Goulden, Paul Nation, and John Read. 1990 How large a

receptive vocabulary be? [J] Applied Linguistics , 11, 341 – 363.

Salthouse, T. A. 1985 A Theory of Cognitive Aging [M]. Amsterdam: Elsevier Science Publishers B. V.

Saragi, T., Nation, P. & Meister, G. 1978 Vocabulary learning and reading [J]. System, 6, 70 – 78.

Schimitt, N. 2000 Vocabulary in Language Teaching [M]. Cambrige: Cambrige.

Schmidt, R. 1990 The Role of consciousness in second language learning [J]. Applied Linguistics 11, 129 – 158.

Schmitt, N., and Schmitt, D. 1993 Identifying And Assessing Vocabulary Learning Strategies [J]. Thai TESOL Bulletin. 5 (4): 27 – 33.

Schmitt, N., Schmitt, D., & Clapham, C. 2001 Developing and exploring the behavior of two new versions of the Vocabulary Levels Test [J]. Language Testing, 18 (1), 55 – 88.

Schonell, F. J., I. G. Meddleton & B. A. Shaw. 1956 A Study of the Oral Vocabulary of Adults [M]. Brisbane: University of Queensland Press.

Seidenberg, M. S. 1985 The time course of phonological activation in two writing systems [J]. Cognition, 19, 1 – 30.

Selinker, L. 1972 I nterlanguage [J]. International Review of Applied Linguistics, 10, 209 – 241.

Sinclair, J. & Renouf, A. 1988. A lexical syllabus for language learning [A]. In R. Carter, &M. McCarthy, (Eds.). Vocabulary and language teaching (pp. 140 – 160). Essex: Longman.

Sokmen, A. 1997 Current trends in teaching second language vocabulary [A]. In N. Schmitt & M. McCarthy (eds.), Vocabulary: Description, acquisition and pedagogy. (pp. 237 – 257). Cambridge: Cambridge University Press.

Sternberg, R. J. 1987 Most vocabulary is learned from context [A]. In M. G. McKeown, and M. E. Curtis (Eds.), The nature of vocabulary acquisition. Hillsdale, N. J.: Erlbaum, 89 – 106.

Swanborn & de Glopper 1999 Incidental Word Learning while Reading: aMeta – analysis [J]. Review of Educational Research, 69, 261 – 285

Swanborn & de Glopper2002 Impact of reading purpose on incidental word learning from context [J]. Language Learning, 52, 95 – 117.

Symonds, P. M. and E. Penney. 1930 The increasing of english vocabulary in the english class [J]. Journal of Educational Research. 15 (2): 93 – 103.

Tinkham. T. 1993 The effects of Semantic Clustering on the learning of Second Language Vocabulary [J]. System. 21/3: 371 – 380.

Waring, R. 1999 Tasks for Assessing Receptive and Productive Second Language Vocabulary [D]. Ph. D. Thesis. University of Wales, Swansea, UK.

Waring, R. 2002 Basic Principles and Practice in Vocabulary Instruction [J]. The Language Teacher: 26, 7, 11 – 13.

Weltens, B. 1989 The attrition of French as a foreign language [M]. Dordrecht: Foris Publications.

Weltens, B. 1987 The attrition of foreign – language skills: A literature review [J]. Applied Linguistics 8, 22 – 37.

Wesche, M. and T. Paribakht. 1996 Assessing vocabulary knowledge: depth vs. breadth [J]. Canadian Modern Language Review, 53, 13 – 40.

West, M. 1953 A General Service List of English Words: With Semantic Frequencies and a Supplementary Word – list for the Writing of Popular Science and Technology [M]. London: Longmans, Green and Co.

Widdowson, H. G. 1983 Learning Purpose and Language Use [M]. Oxford: Oxford University Press.

Wilkins, D. A. 1972 Linguistics in Language Teaching [M]. London Melbourne Auckland.

Willis, D. 1990 The Lexical Syllabus: A New Approach to Language Teaching [M]. London: Collins ELT.

Xue, G. & Nation, P. 1984 A university word list [J]. Language Learning Communication, 3, 215-229.

崔永华:《词汇文字研究与对外汉语教学》[M],北京语言文化大学出版社 1997 年出版。

国家对外汉语教学领导小组办公室:《高等学校外国留学生汉语言专业教学大纲》[Z],北京语言大学出版社 2002 年出版。

国家对外汉语教学领导小组办公室:《汉语水平词汇与汉字等级大纲》[Z],北京语言学院出版社 1992 年出版。

国家汉办、教育部社科司:《汉语国际教育用音节汉字词汇等级划分》[Z],北京语言大学出版社 2010 出版。

国家汉办/孔子学院总部:《新汉语水平考试大纲 HSK 二级》[Z],商务印书馆 2009 年出版。

国家汉办/孔子学院总部:《新汉语水平考试大纲 HSK 六级》[Z],商务印书馆 2010 年出版。

国家汉办/孔子学院总部:《新汉语水平考试大纲 HSK 三级》[Z],商务印书馆 2009 年出版。

国家汉办/孔子学院总部:《新汉语水平考试大纲 HSK 四级》[Z],商务印书馆 2009 年出版。

国家汉办/孔子学院总部:《新汉语水平考试大纲 HSK 五级》[Z],商务印书馆 2010 年出版。

国家汉办/孔子学院总部:《新汉语水平考试大纲 HSK 一级》

[Z]，商务印书馆 2009 年出版。

国家汉语国际推广领导小组办公室：《国际汉语教学通用课程大纲》[Z]，外语教学与研究出版社 2008 年出版。

国家汉语国际推广领导小组办公室：《国际汉语能力标准》[Z]，外语教学与研究出版社 2008 年出版。

国家汉语水平考试委员会办公室考试中心：《汉语水平词汇与汉字等级大纲（修订本）》[Z]，经济科学出版社 2001 年出版。

江新、赵果、黄慧英、柳燕梅、王又民：《外国学生汉语字词学习的影响因素——兼论〈汉语水平大纲〉字词的选择与分级》[J]，载《语言教学与研究》2006 年第 2 期。

江新：《词的复现率和字的复现率对非汉字圈学生汉语双字词学习的影响》[J]，载《世界汉语教学》2005 第 4 期。

江新：《词汇习得研究及其在教学上的意义》[J]，载《语言教学与研究》1997 年第 3 期。

姜德梧：《关于〈汉语水平词汇与汉字等级大纲〉的思考》[J]，载《世界汉语教学》2004 年第 1 期。

李红印：《〈汉语水平词汇与汉字等级大纲〉收“语”分析》[J]，载《语言文字应用》2005 年第 4 期。

李清华：《〈汉语水平词汇与汉字等级大纲〉的词汇量问题》[J]，载《语言教学与研究》1999 年第 1 期。

李英：《关于〈汉语水平词汇与汉字等级大纲〉的几个问题》[J]，载《中山大学学报论丛》1997 年第 4 期。

刘珣：《对外汉语教育学引论》[M]，北京语言大学出版社 2000 年出版。

刘英林、马箭飞：《研制〈音节和汉字词汇等级划分〉探寻汉语国际教育新思维》[J]，载《世界汉语教学》2010 年第 1 期。

柳燕梅：《重现率对欧美学生汉语词汇学习的影响》[J]，载《语言教学与研究》2002 年第 5 期。

鹿士义:《词汇习得与第二语言能力研究》[J],载《世界汉语教学》2001年第3期。

罗青松:《美国〈21世纪外语学习标准〉评析——兼谈〈全美中小学中文学习目标〉的作用与影响》[J],载《世界汉语教学》2006年第1期。

倪传斌:《外国留学生汉语的学习需求分析》[J],载《语言教学与研究》2007年第1期。

欧洲理事会文化合作教育委员会:《欧洲语言共同参考框架:学习、教学、评估》[Z],外语教学与研究出版社2008年出版。

彭聃龄:《新编心理学》[M],北京师范大学出版社2001年版。

钱旭菁:《词汇量测试研究初探》[J],载《世界汉语教学》2002年第4期。

钱旭菁:《汉语阅读中的伴随性词汇学习研究》[J],载《北京大学学报(哲学社会科学版)》2003年第4期。

苏新春:《对外汉语词汇大纲与两种教材词汇状况的对比研究》[J],载《语言文字应用》2006年第5期。

孙晓明:《第二语言词汇习得研究》[M],中央民族大学出版社2008年出版。

孙晓明:《第二语言学习者产出性词汇机制研究》[J],载《汉语学习》2009年第2期。

孙晓明:《留学生产出性词汇的发展模式研究》[J],载《民族教育研究》2009年第4期。

孙晓明:《投入因素对欧美学生汉语词汇学习的影响》[J],载《语言教学与研究》2005第3期。

王铁琨:《语言使用实态考察研究与语言规划》[J],载《语言文字应用》2008年第1期。

谢小庆:《HSK的教育测量学研究》[J],载《考试研究与信息》2002 年第 3 期。

张和生：《外国学生汉语词汇学习状况计量研究》［J］，载《世界汉语教学》2006 年第 1 期。

张晋军的博客文章：关于新 HSK 与《欧洲语言共同参考框架》关系的说明，详见 http：//blog. sina. com. cn/s/blog_53e7c11d0100kzfl. html

张晋军、解妮妮、王世华、李亚男、张铁英：《新汉语水平考试（HSK）研制报告》［J］，《中国考试》2010 年第 9 期。

张凯：《汉语构词基本字的统计分析》［J］，载《语言教学与研究》1997 年第 1 期。

赵金铭、张博、程娟：《关于修订〈（汉语水平）词汇等级大纲〉的若干意见》［J］，载《世界汉语教学》2003 年第 3 期。

赵金铭：《〈外国人基础汉语用字表〉草创》［A］，载《汉语研究》，南开大学出版社 1989 年出版。

赵金铭：《对外汉语教学概论》［M］，商务印书馆 2004 年出版。

中国对外汉语教学学会：《汉语水平等级标准和等级大纲（试行）》［Z］，北京语言学院出版社 1988 年出版。

后　记

我2010年获得国家社科基金的资助，主持“汉语国际推广背景下的词汇等级标准研究”这一课题，本书是该项目的结项成果之一。我之所以选择“汉语国际推广背景下的词汇等级标准研究”作为申报国家社科基金项目的选题，主要是吴应辉教授的引导。吴应辉教授针对汉语国际传播研究的现状，提出选题的建议。基于此，才有后来的研究。在课题研究的过程中，课题组的成员蒋荣、许丹、陈默、王婷婷均为课题的完成提供了很多帮助，特别是我的研究生王婷婷，为问卷的设计和发放作了大量辛苦的工作。在课题结项的过程中，得到了崔希亮教授、李泉教授、吴应辉教授、王建勤教授的诚挚相助。

本研究完成之际，回顾自己在对外汉语教学界的学习和研究经历，觉得自己是一个非常幸运的人。我先后在北京语言大学学习十年，在这里完成了本科、硕士、博士的学业，十年的学习鉴定了我从事对外汉语教学和研究的基础。我在中央民族大学国际教育学院工作了十一年，在这里从一个研究起步阶段的入门者发展为具有一定研究基础的学者。

岁月飞逝，不觉已近不惑之年。不惑感言是：工作生活中的很多事情，有感兴趣的，有能力所及的，有必须做的。最理想的境界是三者为一。如果存在分歧，那就把必须做的变为能力所及的和感兴趣的。幸运的是，我之所以选择词汇习得和词汇教学作为我的研究方向，主要是兴趣所致。而最初唤起这一兴趣的，是2005年发表在《语言教学与研究》上的《投入因素对欧美学生汉语词汇学习的影响》一文。这篇文章最初是为了参加2003年10月在中国人民大学召开的“对外汉语教学学会北京分会第三届学术年会”而撰写的，会上发言时引起了一些与会代表的兴趣，促使我开始关注词汇习得和词汇教学领域的研究。2005 年，我又重回北京语言大学在职攻读博士学位，研究方向为第二语言习得，开始从事第二语言词汇习得研究。2003 年至今，我已经在词汇习得领域发表论文十余篇，对这一领域的研究有了较为深刻的认识。

我要感谢北京语言大学这片对外汉语教学的沃土，这里有我的青春岁月，有给予我很多帮助和教诲的师长。本科阶段，崔希亮教授、程娟教授、郑贵友教授为我们开设了“语言学概论”、“现代汉语语音”、“现代汉语词汇”、“现代汉语语法”、“现代汉语语法研究”等非常好的语言学课程，帮助我打下了较为坚实的语言学功底。硕士期间，我的硕士导师刘珣教授每每给我以学业的教诲和人生的启迪。崔希亮、张旺熹、郑贵友、吕文华、杨惠元、高立群、张凯、郭树军等先生开设的一系列专业课程，帮助我从汉语本体、课堂教学、实验研究、测试等方面对对外汉语教学有了一个比较全面的认识。博士期间，我的博士导师王建勤教授开设了“第二语言习得概论”和“第二语言习得名著导读”课程，帮助我对第二语言习得的理论和研究方法有了较为深刻和系统的认识。崔希亮教授开设的“事件语义学”课程，帮助我开阔了研究视野，体会到博士语言学课程的魅力。在北京语言大学十年，我还结交了麦熙雯、魏耕耘、许丹、童小娥、蒋荣、陈默、闻亭等朋友。十多年的倾心相交，一直以来的鼓励和支持，早就让我确信她们是我终身的朋友。

我还要感谢我的父母多年来给予的关爱，感谢我的爱人戴炜明对我从事学术研究的支持，感谢我的儿子家宝给我带来的快乐。家宝出生在 2007 年 9 月，在他六年的成长过程里，为妻为母，工作学习和照顾他的矛盾常常困扰着我，而我的家人在精神上给予我的支持一直是我人生的一个重要支撑。

本书的出版，得到了中央民族大学国际教育学院出版基金的资助。首先要感谢院长吴应辉教授的支持和鼓励，能工作在一个学术氛围浓厚的集体，是我深感幸运的事。感谢中央民族大学出版社支持学术著作的出版。吴应辉教授在百忙之中为本书作序，在此诚致谢忱！

孙晓明

2013 年 9 月